U0366973

高职高专学生
就业指导

● 鲁红媛　主编　● 刘家芬　孙 立　副主编

化学工业出版社

·北京·

本书针对高职高专学生就业特点，按照准备就业——实现就业——建功立业的逻辑思路，从就业形势与政策分析入手，指导学生调整心态，恰当定位，合理规划，掌握求职技巧和方法，帮助学生迈好踏入社会的第一步。

本书可作为高职高专学生就业指导课程的教材。

图书在版编目（CIP）数据

高职高专学生就业指导/鲁红媛主编．—北京：
化学工业出版社，2017.9（2022.11重印）
ISBN 978-7-122-30282-3

Ⅰ．高… Ⅱ．①鲁… Ⅲ．①大学生-职业选择-
高等职业教育-教材 Ⅳ．①G647.38

中国版本图书馆 CIP 数据核字（2017）第 172812 号

责任编辑：刘 哲 江百宁 装帧设计：韩 飞
责任校对：边 涛

出版发行：化学工业出版社（北京市东城区青年湖南街 13 号 邮政编码 100011）
印 刷：北京云浩印刷有限责任公司
装 订：三河市振勇印装有限公司
787mm×1092mm 1/16 印张 14 字数 357 千字 2022 年 11 月北京第 1 版第 5 次印刷

购书咨询：010-64518888 售后服务：010-64518899
网 址：http://www.cip.com.cn
凡购买本书，如有缺损质量问题，本社销售中心负责调换。

定 价：39.00 元

前　言

职业教育就是以就业为导向的教育，而就业问题是当代大学生，尤其是职业院校学生面临的现实问题。随着大学扩招，进入就业的毕业生越来越多，但社会的有效需求是有限的，为了能够帮助职业院校学生正确面对竞争越来越激烈的就业市场，本书结合教育实际，针对高职高专学生就业的特点，按照准备就业——实现就业——建功立业的逻辑思路，从就业形势与政策分析入手，指导学生调整心态，恰当定位，合理规划，掌握求职技巧和方法，帮助学生迈好踏入社会的第一步。

相信职业院校的毕业生通过本书的学习，能做好择业、就职前的各项准备，让个人价值定位与理想的职业一致，运用自身的实力、技巧和方法，充分展示自己、推销自己，获得社会和用人单位的接纳和认可，从而在职业岗位上建功立业、实现自身的人生价值。

全书共分为三篇九章，第一篇为学会认识，准备就业；第二篇为学会行动，实现就业；第三篇为学会创业，建功立业。

本书由安徽警官职业学院鲁红媛任主编，三峡电力职业学院刘家芬、安徽警官职业学院孙立任副主编。参与编写本书的都是长期在一线从事就业指导和教育工作的、具有丰富经验的教师。其中，孙立编写第一、二章，王皓编写第三章，刘家芬编写第四章，鲁红媛编写第五～八章，汪丽君编写第九章。张伟、余万芹、兰南芳等参与了本书的资料提供和整理工作。全书由鲁红媛负责统稿、定稿。

本书在编写过程中得到了安徽警官职业学院的相关部门及领导的大力支持，胡爱国副书记在编写和审定中提出了很多指导性意见，在此表示感谢。

由于本书的编写时间比较仓促，难免有许多缺点，欢迎广大读者予以指正。

鲁红媛

2017 年 5 月

目 录

第一篇　学会认识，准备就业

第二篇　学会行动，实现就业

第三篇　学会创业，建功立业

第一篇

学会认识，准备就业

第一章

认清形势，了解政策，做好就业政策准备

 第一节　当前高职学生面临的就业形势

中国有句古话：凡事预则立，不预则废。随着我国高等教育大众化时代的到来和改革开放的逐步深入，高校毕业生就业难的问题也越来越突出。作为我国高等教育的一个重要组成部分，高等职业教育（以下简称"高职教育"或"高职"）的培养目标主要是针对不同的职业或职业岗位（群），培养面向生产、管理、服务第一线的高级应用型技术人才。因此，高职教育天然地与就业市场联系紧密。

按照培养目标，高职毕业生的求职定位主要是依据"技术—技术型人才—技术教育—技术应用课程体系"的内在联系展开。与此同时，作为劳动人事制度组成部分的高校毕业生分配制度，也全面实行"供需见面，双向选择"。

就业是民生之本，是安国之策，也是构建社会主义和谐社会的重要内容。对于即将走上工作岗位的高职学生，就业是人生的转折点。因此，高职学生更应该了解现实，了解社会，了解国家的就业形势与就业政策。

一、当前高职学生面临的就业形势

（一）高校扩招之后，就业竞争更加激烈，就业难度明显加大

2003 年是我国高校扩招之后的第一个就业高峰年，应届毕业生达到了 212 万人。如表1-1 所示，2001 年～2016 年 15 年间高校毕业生人数增长了 5 倍之多。大学毕业生总量的增大，是高校扩招的成果，也是教育发展、社会发展的标志。然而，由此而带来的就业压力也是巨大的。

表 1-1　高校毕业生总量

年份	2001 年	2003 年	2006 年	2010 年	2013 年	2014 年	2015 年	2016 年
总量/万人	115	212	413	630	699	727	746	765

面对社会对毕业生需求总量增幅不大的现实，毕业生之间的相互竞争激烈程度可想而知。然而，问题远不止于此，高职毕业生除了要与同期的大中专院校毕业生竞争外，还要与

社会上其他求职人员相竞争，比如进城务工的农村剩余劳动力、多年累积的复转军人、身体健康还有工作要求的离退休老年人等。据统计，这些求职竞争者的总人数将超过 1.5 亿。求职时要与如此庞大的队伍竞争，其难度和竞争的激烈程度是不言而喻的。

就业难将在我国长期存在，不仅仅是高校毕业生。从劳动力供求全局看，2016 年全国城镇新增就业人数维持在 1000 万人以上，而需要安排的总人数在 2500 万人左右。劳动力供大于求的局面在未来一段时期不太可能有根本性的转变。

（二）科技革命带来新增就业热点，就业机遇大大增加

虽然高职毕业生的就业竞争明显加剧，但第三产业的快速发展及非国有经济的迅速崛起，为高职毕业生提供了广阔的就业空间。

据测算，GDP 每增加一个百分点，将会创造 140 万～160 万个就业职位。近几年我国的 GDP 增长速度一直都保持在 7％以上，这意味着每年提供的就业职位高达 1000 万～1100 万个。此外，为提高产品的质量、性能和档次，适应劳动密集型产业向集约型产业的升级需要，有效参与世界竞争，我国制造业对高素质技术应用型人才的需求在不断增加。

近年来，随着互联网的普及和创新，网店、微商、众创空间等新型的创业就业形式蓬勃发展起来。随着科技革命的进一步发展、国家"互联网＋"战略的深入推进、产业结构调整的不断深化，新的就业形态将不断涌现，由此也将提供更多的就业岗位。与此同时，在企业成为创新主体的过程中，对于技术工人和高技能人才的需求将会明显增加。但是目前在我国与用人单位要求变化相适应的技工技能人才依然相对短缺，这个矛盾在今后一段时期内会更加显现。

另据国际劳工组织的报告，每年大约有 5000 万个以上国际劳工岗位面向亚洲国家，但我们国家只能提供 50 余万个国际劳工，还有数千万个岗位被东南亚国家瓜分，而这些都是高职毕业生就业时能够有所作为的舞台。因此，高职毕业生在面临就业挑战的同时，也应看到千载难逢的就业机遇。

（三）社会转型时期，职业流动性增强，就业观念明显改变

联合办学、企业办学、民营办学等多种办学形式日渐增多，国际间的教育合作和教育交流也越来越普遍。1998 年世界高等教育大会发布的《世界高等教育会议宣言》认为："为方便毕业生就业，高等教育主要培养创业技能与自主精神，毕业生将越来越不再仅仅是求职者，而首先将成为工作岗位的创业者。"这意味着现行的就业观念将发生显著变化。

目前，我国正处于社会转型时期，传统的就业观念正面临越来越大的挑战。有关研究表明，在一些工业发达国家，一个人全部在业期间平均会更换 4～5 次工作岗位。可以预见，随着我国融入全球化的进程，职业的流动性特点将更加明显，一个人的职业有可能发生多次转换，那种专业对口、终生从事某一种职业的情况将会越来越少。

二、我国高校毕业生就业率状况

近年来我国高校毕业生人数总量在上升，但总体就业形势趋于稳定。

2015 届本科院校毕业生半年后的就业率为 92.2％，高职高专为 91.2％。

2015 届大学生毕业半年后就业基本稳定，是因为大学毕业生的创业和深造比例上升，减少了需就业的基数。具体而言，自主创业的比例从 2013 届的 2.3％上升到 2015 届的 3.0％，本科毕业生读研加上高职高专毕业生读本的比例从 2013 届的 8.0％上升到 2015 届

的 10.1%。另一因素是信息、教育、医疗等知识密集型产业近年来增长较快，大学毕业生在经济结构变化中的就业适应性更好，从而就业受传统经济的影响较其他人群小。

从相关资料来看，发达省区毕业生就业率要远远高于全国水平，比如北京、江苏、浙江、广东等地区，其原因一方面这些地区经济发达，对人才的需求量大；另一方面当地就业措施和用人环境较好，有力地促进了毕业生的就业工作。

另外，重点高校毕业生就业率要高于非重点高校毕业生，特别是教育部直属重点高校、985、211 工程院校。这些高校毕业生一方面得益于高校良好的培养和品牌优势，另一方面也得益于他们自身的素质。应用型专业毕业生就业状况要好于研究型专业毕业生，原因是目前用人单位对人才看重的就是适用性，以及高校的专业设置与课程体系与社会需求的一致性，因此应用型专业人才在人才市场走俏就不足为奇了。

（一）高校毕业生就业渠道分析

近年来，高校毕业生就业工作不断取得新进展，具体而言表现在以下几个方面：一是在社会总体就业形势严峻和毕业生人数大幅增加的情况下，保持了高校毕业生离校时的就业率90%以上，就业人数持续增长；二是在充分发挥市场对人力资源配置基础性作用的同时，进一步强化了政府促进就业的职责，就业渠道不断拓宽；三是明确了中央和地方两级管理、以地方为主的高校毕业生就业工作管理体制，形成了统一领导、上下联动、齐抓共管的工作机制；四是逐步探索并建立起了促进高校毕业生就业的政策框架体系，高校毕业生就业服务得到加强；五是鼓励大学生到基层、到农村、到西部、到祖国最需要的地方去建功立业，涌现了一批服务基层、扎根基层的优秀大学毕业生。

以促进大学毕业生就业为契机，相关领域制度创新取得突破性进展。教育部与有关部门密切配合，着力把解决现实就业问题与深化教育改革和建立长效机制相结合，加快推进了六个相关领域的深化改革和制度创新，取得积极成效。

一是建立了一整套高校毕业生入伍服义务兵役的基本制度，特别是有关部门积极吸纳两会建议提案，出台了高校毕业生服义务兵役补偿学费、代偿国家助学贷款等新政策。2010年，10 余万名大学生参军入伍，实现了大规模征集高校毕业生入伍的历史性突破。

二是大力发展全日制专业学位硕士研究生教育，开通 38 个类别的专业学位，面向应届毕业生增招，开启了研究生教育类型结构调整和培养模式的改革。

三是扩大实施"农村义务教育阶段学校教师特设岗位计划"（以下简称"农村教师特岗计划"），十几万名毕业生奔赴农村中小学教师岗位，推进了中小学教师补充机制创新，促进了义务教育均衡发展。

四是积极促进服务外包企业吸纳高校毕业生，建设了大批服务外包培训中心和实习实训基地，进一步推动高等教育调整专业结构，深化教学改革，培养适应现代服务外包产业发展需要的人才。

五是以启动实施重大科研项目单位吸纳高校毕业生为契机，建立和完善更加适应科研活动规律的科研项目经费管理机制，逐步建立起一支以合同制管理为基本模式的专职科研队伍。

六是组织实施"选聘高校毕业生到村任职"、"农村教师特岗计划"、"大学生志愿服务西部计划"、"三支一扶"（支教、支农、支医和扶贫）计划等项目。

通过以上六项措施，直接解决逾100多万名应届毕业生就业问题。

尽管如此，高校毕业生就业仍面临许多困难和问题：一是我国宏观就业形势依然严峻，需要就业的人数远远高于社会能够提供的岗位数量；二是全国普通高校毕业生规模逐年增加，就业任务繁重；三是促进高校毕业生就业的政策有待进一步落实和完善，一些不利于毕业生就业的政策性、体制性障碍还没有完全清除，工作还不到位；四是人才培养的结构与质量还不适应经济社会发展的需要，就业观念有待进一步转变。

要克服上述困难，院校需要做好以下工作：鼓励引导大学生面向基层就业，继续组织实施好高校毕业生基层就业的各类计划和项目；全面贯彻中共中央办公厅、国务院办公厅《关于引导和鼓励高校毕业生面向基层就业的意见》（中办发〔2005〕8号），继续精心实施"大学生志愿服务西部计划"、"三支一扶"计划和"农村教师特岗计划"等专项计划，促进高校毕业生基层服务项目健康可持续发展；对于通过各类项目已在基层服务的高校毕业生，认真研究和抓紧解决他们在服务期间和服务期满后的管理与后续发展问题，切实保证有关政策落到实处。另外还要制定和完善鼓励毕业生面向基层就业的具体办法，探索与毕业生的服务地建立长期、稳定的对口支援关系。

（二）人才市场对毕业生就业的作用越来越大

调查发现，在校期间即与用人单位签约毕业生的比例每年相比稳中有升，尤其是专科生就业率基本稳定在90％以上。同时，回到生源地通过市场双向选择实现就业的比例与上一年相比呈上升势头。这几年离校时未就业毕业生数量逐年增多，高校毕业生择业期逐渐拉长。据调查，2015届大学生未就业人群中，52％的人处于求职状态，31％准备国内外考研、考公务员、准备创业和参加职业培训，17％不求职也无其他计划。这表明人才市场在毕业生就业过程中的作用越来越大。

与此同时，各类人才市场也在不断加强市场建设和管理，提高服务能力，有针对性地做好未就业毕业生的就业指导、就业推荐、就业培训和建立见习基地等服务工作。

第二节　国家的就业政策

一、高校毕业生就业政策的发展

新中国成立以来，我国高校毕业生就业政策一直随着国情不断发展，这是一个持续的变动过程。根据这些政策实施的背景和特征，就业政策大体上经历了三个不同的发展时期。

（一）计划经济体制下的高校毕业生就业政策

新中国成立初期到20世纪80年代中期，在计划经济体制下，我国的高等教育是一种高度集中的计划管理模式，从招生到就业，无不打上了计划经济的历史烙印。学校按指令计划招生，学生按计划分配，用人单位就像一个"大箩筐"，有什么学生装什么学生。我们通常把这种计划经济体制下的高校毕业生就业政策称为"统包统分"模式。

在这种就业模式下，高校毕业生的就业由国家负责，实行计划下统一分配的制度。其特点是"由国家包下来分配工作，负责到底"；执行的是"统筹安排、集中使用、保证重点、照顾一般"的大政方针。应该说，高校毕业生由国家负责按计划分配的制度，是伴随着计划经济体制而产生和完善的，这种分配制度与我国当时的计划经济体制相适应，体现了社会主义制度的优越性，在一定的历史时期发挥了重要作用。在很长一段历史时期内，它保证了国家建设对人才的需要，在一定程度上缓解了我国地区之间人才需求不平衡的状况，有利于国家宏观调控人才流向，有利于社会安定。

（二）教育体制改革下的高校毕业生就业政策

改革开放以来，随着经济体制改革的不断深入和社会主义市场经济的发展及劳动人事制度的改革，"统包统分"的大学生就业分配制度与新的经济运行机制越来越不协调，越来越不适应形势的发展。该政策对于人才的合理配置、学生学习的积极性、学校办学的积极性和用人单位择优选才都产生了不良的影响，亟待改革。

中共中央于1985年5月27日颁布的《中共中央关于教育体制改革的决定》（以下简称《决定》）是我国对高校毕业生就业政策改革的重要标志。改革高校毕业生分配制度是《决定》的重大决策之一，它明确指出，对于国家招生计划内的学生，其"毕业分配，实行在国家计划指导下，由本人选报志愿、学校推荐、用人单位择优录用的制度"。

这项决策为毕业生就业制度的改革奠定了基础，国家有关部门开始对传统的"统招统分"制度进行改革，形成了以"供需见面"为主要形式，"双向选择"为目标的就业政策。"双向选择"政策顺应了教育体制改革对毕业生就业制度的新要求，适用于计划经济向社会主义市场经济转轨的全过程，有人形象地称"双向选择"毕业生就业政策开创的是一种"自由恋爱"的新模式，以区别于计划经济体制下的"包办婚姻"模式。

"双向选择"毕业生就业政策实施的结果，对广大高校学生和用人单位而言实际上是一种"双赢"。它实现了人才资源的合理配置，适应了经济发展的需要，促进了我国的经济发展；扩大了用人单位选才的自主权，有利于用人单位择优选才，促进了用人单位尊重知识、珍惜人才风尚的形成；扩大了高校的办学自主权，促进了学校的教学改革，增强了学校适应社会需要的主动性和积极性；扩大了高校毕业生择业的自主权，有利于学生发挥自身的素质优势，有利于学生发展成才；转变了在校大学生的思想观念，提高了他们的学习积极性和竞争意识；打破了过去在单一计划分配体制下，大学毕业生那种"包上大学，包当干部"的思想，使在校大学生有了危机感，学生没有真才实学就会找不到工作单位，这从根本上对端正高校的校风和学风起到了推动作用；满足了企事业单位对人才的要求，增大了毕业生到基层的比例，充实了基层科研、教学、生产的第一线的人才队伍。

（三）社会主义市场经济改革进一步深化下的高校毕业生就业政策

以"双向选择"为主要特征的毕业生就业制度只是过渡性的就业政策，随着改革开放的深入和社会主义市场经济体制的建立和完善，建立以"自主择业"为主要特征的毕业生就业制度已经势在必行。

1993年2月13日由中共中央、国务院颁布的《中国教育改革和发展纲要》（以下简称《纲要》）是"自主择业"就业模式的政策依据。它明确指出：在20世纪90年代，随着经济体制、政治体制和科技体制改革的深化，教育体制改革要采取综合配套、分步推进的方针，加快步伐，改革包得过多、统得过死的体制，初步建立起与社会主义市场经济体制、政治体制和科技体制改革相适应的教育新体制。

以《纲要》为政策依据而确定的毕业生就业政策改革目标是：改革高校毕业生"统包统分"和"包当干部"的就业制度，实行少数毕业生由国家安排就业，多数由学生"自主择业"的就业制度。即除少数享受国家奖学金、专项奖学金、单位奖学金的学生，实行在一定范围内就业外，大部分学生在国家方针、政策指导下，通过毕业生就业市场"自主择业"。

在这种就业体制下，大部分毕业生将按照个人的能力、条件到市场参与竞争，不再依靠行政手段由国家保证就业；用人单位也只能用工作条件及优惠待遇吸引毕业生，不能等待国家用行政命令保证人才供给；而高校作为就业工作的中介，主要为毕业生自主择业提供服务。

二、高校毕业生就业政策

（一）大学生就业政策

我国就业形势十分严峻，高校毕业生就业压力加大。2009 年 1 月，国务院办公厅发布了《关于加强普通高等学校毕业生就业工作的通知》，要求各地区、各有关部门要把高校毕业生就业摆在当前就业工作的首位，采取切实有效的措施，拓宽就业门路，鼓励高校毕业生到城乡基层、中西部地区和中小企业就业，鼓励自主创业，鼓励骨干企业和科研项目单位吸纳和稳定高校毕业生就业。此后，每年，国家有关部门都要颁发文件，要求进一步做好高校毕业生就业工作。

1. 鼓励和引导高校毕业生到城乡基层就业

鼓励高校毕业生积极参加社会主义新农村建设、城市社区建设和应征入伍。围绕基层面向群众的社会管理、公共服务、生产服务、生活服务、救助服务等领域，大力开发适合高校毕业生就业的基层社会管理和公共服务岗位，引导高校毕业生到基层就业。对到农村基层和城市社区从事社会管理和公共服务工作的高校毕业生，符合公益性岗位就业条件并在公益性岗位就业的，按照国家现行促进就业政策的规定，给予社会保险补贴和公益性岗位补贴，所需资金从就业专项资金列支；对到农村基层和城市社区其他社会管理和公共服务岗位就业的，给予薪酬或生活补贴，所需资金按现行渠道解决，同时按规定参加有关社会保险。对到中西部地区和艰苦边远地区农村基层单位就业、并履行一定服务期限的高校毕业生，以及应征入伍服义务兵役的高校毕业生，按规定实施相应的学费和助学贷款代偿。对具有基层工作经历的高校毕业生，在研究生招录和事业单位选聘时实行优先政策，在地市级以上党政机关考录公务员时也要进一步扩大招考录用的比例。继续实施和完善面向基层就业的专门项目，扩大项目范围。相关项目由各有关部门继续加强组织领导，省级人民政府负责做好各类基层就业项目之间的政策衔接。中央有关部门继续组织实施"选聘高校毕业生到村任职"、"三支一扶"、"大学生志愿服务西部计划"、"农村教师特岗计划"等项目，各地也因地制宜开展地方项目，鼓励和引导更多的高校毕业生报名参加。鼓励高校毕业生在项目结束后留在当地就业，以后相对应的自然减员空岗全部聘用服务期满的高校毕业生。对参加项目的高校毕业生给予生活补贴，所需资金按现行资金渠道解决，同时按规定参加有关社会保险。

2. 鼓励高校毕业生到中小企业和非公有制企业就业

各类中小企业和非公有制企业是高校毕业生就业的主要渠道。要进一步清理影响高校毕业生就业的制度性障碍和限制，为他们提供档案管理、人事代理、社会保险办理和接续、职称评定以及权益保障等方面的服务，形成有利于高校毕业生到企业就业的社会环境。对企业招用非本地户籍的普通高校专科以上毕业生，各地城市应取消落户限制（直辖市按有关规定执行）。企业招用符合条件的高校毕业生，可按规定享受相关就业扶持政策。劳动密集型小企业招用登记失业高校毕业生等城镇登记失业人员达到规定比例的，可按规定享受最高为 200 万元的小额担保贷款扶持。

3. 鼓励骨干企业和科研项目单位积极吸纳和稳定高校毕业生就业

鼓励国有大中型企业特别是创新型企业创造条件，更多地吸纳有技术专长的高校毕业生就业。充分发挥高新技术开发区、经济技术开发区和高科技企业集中吸纳高校毕业生就业的作用，加强人才培养、使用和储备。各地在实施支持困难企业稳定员工队伍的工作中，要引导企业不裁员或少裁员，更多地保留高校毕业生技术骨干，对符合条件的困难企业可按规定在给予6个月以内的社会保险补贴或岗位补贴，由失业保险基金支付；困难企业开展在岗培训的，按规定给予资金补助。承担国家和地方重大科研项目的单位要积极聘用优秀高校毕业生参与研究，其劳务性费用和有关社会保险费补助按规定从项目经费中列支，具体办法由科技、教育、财政等部门研究制订。高校毕业生参与项目研究期间，其户口、档案可存放在项目单位所在地或入学前家庭所在地人才交流中心。聘用期满，根据工作需要可以续聘或到其他岗位就业，就业后工龄与参与项目研究期间的工作时间合并计算，社会保险缴费年限连续计算。

4. 鼓励和支持高校毕业生自主创业

鼓励高校积极开展创业教育和实践活动。对高校毕业生从事个体经营符合条件的，免收行政事业性收费，落实鼓励残疾人就业、下岗失业人员再就业以及中小企业、高新技术企业发展等现行税收优惠政策和创业经营场所安排等扶持政策。在当地公共就业服务机构登记失业的自主创业高校毕业生，自筹资金不足的，可申请不超过5万元的小额担保贷款；对合伙经营和组织起来就业的，可按规定适当扩大贷款规模；从事当地政府规定微利项目的，可按规定享受贴息扶持。有创业意愿的高校毕业生参加创业培训的，按规定给予职业培训补贴。强化高校毕业生创业指导服务，提供政策咨询、项目开发、创业培训、创业孵化、小额贷款、开业指导、跟踪辅导的"一条龙"服务。各地要建设完善一批投资小、见效快的大学生创业园和创业孵化基地，并给予相关政策扶持。鼓励并支持高校毕业生通过多种形式灵活就业，以保障其合法权益，符合规定的，可享受社会保险补贴政策。

5. 强化高校毕业生就业服务和就业指导

充分发挥人力资源市场配置资源的作用，强化公共就业服务的功能。人力资源社会保障、教育等部门及高校要加强协作，采取网络招聘、专场招聘、供求洽谈会和用人单位进校园等多种方式，大力开展面向高校毕业生的就业服务系列活动，为应届高校毕业生提供更多、更快、更好的免费就业信息和各类就业服务。高校要强化对大学生的就业指导，开设就业指导课并作为必修课程，重点帮助毕业生了解就业政策，提高求职技巧，调整就业预期。加强高校就业指导服务机构建设，落实人员、场地和经费。加强人力资源市场管理，严厉打击违法违规行为，加强招聘活动安全保障，维护高校毕业生就业权益。

6. 提升高校毕业生就业能力

大力组织以促进就业为目的的实习实践，确保高校毕业生在离校前都能参加实习实践活动。完善离校未就业高校毕业生见习制度，鼓励见习单位优先录用见习高校毕业生。见习期间由见习单位和地方政府提供基本生活补助。拓展一批社会责任感强、管理规范的用人单位作为高校毕业生实习见习基地，加强高等职业院校学生的技能培训，实施毕业证书和职业资格证书"双证书"制度，努力使相关专业符合条件的应届毕业生通过职业技能鉴定获得相应职业资格证书。人力资源与社会保障部门根据高校毕业生需要，提供专场或其他形式的职业技能鉴定服务，教育部门及高校要给予积极配合。对符合就业困难人员条件的高校毕业生，按规定给予鉴定补贴。

7. 强化对困难高校毕业生的就业援助

对困难家庭的高校毕业生，高校可根据实际情况给予适当的求职补贴。各级机关考录公务员、事业单位招聘工作人员时，免收困难家庭高校毕业生的报名费和体检费。对离校后未就业回到原籍的高校毕业生，各地公共就业服务机构要摸清底数，免费提供政策咨询、职业指导、职业介绍和人事档案托管等服务，并组织他们参加就业见习、职业技能培训等促进就业的活动。对登记失业的高校毕业生，各地要将他们纳入当地失业人员扶持政策体系。对就业困难的高校毕业生和零就业家庭的高校毕业生，实施一对一职业指导、向用人单位重点推荐、公益性岗位安置等帮扶措施，按规定落实社会保险补贴、公益性岗位补贴等就业援助政策。

8. 加强领导，明确责任

各地要加强对高校毕业生就业工作的组织领导，将高校毕业生就业纳入当地就业总体规划，统筹安排，确定目标任务，实行目标责任制，加强工作考核和督查。各有关部门要切实发挥职能，落实工作责任。各级人力资源社会保障部门要牵头制定和实施高校毕业生就业政策，做好高校毕业生离校后的就业指导和就业服务工作。教育部门要指导高校大力加强在校生的就业指导和服务工作，并继续深化高等教育改革。财政部门要根据高校毕业生就业形势和实际需要，统筹安排资金用于促进高校毕业生就业。其他有关部门要认真履行职责，加强协调配合，共同推动工作。要大力开展高校毕业生就业工作的宣传，引导高校毕业生树立正确的就业观和成才观，形成全社会共同促进高校毕业生多渠道就业的良好舆论环境。

（二）特殊大学生就业政策

1. 结业生就业

结业生由学校向用人单位一次性推荐或自荐就业，找到工作单位的，可以办理就业手续，但必须在报到证上注明"结业生"字样；在规定时间内无单位接收的，由学校将其档案、户口关系转至家庭所在地（家居农村的保留非农业户口），自谋职业。已被录用的结业生，在国家财政拨款单位就业的，其工资待遇按照国务院有关文件规定，比国家规定的普通高校毕业生工资标准低一级。结业生在一年内补考及格换发毕业证书者，国家承认其毕业资格，工资待遇从补发证书之日起按毕业生对待。

2. 肄业生就业

大学肄业的学生由学校发给肄业证书，国家不负责其就业和办理就业手续，并将其档案和户口转回其生源所在地自谋职业。

3. 残疾毕业生就业

国家政策规定，残疾毕业生学校应帮助其就业，确有困难的，按有关规定由生源所在地民政部安置。必要时，学校可与民政部门联系安排残疾毕业生的工作单位。

4. 患病毕业生就业

毕业生毕业前进行健康检查，不能正常工作者暂不办理就业手续，让其回家休养。一年内治愈的（须经学校指定县级以上医院证明）可以随下一届毕业生就业；一年后仍未治愈或无用人单位接收的，户口关系和档案材料转至家庭所在地，按社会待业人员处理。毕业生报到后发生疾病不能坚持工作的，应按在职人员有关规定处理。

5. 升学、考公务员的毕业生就业

多数考研、专升本、考公务员的毕业生在择业时，结果还未确定，这类毕业生就业时应在协议中向用人单位声明，双方取得一致意见。如果毕业生被录取为研究生、专升本和公务

员，则就业协议无效；用人单位不愿接受此条款，则不应与该生签订就业协议。

6. 军队接收大学毕业生的有关规定

(1) 军队接收大学毕业生参军的条件 按照解放军总政治部的有关规定，接收对象应当是参加全国普通高校统一考试录取的应届毕业生。大学毕业生参军的基本条件有三条：

① 拥护党的基本路线，忠于祖国，热爱军队，志愿献身国防事业，符合公民服现役的政治条件；

② 学习成绩平均在良好以上；

③ 本科毕业生年龄不超过 25 周岁。

(2) 接收大学生到部队工作的程序

① 报名 毕业生可向所在学校的毕业生分配部门和部队大军区级单位的大学生接收站报名，并提供本人的有关材料，向用人单位推荐。

② 接受考核 部队用人单位在规定的期限内，将派人到有关高校对接收对象进行全面考核。

③ 审批 对考核合格的毕业生，用人单位将组织填写《地方高等学校毕业生献身国防事业志愿书》，逐级上报至大军区级单位政治部审批。

④ 参加培训 毕业生到部队报到后，一般要经过一定时间的集中训练，然后再分往各部队。

(3) 大学毕业生参军后的职级待遇 军队接收的地方大学毕业生在首次评授军衔、评任专业技术职务、确定专业技术等级以及住房分配等方面，与同期入伍的军队院校学习的毕业生学员同等对待，本科毕业生（获得学士学位），授予中尉军衔，定为副连职（技术 13 级）；研究生获得硕士学位，授予上尉军衔，定为正连职（技术 12 级）；获得博士学位，授少校军衔，定为正营职（技术 10 级）。

(4) 地方大学生入伍后在部队的服役期限 地方大学生在部队服役期的长短主要取决于本人。如果安心在部队服役，而且各方面表现良好，一般都具有较好的发展前途。由于种种原因要求退出现役的，而且各方面表现良好的，一般服役不少于 5 年。

小贴士

优 惠 政 策

（一）到西部、到基层和艰苦地区工作享受的优惠政策

为贯彻落实国人部发 [2006] 16 号文件精神，实施高校毕业生"三支一扶"计划，以邓小平理论和"三个代表"重要思想为指导，全面落实科学发展观和中央关于做好大学生志愿服务西部、服务基层工作的重要指示精神，引导和鼓励高校毕业生到西部去、到祖国最需要的地方去，为促进农村基层教育、农业、卫生、扶贫等社会事业的发展，建设社会主义新农村和促进社会和谐做出贡献，对大学生的各种优惠政策如下。

① 实行来去自由的政策。根据本人意愿，户口可迁到工作地区，也可迁回原籍，由政府主管部门所属的人才交流机构提供免费人事代理服务。到西部贫困边远地区工作的高校毕业生，可以提前定级，并根据实际情况适当高定工资标准。

② 在艰苦地区工作两年或两年以上者，报考研究生的，应优先予以推荐、录取；报考党政机关和应聘国有企事业单位的，在同等条件下应优先录用。

③ 从高校毕业生中招募志愿者，到西部贫困县的乡镇一级教育、卫生、农技、扶贫等单位服务 1～2 年，服务期间计算工龄。志愿者服务期满后，鼓励其扎根基层或自主择业。服务期满一年考核合格，报考研究生的，总分加 10 分，报考中央国家机关和东、中部

地区公务员的，同等条件下优先录取，报考西部地区公务员的，笔试总分加15分。

④ 各地、各部门和高校全面贯彻中办发［2005］18号文件精神，积极完善政策措施，层层狠抓落实。中组部（中共中央组织部）、教育部、人事部、人力资源和社会保障部、团中央等部门对7省市进行了专项督查；部际联席会议各部门1年左右出台了10多个工作文件，对毕业生到基层就业、自主创业、从事个体经营加大了政策支持力度。中编办（中央机构编制委员会办公室）为西部和艰苦边远地区乡镇下达了5000名周转编制；劳动保障部为到基层就业创业的毕业生积极开展培训、见习等多种服务；人事部门牵头启动了"三支一扶"计划；团中央等部门继续实施了"大学生志愿服务西部计划"；财政部、教育部启动了"农村教师特岗计划"，并出台了《高等学校毕业生国家助学贷款代偿资助暂行办法》。目前，已有26个省份制订了地方配套文件，25个省份为到艰苦边远地区就业的毕业生减免助学贷款，一大批高校也都出台了奖励、表彰等各种鼓励措施。

⑤ 2008年，中组部、教育部、财政部、人力资源和社会保障部等部门联合启动"选聘高校毕业生到村任职"项目，这一项目对于建设社会主义新农村、鼓励青年走与工农相结合的道路、为农村基层组织提供骨干力量、为各级党政机关培养和储备来自工农的接班人队伍具有重大战略意义，在全国发挥了重要的示范带动作用。

（二）对于高校生活困难毕业生，国家出台的救助办法

普通高校生活困难毕业生实施临时救助办法具体如下。

① 凡高校毕业生（含大学专科、大学本科、研究生）因患病等原因短期无法就业且生活困难的，由高校毕业生户籍迁入地所在地民政部门，参照当地低保标准，给予临时救助，享受临时救助的时间最长不得超过一年；一年后家庭生活仍有困难的，按有关规定申请享受最低生活保障或其他社会救济。对于滞留高校尚未办理户籍迁移的高校困难毕业生，民政部门不予受理。

② 高校生活困难毕业生申请临时救助，按最低生活保障的申请审批程序办理。高校生活困难毕业生应当向户籍迁入地所在的申请审批机关出具高校颁发的《毕业证书》、个人身份证以及省级高校毕业生就业工作主管部门签发的"全国普通高等学校本专科毕业生就业报到证"或者"全国毕业研究生就业报到证"。

③ 享受临时救助的高校毕业生已参加就业或家庭经济条件好转，应及时取消临时救助。

（三）到非公有制单位就业享受的政策优惠

到非公有制单位就业的高校毕业生，公安机关将积极放宽建立集体户口的审批条件，及时、便捷地办理落户手续。用人单位将按照国家有关规定与所聘高校毕业生签订劳动合同，为其办理社会保险手续，缴纳社会保险费，保障其合法权益。从事个体经营和自由职业的高校毕业生要按当地政府的规定，到社会保险经办机构办理社会保险登记，交纳社会保险费。鼓励和支持高校毕业生自主创业，工商和税收部门应简化审批手续，积极给予支持。

劳动、人事部门所属人才服务机构将为到非公有制单位就业的高校毕业生提供集体户口、人事代理、存放人事关系等服务，同时还将为这些毕业生办理人事关系接转、人事档案管理、转正定级、党团关系、专业技术职务任职资格申报评审、社会保险金缴纳等服务，实行全方位的人事代理服务，解除到非公有制单位就业的高校毕业生的后顾之忧。

三、高职毕业生的就业现状

（一）高校毕业生总体就业现状

目前，高校毕业生的总体就业情况是：从总量和学历层次上讲，研究生供不应求，本科生供需基本持平，专科生供大于求。从 2016 年专业情况来看，财务管理、计算机科学与技术、土木工程、会计学、机械工程及自动化、汉语言文学、英语、艺术设计等热门专业就业平稳，而哲学、历史学、社会学、农学等就业面较窄的人文、社科类专业需求较少。

这里面有一个矛盾的现象，即人力资源缺乏与人力资源浪费现象同时存在。这主要表现在：中西部地区和一些工作条件比较艰苦的岗位人才奇缺，而大中城市、省会城市和东部沿海经济发达地区人才汇集，用人单位不顾实际需要，盲目实行人才高消费——只招高学历、高职称者，本科以下学历的免谈，造成大量本科以下的求职者求职无门、无业可就，手持文凭却找不到工作，最终造成人才闲置和浪费。当然，这里面还有社会舆论导向以及高校毕业生自身求职定位和就业期望值偏高的影响。

（二）高职毕业生就业现状

1. 就业率逐年提高，但就业难度仍然很大

我国高等教育实现了由"精英化"高等教育向"大众化"高等教育的战略转变，但是难以避免的大学毕业生就业难，特别是高职高专毕业生就业问题已成为当前学生及家长乃至全社会普遍关注的"热点"问题。

高职毕业生的就业率呈现平稳趋势。2014 年高职生就业率为 91.5%，2015 年为 91.2%，2016 年就业率为 91.5%，而本科生同期就业率略多，为 92.6%、92.2%、91.8%。

高职生就业难度仍很大。主要原因有以下两点。

其一，不断增加的毕业生人数，如表 1-1 所示，加上前几年沉淀下来的未就业的毕业生。

其二，不断增加的外部竞争群体。高职毕业生不仅要与同期的本科及中专毕业生相竞争，还要与社会上其他求职人员相竞争，如下岗职工、进城务工的农村剩余劳动力等，其难度和竞争的激烈程度是不言而喻的。

2. 不同学科专业之间差异明显，受经济发展与市场需求的影响明显加强

面对经济和产业结构的迅速变化，高校毕业生的就业形势受经济与市场需求的影响越来越强，不同专业之间的差异也越来越明显。有关数据显示：理工类专业，尤其是工科类的毕业生就业质量普遍较好；而文科类和农科类专业毕业生大部分面临着激烈的竞争，就业率低，改行者居多。

高职高专毕业生就业，受经济影响更强。机械、化工、纺织等传统制造业面临挑战，在大学生各项主要就业指标上亮起了"红灯"，不管本科还是高职都出现相似趋势。以本科为例，从吸纳能力来看，2012 届毕业生有 28.8% 在制造业就业，到 2016 届该比例下降了近 9.4%，跌至 19.4%，毕业生就业满意度和薪资水平也相对较低。同时，随着信息技术与网络技术的发展，信息传输、信息管理、信息安全以及电子相关产业将会得到进一步的发展，一些新技术企业将成为市场的主角，它们的发展将会进一步刺激人才需求的快速增长。另外，我国第三产业在国民生产总值中的比重将进一步提高，服务业、金融、保险、健康、文

化、咨询业等行业成为人才需求的大户。

3. 不同地区之间差异明显，发展不平衡

按照教育与区域经济社会发展水平相适应原理，区域经济发展对区域教育发展提供基础性条件，提出人才培养的要求，并决定教育的规模、层次、结构。一般来说，经济发达地区对高职高专毕业生的需求量大，前提是毕业生具备实际工作能力。反之，经济发展速度较慢的地区，本身对人才吸纳的能力有限，高职高专毕业生的就业更加困难。

四、高职毕业生的就业对策

由以上分析可见，高职毕业生的就业问题实际上并不只是高职院校的问题，而是需要综合各方面力量才能解决的复杂的社会问题。因此，树立系统的观念，从全局的、战略的高度来认识这一问题，才能从根本上把握住高职毕业生就业问题的实质和关键所在。这可以从以下四个方面来具体阐述。

（一）深化教育教学改革，进一步完善高职毕业生的就业管理体制和机制

国家和政府应加强对高职毕业生就业工作的宏观管理和调控，营造公平、合理、宽松的就业环境。

① 在目前的教育体制和就业形势下，政府要通过努力发展经济，调整产业结构，来增加对高职毕业生的消化吸纳能力，使高职院校的人才培养和社会的人才使用衔接好。这是政府和社会的责任。

② 通过深化教育教学改革，加大对高职教育的投入和支持力度。例如调整高职教育的学科布局，采取单独招生政策，保证生源素质，在政策上给高职院校一定倾斜等。

③ 加大宣传力度，努力转变轻视职业教育的社会观念。加强对高职毕业生就业工作的宏观管理和指导，进一步打破限制毕业生跨地区、跨行业就业的障碍，拓宽就业渠道，逐步确立"市场导向、政府调控、学校推荐、学生与用人单位双向选择"的就业机制。营造公平、合理、宽松的就业环境，切实为高职毕业生顺利就业创造良好的外部条件。

（二）高职院校要准确定位，发挥特色，提高教育质量，加强就业指导

目前，高职教育的规模、数量上去了，效益、质量并没有跟上，所谓高职教育占中国高等教育的"半壁江山"，实际上是数量上的，并非质量上的，因此高职教育的质量不高，特色不鲜明，高职教育的社会认同度和毕业生就业情况就不可能得到根本改变和扭转。为此，必须加强高职教育质量保障体系的研究，构建高职教育质量保障体系，切实提高高职教育质量，突出高职特色，进一步增强高职毕业生的就业指导工作。要特别指出的是，高职毕业生的就业指导工作并不是一项临时性、阶段性的工作，而是必须未雨绸缪、全员参与、全程跟踪、信息化、专家化的全过程管理工作，贯穿整个高职教育教学过程。在新生入校时就应该进行相关的职业指导、职业生涯规划设计、专业选择指导建议等相关宣传教育工作，一直到学生毕业前夕的就业辅导等，这样才能收到标本兼治、临危不乱的效果。

（三）高职毕业生应准确定位，提高自身素质，保持良好心态

① 结合社会发展和自身发展实际，准确定位自己。对高职毕业生来说，求职定位关系到一生的发展，因此一定要前瞻性与务实性相结合。所谓前瞻性，就是对自己的就业方向有明确的目标，不拘泥于一时一地，这是其一。其二，珍惜每一个就业机会，先就业再择业，

或再创业，为达成自己的事业目标不断积累个人阅历。但这种前瞻性必须建立在正确的自我认知基础之上，也就是要结合自身的实际情况和社会发展来定位，冷静分析当前的就业形势。要学会充分利用现有的教育资源，战胜生理惰性和人性弱点，努力提高自身的职业能力、综合素质，增强就业竞争力。

② 转变就业观念，树立创业意识，端正就业心理。对于高职毕业生来说，树立创业意识和具备转岗能力同等重要。在求职竞争时，必须清醒地意识到新的就业形势下，"职业"自身的内涵也在不断发展变化，就业观念也应该与时俱进，不断更新与发展。

（四）用人单位应降低门槛，平等对待高职毕业生，加强校企合作

高职毕业生就业工作最终将以用人单位接纳高职毕业生为解决问题的显著标志。因此，用人单位在招聘人才时能否依据实际需求，科学设岗、合理用人、充分发挥人才效能，是解决高职毕业生就业问题的重要因素。为此，用人单位应该降低目前对高职毕业生的三道不合理门槛，即要求高职毕业生拥有当地户口、高学历、实际工作经验。事实上，从长远来看，消除求职壁垒，人尽其才，使引进的人才能够"用得上，下得去，留得住"，对用人单位才是真正有利的。另外，密切校企合作与交流，共同探讨人才培养的新模式和新途径，坚持走产学研结合之路，是解决当前高职毕业生就业难的一条很好的路子。

总之，解决全球化背景下的高职毕业生的就业难问题必须具备系统的观点，否则，单纯强调政府、培养方、毕业生、用人单位中的任何一方都难有奇效。只有四方共同努力，协调发展，才能真正使高职毕业生就业难问题得到最终解决，并收到标本兼治、良性发展的效果。

思考与实践

请同学们通过各种手段收集国家就业政策的最新变化，并以小组为单位进行最新信息发布活动。

第二章

认识职业，了解岗位，做好就业素质准备

第一节　高职教育人才培养目标定位

一、高技能人才培养目标的定位

　　高等职业教育是我国高等教育体系的重要组成部分。近几年来，高职院校发展迅速，学校数量快速增长，办学规模迅速扩大，办学途径不断拓宽。高职院校的发展顺应了我国经济和社会发展的客观需要，为我国经济发展和建设培养了大批各类专门应用型人才，提高了劳动者的素质，对促进社会主义精神文明建设和经济建设起到了重要作用。

　　教育部教高［2000］2号文对高职教育培养目标的定位是这样描述的："高职高专教育是我国高等教育的重要组成部分，培养拥护党的基本路线，适应生产、建设、管理、服务第一线需要的，德、智、体、美等方面全面发展的高等技术应用性专门人才。"这个定位突出了技术应用能力的培养。《现代汉语词典》中对"技能"一词的解释是：掌握和运用专门技术的能力。由此可以这样理解：突出技术应用能力的培养即突出专业技能的培养，突出学生实践能力的培养。

　　2003年年底党中央召开的人才工作会议，把培养技能型人才特别是高技能型人才纳入全党人才工作，把培养技能型人才作为实施人才强国的重要内容。教育部《2003—2007教育振兴行动计划》以及《教育部等7部门关于进一步加强职业教育工作的若干意见》中都强调要"大力培养高素质的技能型人才特别是高技能型人才"，"使技能人才特别是高技能人才的数量和所占比例有较大增加和提高，努力缓解劳动力市场技能人才紧缺状况"。

　　新时期高职教育定位在"主要培养高级技能人才"，突出了高职教育的本质特征，这既是解决我国现代化建设紧缺高技能人才的需要，也是高职院校明确目标定位、贯彻"以就业为导向"方针、深化教学改革、办出专业特色的需要。

二、高技能人才的内涵和特征

　　"必须明确高职培养的人才就是应用型白领、高级蓝领，或者叫'银领'人才，是高技能专门人才。"

"加快培养企业急需的技术技能型人才、复合技能型人才以及高新技术产业发展需要的知识技能型人才。"

"高职院校人才培养的高质量是什么？就是高素质和高技能的实用型人才。"

"坚持培养面向生产、建设、管理、服务第一线需要的，下得去、留得住、用得上，实践技能强、具有良好职业道德的技术应用型人才。说得雅一些，就是要培养应用型白领、高级蓝领、高级技工或技师等。"

从上述引文中可以形象、粗略地领悟高技能人才的特征。但什么是高技能人才？高技能人才到底高在何处？

高技能人才首先是技能型人才，技能从其特点和表现特征可分为心智技能和动作技能（或操作技能）。传统的技能注重经验技术的运用和动作技能。新型工业化时代的技能人才应该是既能掌握和运用理论技术，又具备一定的经验技术；既掌握熟练的操作技能，又善于运用心智技能。具备较强的动手能力和实践能力是这类人才的标志。技能型人才还具有如下特征：

① 工作场所的一线性，即工作面向生产、建设、管理和服务第一线；

② 工作活动的实践性，即在工作现场从事具体作业线、具体单机设备的操作与维护等；

③ 工作层次的基础性，即工作的成效直接关系到物化过程，实现过程的效率、效益与质量，在企业积累型、渐进型技术创新中起着不可替代的作用；

④ 工作要求的规范性，即在具体操作中要严格按照一定的技术规范和要求来执行；

⑤ 工作环境的复杂多变性，即必须对现场有广泛的适应性，能及时发现和处理现场可能发生的各类问题；

⑥ 工作团队的合作性，即必须发挥团队合作精神，依靠集体的力量和智慧完成工作任务。

首先，高技能人才"高"在有较强的动手能力和实践能力，这是高技能人才诸能力中最本质的能力，也是最基本的特征。高技能人才应熟悉和适应现场工作环境、工作规则以及工作的协调合理性，熟练掌握岗位群通用的基本技能，有专业背景的专门技能以及某些特殊技能，有较强的综合工作能力，能完成技术比较复杂或非常规性的工作，并能运用较丰富的生产实践经验或先进的技术手段，及时准确地发现和排解操作中的技术故障；对生产中较关键的技艺难题敢于负责、敢于决策并能独立有效地解决，具有一定的技术管理和技术创新能力；在现场对初、中级技术工人能发挥骨干带头、质量把关、指导培训作用。动手和实践是高技能人才成长的起点和基础，高职教育必须建立以实践教学为核心的课程体系，把培养学生的动手能力和实践能力放在首要位置。

现代设备的高度机械化、自动化以及中、高端技术问题的解决，需要操作人员具备更加高超的动手能力，这种动手能力不再是传统的手艺、绝活，而是利用心智技能的创造性活动，是现代技术和经验技术的整合、动手和动脑能力的整合。对发生在现场的技术难题和非常规突发事故或故障的处理，更多地发挥知识、技术和心智技能的作用。在工艺革新、装备改造、引进技术和发明创造中表现出较强的创新能力。高职教育的人才培养模式要与此相适应，就必须注重理论与实践、技术与技能、产学研的高度结合。

其次，高技能人才"高"在有比较高的立足点，这个立足点建立在新型高等教育层面和新知识、新技术、新工艺、新方法的崭新平台上，并与国际人才平台接轨。他们不仅能够掌握和操作国际上的先进生产技术，而且能利用先进的信息手段实现对专业领域高新技术的追踪。这就要求高职教育不断更新教学内容，对成熟的技术原理和技术规范，要培养学生用得活、用得新、用得好。同时要及时引进国际先进技术和培训，用明天的技术培养今天的学生。教学中还要着力培养学生的学习能力和信息处理能力。

再次，高技能人才"高"在"一专多能"，在培养规格上体现复合性。除了精通和掌握本专业岗位群主要工种的操作技能外，对相关专业的知识和技术也有相当的了解，并具有运用交叉技术知识解决实际问题的综合技能。学机械的要懂电工与电子，学环境保护的要懂生物技术，学管理的要懂国际贸易等，这是高技能人才适应现代化企业高效率生产的需要。高职教育要在课程、专业方向上让学生有更多的选择，设置复合型专业或"一专多辅"是很好的办法。

最后，高技能人才"高"在有很高的职业素质和敬业精神。高技能人才应具备安于一线工作的意识和素质，有高度的社会责任感和服务意识、艰苦创业的意识、企业的主人翁意识、立志岗位成才和终身学习的意识，吃苦耐劳，乐于奉献，愿与工农打成一片。高技能人才应热爱本职工作，对本专业工种有着浓厚的兴趣和深厚的感情，立足平凡岗位，刻苦钻研技术业务，不惜克服重重困难，去解决生产中一个个难题，并注意在实践中不断探索、不断总结、不断积累、不断提高。因此，高职教育要注重知识、技能、素质的全面发展，加强对学生的职业道德与职业理想、就业观与创业观的教育。

第二节　高职学生的就业岗位

一、有关职业的基本知识

择业期的大学生，应当具备职业与职位分类方面的基本知识。

(一) 职业的特征与社会功能

职业是劳动者能够稳定从事的有酬工作，是劳动者足够稳定地从事某项有酬工作而获得的劳动角色。这个定义有两层含义：第一，它表明并不是任何工作都能成为职业，某工作只有变得足够丰富、足够重要，以至能吸引劳动者长期稳定地投入其中才能成为职业，而且劳动者从事这项工作时，还能取得一定的经济收入；第二，职业是劳动者获得的劳动角色，这个角色是劳动者获得的社会角色，劳动者必须按社会结构中这一社会角色的规范行事。

职业无论对于个人还是社会的生存与发展，都具有十分重要的作用。职业对于个人的作用主要表现在：第一，维持生存，即通过职业劳动取得生活来源；第二，发展个性，或者说发挥个人才能；第三，参与社会劳动，承担社会义务，即通过职业劳动，创造社会财富，承担社会义务，为他人提供服务。职业对于社会来说，具有实现社会控制、维持社会运转、为社会创造财富的功能。

(二) 职业分类

现代社会存在许许多多的职业、行业、工种。这些职业既相互区别，又相互渗透，因此职业的分类也比较复杂，既可以按行业划分、专业划分，也可以按工作特点划分。

① 从行业上划分，可分为第一、二、三产业。第一产业指农业、林业、渔业、畜牧业等国民经济的基础产业；第二产业是指工业、交通业、建筑业等国民经济发展的主导行业；第三产业是指商业、服务业、旅游业、信息业等行业。

② 从工作特点上划分，可分为实务、社会服务、文教、科研、艺术及创造、计算及数学、户外、管理、一般服务性职业等十多种类型的职业。

实务性职业主要指工作任务很实际的职业，包括使用机器、工具和其他种类设备的工种，也包括使用各种书写仪器的职业，如工人、打字员等。

社会服务性职业主要是指帮助别人解决困难或问题的职业，如医疗卫生保健、民事调解、婚姻登记、心理咨询、职业介绍等。

文教性职业是指使用文字或其他媒介，把信息和知识传授给别人的职业，如教师、记者、编辑、档案工作人员等。

科研性职业是指从事科学研究实验方面的职业，如技术人员、化验员、药剂师等。

艺术及创造性职业，是指用语言、动作、音响、色彩等来创造艺术作品的职业，如摄影师、作家、画家、音乐家、设计师、舞蹈家等。

计算及数学性职业，是指财务管理、资料数据统计、分类等，如银行职员、会计、统计员等。

户外性职业是指大部分工作时间在户外，且比较艰苦的职业，如交通警察、地质、勘测及其他野外作业人员等。

管理性职业是凭说服力和影响力进行工作的职业，包括管理、指派他人做事，运用说服力和影响力达到工作目标，如国家公务员、律师等。

一般服务性职业是指向别人提供所需各项服务的职业，如招待员、导游等。

③ 按职业横向分类，分为 8 大类：各类专业技术职业；国家机关、党群组织、企事业单位负责的事务及有关工作；商业工作；服务性工作；农林牧渔劳动；工业生产；运输及不便分类的其他劳动。

《中华人民共和国职业分类大典》（2015 版）将我国职业归为 8 个大类，共 1481 个职业。

（三）职位分类

职业分类只是划分了职业的种类，而职位的分类则在职业内部划分出了不同的工作岗位。例如教师是一个职业种类，按职位分类则可分成教授、副教授、讲师、助教等不同的工作岗位。对求职择业来说，职位分类有着更为直接的作用，其原因主要有以下几方面。

① 职位是一定数量的人员任职的工作岗位，是具体工作任务、责任和权利构成的统一体。职位是以"事"为中心，并以多数任职者在一定劳动时间内能完成任务的多少为标准设置的。在具体的社会组织里，同种职业的职位数量以及全部职业的职位数量，都能比较精确地计算出来。社会对人才需求的状况能够比较精确地量化到具体工作岗位，这为求职择业者确定择业目标提供了更有价值的信息。

② 职位分类是政府机关、企事业单位以及其他用人单位把内部众多工作岗位划分成若干种类和等级的分类方式，其划分的标准除了要对具体工作岗位的任务定量外，还包括具体工作岗位的性质、责任大小和工作的难易程度等。所以，这种分类能够比较准确地在同种职业中划分出职责、报酬及待遇等有差别的具体工作岗位。职位分类，使不同职业和不同职位清晰可见，这为求职者确定求职目标提供了条件。

③ 职位分类给每个职位分别确定了岗位职责、完成任务所需人员的任职资格和条件。对于求职者来说，只有在充分了解不同职位所要求的不同任职资格和条件的前提下，衡量自身的实际情况，正确地进行自我评估，才能实事求是地确立职业期望。

职位分类是管理科学在劳动人事方面的具体体现。近年来，许多企事业单位进行了优化劳动组合，合理调整机构，实行岗位责任制等改革，这也就是在进行岗位分析或职位分类。1993 年，我国《国家公务员暂行条例》正式颁布，包括了有关国家公务员实行职位分类的一些具体规定。职位分类的进一步发展，将会对大学生求职以及就业指导工作起到积极作用。

（四）大学生关注的热门职业

大学生较为关注的热门职业有以下四种行业：

① 国家公务员序列（含国务院各部委、中直机关工委、地方各级党群机关、公检法系统、海关边检及各类事业干部编制）；

② 各类公司（含各类国有企业、民营企业、三资企业）；

③ 银行及非银行金融机构（含银行、保险、证券、基金、风险投资行业）；

④ IT 行业（邮电、通信、网络、计算机等高科技行业）。

二、高职学生就业岗位分析

（一）高职学生主要就业岗位

从 2016 年高职高专就业市场需求看，教育业、金融业、媒体信息及通信产业需求增长，制造业有所下降。

高职毕业生主要就业岗位有：数控机床操作，汽车维修，船舶驾驶，生产线设备维护，微电子技术组装、检修，机电设备管理、调试、安装、维修、操作，生产线操作，功能测试技术，品质检验，生产工艺，计算机应用，会计，酒店管理，农资经营，农产品加工，园林绿化，水电施工，道路与桥梁施工，民用建筑，装饰装修，工程监理，产品营销与商业策划，通关管理，各类综合文秘，各类艺术设计岗位等。

（二）高职学生就业的主要特点

随着经济与产业结构调整步伐的加快，高校毕业生就业呈现出多元化的趋势。从有关部门的调查研究情况来看，近几年高职毕业生就业主要有以下特点。

① 从就业率看，高职毕业生就业率逐年提高。这主要得益于国家发展的宏观战略、国家积极促进毕业生就业政策、各方面卓有成效的工作以及毕业生就业观念的转变。

② 从就业方向看，高职毕业生就业的主要方向是基层。高职毕业生就业主要集中在生产、建设、管理与服务一线，就业岗位主要是一线技术、工艺、技能方面的管理与操作人员。

③ 从就业单位看，到民营、三资企业就业的毕业生人数增多。高职毕业生就业既有国企、三资企业、事业单位，又有民营、股份、个体等企业，而到民营企业和三资企业就业、自主创业和灵活就业比例逐年呈现上升趋势。

④ 从地区流向看，到西部地区、东北等老工业基地就业的毕业生数量增多，这主要得益于"西部大开发"和"振兴东北等老工业基地"的政策效应逐步释放，他们所接收的毕业生就业人数较往年有所增加，如甘肃省、辽宁省接收的毕业生均多于往年。东部发达地区是毕业生就业的热点，其中北京、上海、广东、江苏等地和沿海地区在吸纳毕业生方面占有明显优势。

⑤ 从专业情况看，工程技术类和行业特点明显的专业毕业生就业率高。2016 年高职生就业率、薪资和就业满意度综合较高的专业包括：铁道工程技术、电力系统自动化技术、市场营销、房地产经营与估价、发电厂及电力系统、视觉传达。

（三）热点行业趋势预测

中国权威的专业人才招聘网站中华英才网预测，通信、汽车、快速消费品及石油能源等四大行业成为 2010 年乃至未来几年的热门行业，且人才需求大，有较明显的人才缺口。

（1）通信业　需求旺盛，营销人员比重继续上升。今后几年，通信业人才需求将主要分布在基础电信运营企业、新增电信企业和政府部门，市场营销服务人才比重将超过技术人才。人才构成变化为经营管理类、通信技术类和市场营销类人才需求比例为 2∶3∶5，其中经营管理与市场营销人员比重较之前有所上升，预示更多非通信专业人才将涌入通信行业。

（2）汽车业　人才全面吃紧。未来 5 年，根据汽车发展的水平和需要，人才供求矛盾的变化将激增。这意味着人才供求的结构性矛盾非常突出，尤其是研发机械工程师、销售和市场人员的新增工作机会将非常可观。在汽车企业的招聘中，人才全面紧缺，主要包括汽车研发人才、维修人才、营销人才、管理人才、汽车服务人才等。

（3）物流管理　随着中国社会主义市场经济体系建立、世界经济一体化进程的加快和科学技术的飞速发展，物流产业作为国民经济中的一个新兴的产业部门，将成为本世纪重要产业和国民经济新的增长点。除储存、运输、配送、货运代理等领域的物流人才紧缺外，相关的系统化管理人才、懂得进出口贸易业务的专业操作人才、电子商务物流人才、掌握商品配送和资金周转以及成本核算等相关知识和操作方法的国际性物流高级人才将更需要。人才缺口达 60 余万。

（4）酒店管理　作为全球十大热门行业之一，酒店管理专业在国际上一直属于就业热点。近几年，来自全球各个知名品牌的酒店集团纷纷瞄准了中国市场，并大力投资和加盟，导致行业内的高级专业人才形成了供不应求的局势。酒店业尤其需要那些专业度高、综合能力强的中高级人才。

（5）电子商务　包括电子商务服务企业［包括硬件（研发、生产、销售、集成）、软件（研发、销售、实施）、咨询等］和电子商务企业。对于传统企业来讲，电子商务意味着新增的运营工具。对传统行业来讲，电子商务就是新的业务手段。无论贸易、物流、加工行业还是农业等到都会使用到电子商务。

第三节　高职学生职业素质要求

·········· **案例 1** ··········

有个曾卖过青蛙的农民小伙子，到新东方读了两年大专，开始帮着看教室，后来他找到校长俞敏洪，要求办一份校报，这是一个空白，所以他办成了。但接下来的问题是，一个中文系的本科生就能轻易搞定校报。于是他开始琢磨起新概念英语的教学来，搞了块小黑板，回到家里一遍遍地狂练如何上课、如何教学。一年后，等到小黑板快写穿了，他去试讲，很快就被聘用了，后来他成长为新东方新概念英语教学中最优秀的老师。

分析：工作和人生一样，充满着不确定性。青年农民能成长为新东方最优秀的英语老师，主要是他的敬业精神和钻研精神成就了他的奋斗目标。拥有了敬业精神、钻研精神和创业精神这三块人生成功的基石，就拥有了人生的"定海神针"。

一、知识、能力和素质的要求

高职学生作为高级应用型专门人才，要满足知识经济时代对人才高技术含量的要求，适应市场经济发展的人才需求变化，就必须努力在知识、能力、素质三方面努力提高自己。

（一）知识

知识是指高职毕业生具有现代化社会职业岗位所要求的大专层次实用性知识，包括基础知识、专业知识和相关知识。

所谓基础知识，是指适应职业岗位所必备的常规性、前提性知识，包括职业技术的基础性知识和语文、数学、外语、计算机知识。前者为必知必会的技术性要求，属于前提性知识，后者则属于工具性知识。基础知识既是胜任本职工作的文化基础，同时也是坚持自身学习和继续教育的接受基础。

所谓专业知识，是指职业岗位所必需的专业技术知识，要求既具备专职专业的一技之长，又能掌握本专业的最新科技知识。纵向来看，专业知识具有点、线结合的特点，涉及从设计到操作的工艺流程和生产过程的一条龙知识，如商业专业要掌握一定的市场营销、商品流通、商务公关和商业法规等知识。

所谓相关知识，是指适应职业岗位的可能变化、转业转岗的需要和适应科技进步、产业结构调整所必需的相关专业知识、行业知识或产业知识。未来学科和技术日益综合化和相互渗透，专职专业要具备同一行业或同一产业的相关知识。特别是随着我国现代化建设不断深入发展，要兼通技术知识、经营知识和现代管理知识。

在这种应用性知识结构中，以基础知识为前提、以专业知识为重心、以相关知识为辅翼而形成三位一体。基础知识要过硬，打好立足基础；专业知识要专精，突出一技之长；相关知识要宽厚，突出一专多能。

学生既要成为专职专业的行家里手，又要成为相关职业的多面手，岗位工作能得心应手，应付自如。从知识的理论维度和传授特点来看，则定位于大专层次理论知识，既要以必需和够用为定度，又要以专精和新颖为标向，并且强调理论与实践相结合，注重知识与技能的一体化。学生要拓宽知识面和科学视野，力求避免出现隔行如隔山的封闭状态，注意知识的渗透、融合和转化，涉猎跨学科知识，并能够不断更新知识，真正具备适应现代社会变革所需要和高新技术发展所要求的优化性知识结构。

（二）能力

职业能力是对高职生的核心要求，能力结构包括操作能力、认知能力、表达能力和综合能力等。

操作能力是指履行岗位职责的动手能力，是任职顶岗所直接需要的实用性职业技能和专业技能，是能够熟练运用职业岗位主要工具（包括手工工具和仪器仪表）的能力，是基本的实验能力和设计能力，理解技术工作的内容要求和操作程序，掌握应知应会的职业技术规范，具有排除故障、维修设备的能力。要能上得岗、拿得下、干得熟，能够手脑并用，得心应手。

认知能力是指获取知识和信息的能力、观察判断和临场应变的能力、运用知识技术分析和解决实际问题的能力、进行技术革新和设计发明的创造能力。

所谓表达能力是指语言表达能力、文字表达能力和数理计算（包括图表展示）的能力。

综合能力是指组织管理能力、自我发展能力和业务交往能力。组织管理能力（包括计划决策能力）强调在能够熟练进行技术操作、懂得技术开发的同时，能将工程设计转化为工艺流程，将管理规划转化为管理实效。自我发展能力注重于自我认识和自我控制的能力，自学的能力，善于学习新知识、接受新事物的能力。业务交往能力则强调处理好业缘关系和人际关系，善于与人多向合作，协调和沟通横向通联关系和纵向领属关系，并且要求自觉开发潜能，发挥优势，以向更高层次发展（如大专学历向本科学历提高）。

能力结构的特点是以实用为主，突出操作性、应用性的专业技能和实践技能。院校要以适应职业岗位为目标，加强技能训练，注重实际能力培养，学生要具有获取知识和运用知识的实际能力和相应的方法技巧，培养和提高自己的智能和创新能力，鼓励个性自由发展。

操作能力和表达能力着重于技术（经验）视角，认知能力着重于思维（理论）视角，综合能力着重于创造视角。操作能力、认知能力、表达能力侧重于人与物的关系，综合能力侧重于人与自我、人与社会的关系。

（三）素质

素质包括道德素质、文化素质和职业素质。道德素质是指树立正确的世界观、人生观和价值观，具有爱国主义、集体主义精神，具有良好的社会公德和职业道德，有较强的组织纪律性和团队精神；自觉遵守企业行为规范和行业道德规范，熟悉并自觉维护与本职工作有关的法律法规（如行业法律法规、知识产权保护法等）；具有敬业精神和奉献精神，善于处理职守与变通、竞争与协作的关系。

文化素质是指具有一定的人文知识和科学知识，具有相关的文理科交叉知识；具备钻研新领域知识的智力和打破思维定式、发明革新的创造能力，具备主动适应和改造环境的综合发展能力。

职业素质，除了专职专业直接要求的知识和能力外，还指职业岗位所要求的行业眼光、知觉能力和思维方式、行为方式，具有较好的专业智能和创新潜能，能适应高技术含量的工作，能了解相关新技术的发展趋势。而再学习能力则是自我发展的重要智力素质。

在素质要求中，以道德素质为方向保证，文化素质为必要前提，职业素质为基本要求。素质结构要以人为中心，切实关注人的全面发展的需要。

现代化的过程是以人的现代化为基础的。知识经济时代，知识应用和知识创新离不开人这个主体及主体素质，所以素质结构必须以人的全面发展为首要目标，实现智能主体与人格主体的统一，做事与做人的统一，求知与修养的统一。高职教育人才培养目标不仅要具备职业岗位所需的专业知识和业务能力，而且要具备远大理想、高尚情操、健全人格、奉献精神等全面素养。

（四）知识、能力和素质的关系

高职人才目标应该是知识（knowledge）、能力（ability）和素质（quality）的统一，简称为"KAQ三要素"。

从"KAQ三要素"关系来看，以知识为基础、能力为重心、素质为标向，高职学生要确立融知识、能力、素质三位一体的观念。高职学生必须处理好知识传播与能力培养的关系，克服重知识轻能力的倾向，以培养获取知识、应用知识的能力为重点，体现理论知识为技能培训服务的原则。

知识与能力的发展是建立在全面素质提高的基础上，知识的创新和能力的提高都需要人的整体素质来予以保证和实现。因而要着眼于个人全面发展的要求，将知识接受与能力培养融为一体，将业务培训与素质教育融为一体，把自己培养成为高素质、多技能的高级应用型专门人才。

二、企业对高职学生的素质要求

企业需要什么样的人才？这个问题是每一个刚刚走出校园的学生都在思考的问题。每一个企业都有各自不同的文化侧重，国企、外企及民营企业在用人方面的考虑也不尽相同，但大多数企业对人才的素质要求如下。

(一) 德才兼备，以德为先

高尚品格和专业才干是人才应具备的两个基本素质。在这两个素质中，最难辨别的是人品。不少成功的企业家反映，相对于才能，人品更加重要。很多企业在招聘时，往往会在笔试或口试中提出这样的问题"你的交际圈如何？"从而了解到人品的相关信息。

同时，有的单位还会问"你富裕时是怎么花钱的？"由此判断一个人的金钱观念、对财富及其功能的看法，自然能折射出一个人的品质。

同时，我们还会遇到"你在不走运时不做的事是哪些"的问题。坚定的信念和毅力在一个人的品格中所占的位置非常重要，所以，落魄时的所为与不为，就能看出是否有坚守信念的毅力。还有看一个人在困境时能否洁身自好，能否坚持以正当的手段获得财富，也能反映一个人的品德。

(二) 杰出的思考与解决问题的能力

这种能力可以在企业各种刁钻的笔试和面试中有所体现。当同一个职位有较多的人申请时，主试者为了节省时间，让多个应试者做小组讨论集体解决问题，主试者则冷眼旁观，按照表现来决定录取哪一个。应试者有时要轮流担任小组领导或主席，主试者借此来评审应试者的领导才能。这种应聘方式越来越普遍，除了可以节省时间外，更可以有效地当场评估应试者的以下能力：合群性、人际关系、适应能力、洞悉及控制环境的能力、领导才能。

(三) 良好的沟通与交往能力

具备良好的沟通、交往能力，才能与不同行业、不同文化背景的客户打交道。同时，沟通能力在一个团队中也尤为重要，如何让别人了解自己的观点，如何接纳别人的观点，都是未来有效工作的重要前提。

(四) 要有创新精神

很多公司都要求员工有自己的观点。员工要善于接受新事物，敢于实践，敢于迎接挑战，要有创新精神。需要强调的是，无论在求职应聘还是在工作中，都应当表现得积极一些。

（五）语言能力

良好的中英文书写能力和表达能力，一定能给你的应聘增加砝码。自中国加入 WTO 后，外资企业陆续进入中国扩展业务。在语言方面装备自己，是成为国际公司雇员的重要措施，良好的中英文交流能力，包括写、说、阅读等都很重要。

（六）拥有一定的技能证书

当今社会不再是唯文凭论，企业更多地注重个人的实践能力和技术能力。所以，为了能在众多竞争者中脱颖而出，拥有一些相关的技能证书是非常必要的。比如计算机等级证书、国际上的一些商务认证证书、英语等级证书、导游证、ISO 9000 国际质量认证证书等，都将为求职就业开辟"绿色通道"，使我们拥有更多证明自己的材料。

知名企业用人标准

1. IBM——个人业务承诺计划

IBM 每个员工工资的涨幅，都有一个关键的参考指标，这就是个人业务承诺计划。制定承诺计划是一个互动的过程，员工和他的直属经理坐下来共同商讨，立下一纸一年期的军令状。经理非常清楚手下员工一年的工作目标及重点，员工自己自然也要努力执行计划。到了年终，直属经理会在员工立下的军令状上打分。当然，直属经理也有自己的个人业务承诺计划，上一级的经理会给他打分，层层"承包"，谁也不能搞特殊。IBM 的每一个经理都掌握着一定范围的打分权力，可以分配他所领导团体的工资增长额度，有权力决定将额度如何分给手下的员工。

2. 罗氏——员工第一

罗氏经营的高招就在于，别人尽力讨好顾客，它则把重心放在公司雇员身上，做到"员工第一"。罗氏认为，在市场观念上自然应该是"顾客第一"，但"攘外必先安内"，在经营管理上，则必须做到"员工第一"，因为公司市场行为的全部过程自始至终都体现着员工参与的主导作用。在这种思想的主导下，公司把首要工作放在激发雇员的忠心和进取心上，给大家营造出一个快乐舒心的工作环境，进而产生最佳的工作成果。

3. 麦当劳——先育人，再用人

麦当劳的管理者认为，企业首先应该是培养人的学校，其次才是快餐店。因为麦当劳是服务性行业，有优良职业道德的人才堪称一流的员工。所以，他们着力于寻求相貌平平但具有吃苦耐劳和创业精神的人，并以公司自身的经验和"麦当劳精神"来培训自己的员工。这种极有主见的管理，为麦当劳赢得了很大的成功。用这种精神培养出来的人，即便离开了，也应该是一个对社会有用的人。

4. 英特尔——得 3 分的人也许更可取

英特尔在人们的印象中是一个不断推陈出新、升级换代的品牌，其创新精神在招聘过程中也有充分体现。英特尔在各高校招聘应届毕业生时，愿意招各科虽是 3 分却富有创新意识的学生，最好在校期间就完成过颇有创意性的项目。

5. 微软——任用有冒险精神的人

要想成为微软公司的一员绝非易事，你要对软件有浓厚的兴趣，还要有丰富的想象力和敢于冒险的精神。公司宁愿冒失败的危险任用曾失败的人，也不愿要一个处处谨慎却毫无建树的人。另外，工作中善于与人合作也是应聘微软的条件。

6. 索尔——成果领导

公司对员工没有规定明确的工作时间和地点，工作时间是弹性的，每个员工都可以根据自己的节奏和兴趣去工作。公司仅对员工的工作成果进行跟踪、监督和验收，并且依据每人每月的工作成果付酬和奖励。实行"成果领导"后，员工不仅没有消极怠工现象，反而更加勤奋，主动把工作指标定得很高，并努力完成和超额完成任务。

7. 东芝——"适才所用"的用人机制

日本东芝株式会社致力于推行"适才所用"和"重担子主义"的用人路线，在企业内部实行"内部招聘"，让职员自己申报最能发挥自己专长的职位。公司以最大的努力实现职员的要求，使职员各得其所。在此基础上，公司要求职工人人挑重担。"谁能拿得起一百公斤就交给他一百二十公斤的东西。"公司认为只要用人所长，就能发挥其最大的聪明才智，就能挑起更重的担子。

8. 福特——公产可以私用

美国福特汽车公司曾做出一项决定，公司将陆续为其全球 36 万名雇员配置家用电脑、彩色打印机及每月 5 美元的无限制上网费。员工可将设备搬回家使用，不受公司的任何监督和限制。3 年后，所有硬件系统的产权归员工所有。为所有员工配齐家用电脑，即使忽略上网费，单硬件系统投入就得花去 4.32 亿美元，占公司全年利润的 6%。福特解释说："所有欲在 21 世纪大显身手的个人或公司，无一例外都需要掌握上网技术和相关技能"。这就是出台该计划的缘由。其实福特公司的真正目的是吸引人才，留住人才。

第四节　高职学生职业发展前景

一、高职学生的就业优势

就业形势严峻是客观事实，但目前高职生的就业优势也十分明显。

(一) 注重实践，动手能力强

高职教育以适应市场需求的高技能为主攻方向，各高职院校除了千方百计地创造更多的实践机会为高职生积累工作经验，使学生掌握必备的基础知识、专业知识外，还非常注重培养学生今后从事本专业实际工作的基本技能和操作能力。这样培养出来的高职学生拥有扎实的理论知识，而且还拥有在基层第一线的实际动手能力，这样就具有企业最为看重的一点：有较强的动手实践能力，能随时灵活、熟练地处理生产第一线问题的能力。

(二) 拥有积极的心态去面对就业

高职毕业生相对于本科生、研究生在学历上处于劣势，如何保持一颗平常的心态去面对就业，对于高职毕业生就显得更加重要。当今教育已由大众教育代替了精英教育，大学生已不是天之骄子。绝大部分高职毕业生应根据自身实际情况，确立合理的目标，正确地自我定位。大部分高职毕业生在就业中表现出自信心强，能及时调整择业心态，并具有良好健康的心理素质，能积极投身到就业队伍中去，敢于竞争、善于竞争。

（三）学习能力较强

高职毕业生初出茅庐，没有工作经验，到达工作岗位后会有一定的不适应。但高职毕业生的学习能力、适应能力、创新能力比较强，肯吃苦，肯上进。从某高职院校毕业生质量跟踪调查来看，在收回的 561 份调查表中，基本能胜任现任工作的有 419 份，占调查总人数的74.69%；基本适应的有 106 份，占调查总人数的 18.89%；尚有余力的有 33 份，占调查总人数的 5.88%；不适应的仅为 3 份。在各种能力评价中，毕业生认为自身相对欠缺的有外语阅读和翻译能力、创新能力及美学修养。此外，在调查中，有 90.11% 的毕业生在离开学校踏上工作岗位以后，在自己的工作岗位上工作先进；有 9.18% 的毕业生在工作中完成了一定的科研成果及发表过论文。

二、高职学生的就业劣势

影响毕业生就业的前十大因素分别为：工作能力、工作经历、学历层次、学校名气地位、所学专业、应聘技巧、学习成绩、就业信息和机会、社会关系、党员或学生干部情况。由此看出，在就业市场中，高职生面临的就业竞争更为激烈。从自身情况看，高职生就业的主要劣势表现在以下方面。

（一）弱势文凭

中国高等教育正从精英教育向大众教育转变，越来越多的年轻人获得了接受高等教育的机会。大学生就业形势日益严峻，越来越多的大学生面临"毕业即失业"的危险。对于许多高职院校的学生来说，在这种就业状况下更处于一种弱势的地位，因为手中的文凭在激烈的市场竞争中不具有优势，变成了"弱势文凭"。

大多数用人单位看重毕业生接受的是什么层次和类型的高等教育，这样学历和学位的作用在人才、劳动力市场上被错误地放大，因此导致高职学生处于被动地位。我们除了要正视这个问题外，还必须以正确的态度和方式处理这一问题，努力将这一弱势转化为优势。

（二）就业期望值偏高

近几年，部分高职毕业生在就业过程中的就业期望值始终偏高，这主要体现在：一方面是对就业地区的选择上，大多数毕业生在选择用人单位时，青睐东部地区、经济发达地区的用人单位，而西部地区、欠发达地区即使出台很多优惠政策，仍很难吸引、留住人才；另一方面是对单位待遇期望值过高。

有些学生在就业过程中，面对有限的工作机会，不能准确找准自己的职业定位，过分考虑地域、收入等，从而错失了不少机遇，人为地导致就业困难。建议高职毕业生在择业过程中先自我定位，明确目标，用长远的目光来考虑职业选择，从而谋求更大的发展空间。

据调查，毕业生对用人单位待遇的标准会随着不同的求职阶段而逐渐降低。这也正说明毕业生在出入人才交流会、参加各种面试笔试后，在合理调试就业心态的同时，也在不断地理性地调整就业期望值。

（三）缺少工作经验

毕业生在初次就业时，最明显的劣势是缺少工作经验。用人单位的招聘要求大部分都要有至少一年的工作经验，尽管高职生已经拥有一定的动手实践经验，但工作经验对高职毕业生来说是个不能克服的"软肋"。因此，高职生的求职心态要理性，应通过自己的努力去寻找一份工作，如果暂时这份工作不太令自己满意，也可以先接受，让自己先拥有工作经验，为以后的跳槽增加砝码，而不应情愿待业在家，也不愿放低就业期望值。

三、高职学生的就业机遇

（一）国家政策扶持促进就业

国家和教育部每年都出台文件和政策，要求切实做好普通高等学校毕业生就业工作。各省市区、各高校和有关部门认真贯彻文件精神，采取有效措施，缓解了毕业生就业的矛盾和压力。如浙江省一些城市允许毕业生先落户后就业，受到了毕业生的欢迎；江苏省出台了允许外省毕业生自由进入江苏的政策等。为了鼓励大学生自主创业，教育部发布的《关于贯彻落实〈中共中央、国务院加强技术创新，发展高科技，实现产业化的决定〉的若干意见》规定：大学生、研究生（包括硕士研究生、博士研究生）可以休学保留学籍，创办高新技术企业。全国许多大学在有利于教学改革和发展、有利于学生成才和有利于市场发展规律的原则下出台了对创业学生"停学与复学"的具体规定。大学生缺乏创业资金，允许以其技术成果和其他智力资本折股参与创业，国家和社会都为大学生自主创业创造了良好的氛围。措施和政策的出台，为毕业生就业开设了绿色通道，创造了有利条件。

（二）新兴产业发展创造了新的就业机会

新兴产业发展为大学生就业提供了新的机遇和空间。近年来，信息技术和计算机服务、金融、电子商务等现代制造和服务业发展迅速，提供了大量适合毕业生的就业岗位，成为吸纳高校毕业生就业的主体。以互联网经济为代表的信息技术等第三产业，吸纳大学生人数占比大幅上升。以广东为例，2016年高校毕业生在商务服务、文体娱乐、信息技术、科技服务4个行业中就业量占比上升近5个百分点。

（三）传统产业的转型升级带来机遇

实施中国制造2025，传统产业在转型升级，需要更多高素质人才支撑。随着传统产业行业加速转型升级，包括部分经营较好的私营企业在内的众多企业对员工文化水平的要求提高，对高素质人才的需求进一步提升。以辽宁省为例，制造业等支柱产业拉动就业大幅增加，2017年一季度，制造业新就业人数同比上升45.7%，其中装备制造业、冶金工业同比分别上升184.9%和90.5%。一般情况下，传统产业行业仍是高校毕业生就业的主渠道。

（四）就业地选择多元化

随着区域经济发展，信息化和交通物流等基础条件改善，二三线城市和中西部地区在吸纳大学生就业方面的能力增强，拓展了大学生择业空间。虽然一线城市仍保持相对最高的就业签约率，但多个调查机构的报告都显示，近两年，高校毕业生选择就业地不再盲目追逐"北上广"等一线城市，成都、杭州、武汉、重庆、南京等"新一线"城市魅力凸显，成为大学毕业生热衷的择业目的地。以湖北为例，往年大量毕业生流向珠三角、长三角，近年来，留在湖北就业的比例稳中有升，2016届42.7万名毕业生中，60.2%选择留在湖北，同比增长1.25个百分点。

（五）就业观念和方式更加多元化

新技术、新业态、新模式的大量涌现，平台经济和分享经济的爆发式增长，新的就业资源和机会不断被开发，配置机制也更加灵活，大学生就业观念和方式更加多元化，创造了许多就业机会，也为大学生创业就业提供了机遇。据有关部门统计，"十二五"期间，有100万毕业生通过创业实现就业，其中很大一部分是在新经济领域。

（六）高职生就业前景光明

从近几年的就业形势看，高职毕业生的就业分配在激烈的就业市场上已经呈现出优势，有的毕业生往往还没有毕业就已被预订一空。上海大学毕业生就职有一个明显迹象，动手能力强的高职毕业生非常抢手，特别是汽车修理、数控机床、检测、机电、计算机等专业毕业生更是供不应求。一些文科院校的劳动与社会保障、人力资源管理等专业的毕业生就业情况也相当不错。现在大多数企业用人十分现实，用人单位需要员工能在短时间内很快适应工作，并且能做出好的业绩，创造更多的价值，而高职院校的毕业生能较好地满足用人单位的这一点要求。高职学生在学校就已经掌握了高水平的专业技能，加之在各大企业的实习经验，所以可以很快地适应工作，并做出骄人的业绩。

思考与实践

请利用寒暑假走访附近的企业，调查和了解用人单位最注重对毕业生哪些方面的要求？企业有哪些岗位需要高职毕业生？并思考如何使自己成为一个受企业欢迎的毕业生。

第三章

认识自己，了解自我，做好就业心理准备

第一节　客观自我评价

毕业生就业要知己知彼，才能做好就业前的各项准备工作。知彼就是要了解择业的社会环境和工作单位，正确认识就业形势，了解用人单位的需要。知己就是实事求是地评价自己，要客观、正确地认识自己德、智、体诸方面的情况，包括自己的优点和缺点、性格、兴趣、特长，明确自己想做什么、能做什么，主要从知识、气质、能力、品德诸方面进行自我评价。只有这样，在择业中才能树立良好的心态，获得理想的职业。

一、自我知识的评价

人的学识水平是成就事业的主要条件。毕业生在自我评价时，应该对自己所掌握和积累的知识做一个全面的评价。

扎实牢固的基础知识是毕业生的重要"卖点"，用人单位非常注重学生基础知识的学习。不少招聘单位认为，"毕业生虽有一大堆花花绿绿的证书，但证书并不能完全代表一个人的实力。只有良好的专业素质才意味着具有更大的发展潜力和培养前途。"在知识经济时代，社会各界都在寻找自己所需的人才，特别是对科研型、技术应用型、知识型人才的需求更加迫切。毕业生对自己的知识和能力进行充分评价，是求职前的必要准备。

二、自我气质的评价

气质是指人在心理活动和外部动作中表现出来的一些在强度、速度、灵活性和稳定性等方面的综合特点。具有某种气质特征的人，会在不同的活动中表现出相同的心理活动和外部特点。例如，有的人脾气暴躁，容易冲动；有的人性情温和，不慌不忙；有的人聪慧机敏，灵活好动；有的人反应迟钝，喜爱文静。人的气质表现不以人们的活动目的、内容和动机的改变而改变，而是具有显著的、独特的个人色彩。一般情况下，可以通过一个人的外部活动来判断他的气质。

这里说的气质，不是人们平常所说的"派头"，它主要由先天因素决定，受后天因素影响。气质无好坏之分，也无善恶之别，不能仅凭气质确定一个人活动的社会价值和成就的大小。任何一种气质都有积极和消极两个方面，这两个方面相伴而生、相互依存。不同气质的

人完成同一种工作的效率和所付出精力大小是不同的。例如，脾气暴躁、易冲动的人难以胜任秘书、财会等工作；性情安静的人难以胜任应急性很强的工作。因此，毕业生应对自己的气质有所了解，以准确定位自己的就业方向。

为了让毕业生了解自己的气质，并进行自我评价，下面介绍心理学家对人类气质的分类。

第一种类型称为多血质，也叫活泼型。具有这种气质者的特点是活泼好动，善于交际，思维敏捷，富于朝气，易适应新环境，感情易变且外露，一旦事业受阻或需要付出艰苦努力时，其热情大减，情绪波动大。这种人一般适合从事外交、管理、记者、公安等应变性较强的工作。

第二种类型称为胆汁质，也叫战斗型或不可抑制型。具有这种气质者的特点是热情直率，思维敏捷，精力旺盛，容易冲动，脾气暴躁，感情明显外露。这种人工作热情高，知难而进，干劲足，但受到打击后易失去信心。这种人一般适合从事推销、外事、监督等应急性强、难度大的工作。

第三种类型称为黏液质，也叫安静型。具有这种气质者的特点是安静稳重，沉默寡言，善于忍耐克制，不好空谈，注意力集中，遇事沉着冷静，严守生活秩序和工作制度。这种人一般适合从事医生、法官、管理、出纳、会计、调解等条理性强、需要细心和耐心的工作。

第四种类型称为抑郁质，也叫抑郁型或弱型。具有这种气质者的特点是好静、腼腆、孤僻，感受能力强，情绪不易外露，动作迟缓，易与人相处，责任感较强，但经不起外界刺激，遇到危险容易感到恐惧。这种人一般适合从事秘书、统计、雕刻、检查、化验、排版等责任心强、细致入微的工作。

在现实生活中，单纯属于哪一种气质的人并不多见，常见到的是具有混合型和交叉型气质特点的人，只不过其气质特点中某种气质表现得突出一些。毕业生择业时，对自己的气质进行评价，不是为了寻找自己的缺点，而是为了能找到发挥自己潜能的工作，为了不断完善自己以适应工作。

三、自我性格特征的评价

性格是指表现在人的态度和行为方式中较为稳定的心理特征的总和。性格是经常性的、习惯性的态度和行为方式，不是哪种特殊条件下偶然表现出来的态度和行为方式。性格特征必须经多方面持续、科学地观察、归纳和总结。

人的性格形成依赖于所处的社会和家庭环境。大学生性格的塑造与锤炼必然受到社会大环境和学校环境的制约和影响，不同性格的形成还受每个大学生各自的身体状况、社会阅历、知识结构、主观努力等方面的影响。值得说明的是，虽然每个人的性格不会凭借某些特殊心理疗法而发生激变，但只要有意识地进行坚忍不拔的训练和努力，性格特征就会慢慢改变。

对于人的性格类型，心理学家有许多划分方法。从人的理智、意志和情绪三者的现实对比，心理学家把人的性格分为理智型、情绪型和意志型；从人所表现的独立性程度高低，分为服从型和独立型；从人的活动倾向和行为举止方面，分为外向型和内向型。上述分类各有利弊，不可一概而论。这里我们仅就外向型和内向型性格特征进行说明。

外向型的人大多开朗、活泼，为人处世灵活多变，情感外露，独立性强，处事果断，心理活动倾向于外部。但这种人往往做事马虎、松散、有始无终、容易急躁。

内向型的人稳妥、严谨，遵规守信，专心致志，情感不易外泄，心理活动倾向于内部。

但这种人常常墨守成规，反应迟钝，优柔寡断，为人较孤僻。

毕业生在进行自我性格评价时，应该意识到每种类型的性格都各有利弊，在自己看来是缺点，在他人看来可能是优点。毕业生与其浪费时间去刻意改造自己的性格，还不如认清自己性格的长处，在求职中做到扬长避短，寻找适合自己性格特点的工作。

四、自我能力的评价

能力是人能完成某种活动的主观条件，是直接影响活动完成效率的个性心理特征。能力与活动相互依存，知识的运用能力决定着活动的可能性和有效性，而活动的完成又体现着人的能力水平。人们要完成某种活动，仅有一种能力是远远不够的，还需要多种能力的综合表现，这种完成某种活动的综合能力特征，就是人们通常所说的才能。

心理学家把人的能力分为智力和特殊能力。智力也称基本能力，是指人认识、理解客观事物，并运用知识、经验等解决问题的能力，包括记忆、观察、想象、思考、判断等。特殊能力是指与智力相关性较低的能力，如适应能力、语言表达能力、机械操作能力、审美能力等。

1. 学习能力的评价

美国福特汽车公司首席专家路易斯·罗斯说过："在知识经济时代，对你的职业生涯而言，知识就像鲜奶，纸盒上贴着有效日期。"对毕业生而言，知识的学习和更新在就业后显得尤为重要，"继续教育"和"终身教育"势在必行。用人单位很注重毕业生的学习能力，因为学习能力的强弱意味着毕业生在工作和生活中的接受能力和创新意识的强弱。

学习能力一般可分为他人指导下的学习能力和自学能力。他人指导下的学习能力指通过老师、师傅等人特意传授而接受和理解知识的能力，它体现是否可独立工作的能力。毕业生对这种学习能力的评价，原则上可根据学习、实习成绩来进行。自学能力是寻求自我发展的一种必需的能力，是适应社会、更新知识结构、掌握技能的重要手段，它具有自主性，"师傅引进门，修行靠个人"。

毕业生能否获得更渊博的知识，能否掌握社会需要的个人技能，是否具有发展潜力，能否被社会承认，关键要看毕业生有无较强的自学能力。评价自学能力主要依据如下：

① 制订学习计划的能力。学习计划是完成学习任务的前提，它包括学习的目的、任务、方法、进度、时间安排和保证措施等。

② 独立阅读能力。不会独立阅读，就不会自学。独立阅读要根据学习目的和任务来选择略读、细读或精读。

③ 查阅资料和使用工具书的能力。在自学过程中，能正确应用分类法、检索法查阅有关资料，并能熟练使用有关工具书。

④ 写读书笔记的能力。读书笔记在自学过程中是归纳、理解、记忆知识必不可少的方法。

⑤ 要有不耻下问的习惯。

2. 创造能力的评价

创造能力是指根据一定目的，创造出具有社会价值的、新的、独特的产品，或想出新方法及做出新成绩的能力。它不是对他人的模仿和再造，而是体现在"新"上，是对他人的一种超越。具有这种能力的人，有求异、好奇的心理特征，他们富于创造，善于创新，敢于对自己认为错的东西进行否定，勇于对不完善的东西进行改进。

毕业生要评价自己的创造能力，首先要了解创造性思维。创造性思维是指人们发现或发明新事物、新原理或产生新思想时的思维过程，是逻辑思维和直觉思维、求异思维和求同思维等多种思维形式巧妙结合的产物。具有了创造性思维，才能形成和发展创造能力。其次要了解自身的好奇心是否强烈，观察力是否细微，理解力是否深刻，想象力是否丰富，探索精神是否顽强。再次要了解自身提出问题、分析问题、解决问题的能力。要通过求职简历或面试展现出较强的创造能力，从而让用人单位更全面地了解你，从而为成功求职而加分。

3. 社交能力的评价

社会交往能力，也就是为人处世的能力，是毕业生为自己创造一个稳定和谐环境的重要能力。这种能力能够变不利因素为有利因素、变被动为主动，从而在工作和生活中得到人们的理解和帮助。

评价社交能力就是要评价自己与他人之间语言和非语言性的思想、情感的传递和沟通能力。毕业生通过了解自己是否团结他人，是否具有爱心，是否诚实、正直、坦荡，是否虚怀若谷，是否具有较强的忍耐力和自控力，就能对自己的社交能力做出适当的评价。

4. 组织管理能力的评价

组织管理能力是设计和维护组织内部的结构和相互之间关系的能力，它包括计划能力、人或资料的组织利用能力、指导能力、协调能力和决策能力等。组织管理能力是一种社会活动能力，是现代人才必备的基本能力。

随着现代科技工作程序的综合化、社会化，日益扩大的科研生产规模，工作和技术合作的日益加强，对毕业生组织管理能力的要求越来越高。组织管理能力在毕业生选择就业和步入工作时显得尤为重要，这一能力往往成为影响毕业生就业和事业发展的重要因素。

毕业生要评价自身的组织管理能力，应从以下几方面进行评估：①处理学科及其相关知识学习的情况；②在学习和工作中领导他人的能力，以及向他人灌输自己想法的能力；③生活中的自我意识和形象；④参加社会活动的积极性和所处位置及影响面；⑤协作精神。

大学毕业生由于社会实践较少，社会经验不丰富，同学之间、师生之间的关系比较单纯，组织管理能力的形成和发展受到制约；但由于具有较好的文化素养和理解能力，走向工作和社会后，组织管理能力会得到提高。

5. 语言表达能力的评价

人们需要交流，需要表达自己的感受和思想。语言表达能力是社会人所必需的一种能力，是运用语言来阐明自己的观点、意见，提出自己的问题、需求，抒发自己的思想、感情的能力。它包括口头表达能力、文字表达能力和图表表达能力等。

表达能力欠缺的人，难以让他人了解自己的观点和情感，就难以适应社会。因此毕业生在求职前，要做好表达和展示自己的准备。

语言表达能力的高低，首先体现在表达的准确性、鲜明性和生动性等方面。评价语言表达能力要看能否准确阐明自己的观点，能否准确揭示事物的本质和规律，是否生动有趣、诙谐幽默。其次还要看表达欲的强弱，有许多人不是不会表达，而是不善于表达，或是不愿表达。有的人表达欲不强，会误认为自己无法表达，甚至少数人还会出现害羞、自卑等心理障碍。毕业生应有意识地增强表达欲，适时适地地表达和展示自己。

6. 适应能力的评价

适应能力是随客观条件的发展和改变而进行自我调节、自我控制的能力，主要体现在心理承受能力上。有的人因自己的想法与社会要求差异较大而怨天尤人；有的人在困难面前裹足不前；有的人在荣誉面前洋洋得意。这些都是适应能力较差的表现。大学毕业生评价自己的适应能力，就是评价自己如何面对和正视现实；评价自己能否接受现实，如何接受现实；

评价自己是否具有信心，能否保持信心。

五、自我思想素质、品德修养的评价

我国的高等院校是为社会主义事业培养高级专门人才的基地，加强学生的思想政治教育，培养学生树立全心全意为人民服务的思想，培养的毕业生应该是德才兼备的人才。用人单位也总是把毕业生的思想政治素质、品德修养作为招聘的首要条件，要求学生坚持四项基本原则，并具有一定的马列主义理论修养和高尚的道德情操。

毕业生评价自我思想素质、品德修养，就是要看自己是否具有爱国主义、集体主义精神，是否具有无产阶级世界观、价值观、人生观，是否了解中国国情，是否能正确认识和处理好国家、集体和个人之间的利益关系。

有些学生缺乏事业心和责任感，不关心单位的前途和效益，只关心个人的前途和收入；有些学生劳动观念淡薄，缺乏艰苦奋斗精神，怕脏怕累；有些学生自我约束能力差，组织纪律性不强，不严格要求自己，不注重自身修养，我行我素；有的学生一心只想赚钱，只图个人享受等。这些都是政治素质和道德修养不高的表现。

成才立业是所有大学生的美好追求，但成才不仅仅是知识和技能的掌握，更重要的是学会如何做人。要重视并提高自己的政治思想素质和道德修养。

第二节　高职学生就业心理问题及其调适

就业是关系到毕业生个人前途和全社会稳定发展的大事，是人生的一次重大抉择，也是对个人综合素质尤其是心理素质的一次检验。就业心理是指毕业生在就业过程中的心理状态，是影响其正确择业和顺利就业的重要因素，也是毕业生价值观的具体体现。

一、保持良好就业心态的重要性

保持良好的就业心态，除了有利于维护学生的身心健康之外，对就业活动的各个环节都起着重要的作用。

（一）有利于就业目标的合理确定

就业的首要问题是目标的确定。目标确定得合理，有助于就业成功。良好的心态可以促使大学生在就业中客观地分析自我、认识自我，客观地分析现实和社会的需求，从而使自己的理想与现实有机结合，在就业的坐标中找到确切的位置，不至于过于自卑而降低目标或期望值过高而脱离实际。

良好的心态还有助于大学生及时协调个人志愿与社会需要的关系，理智地调整自己的目标，使自己的主观愿望尽可能地与客观实际相吻合，做出恰到好处的选择。

（二）有利于就业目标行动计划的正确实施

良好的心态，有助于大学生就业目标行动计划的正确实施。如在自荐、面试中保持健康、良好的情绪，乐观向上，面对现实，敢于竞争，不怕挫折；无论成功与否，都能及时进行情绪的自我调整，合理支配自己的情感和行动，对外界刺激做出合理的反应；特别是在不成功时要有效地克制自己，调适心境，尽快摆脱消极情绪的影响，以便总结经验、另辟

蹊径。

（三）有利于就业后的职业适应

大学生就业后的职业活动，并非原来学习活动的简单迁移，职业适应需要有一个过程。有关调查表明，大学生就业后的职业适应过程有长有短。其中的快或慢、顺利或曲折，固然受多方面因素的影响，但是否具有良好的就业心态无疑是一个重要的前提条件。

综上所述，良好的心态对于大学生就业前后的各个环节都有着十分重要的作用。尤其是在面临重大抉择、心理矛盾突出、情绪起伏较大的情况下，其作用更为明显。

二、高职学生就业中的不良心态

在某省召开的"全省大中专毕业生就业工作人员培训会"上，心理专家总结出了目前影响大中专毕业生顺利就业的 11 种不良心态。这 11 种不良心态是：羞怯、仕途、攀比、依靠、依附、乡土、保守、低就、厌世、造假、怕苦。

据称，面临毕业时，大多数毕业生会出现情绪低落和失去自信等情况。有的学生认为当前就业形势紧张，自己就业无望；有的为了就业千方百计考"证"，以增加竞争砝码；有的为了躲避就业高峰，一心深造延缓就业；有的"慌不择路"，只要有单位要就签约，结果工作并不适合自己。

（1）羞怯心理 在求职现场递了自荐书就跑，面对招聘者结结巴巴、面红耳赤，这样的人自然很难得到用人单位的赏识。

（2）仕途心理 "学而优则仕"，觉得当官才是正途，削尖脑袋往"衙门"钻，哪知这些地方是实力和关系的大比拼，远非常人所能进入，其结果大多是碰得头破血流。

（3）攀比心理 一些学生喜欢讲"级别"，觉得在校期间我成绩比你好、荣誉比你多、"官职"比你大，理所当然地工作也应比你好。却不知用人单位并非以学校表现作为评判人才的唯一标准，热衷于攀比的"高材生"往往只能在现实与理想的落差中失落、徘徊。

（4）依靠心理 一些大学生缺乏独立意识，出外应聘总爱拉父母、同学相伴，或一帮学友应聘同一单位，希望日后相互照应。这种缺乏主见和魄力的毕业生只会被用人单位抛弃。

（5）依附心理 自己不急着找工作，整天想着攀亲戚朋友的关系找个职位。这样得到的职位恐怕难做长久。

（6）乡土心理 一些大学生不愿出远门，只愿在眼前的"一亩三分地"里就业。另一些人则早早登上爱情方舟，毕业后为与另一半留守同一战壕而死守一方。这样的人一般难以找到称心的工作岗位。

（7）保守心理 缺乏竞争意识，不敢迎接挑战，或抱着谦虚的"美德"不放，不敢亮出自己的长处及特色。这样的人自然不受用人单位青睐。

（8）低就心理 与保守心理相反，这些人总觉得竞争激烈，自己技不如人，遂甘拜下风，不敢对自己"明码标价"，找个单位草草签约；甚至对于一些单位开出的不平等协议也能闭着眼睛签订，给日后工作带来严重隐患。

（9）厌世心理 这些学生思想激进，处处摆"酷"，不愿出去找工作，嫌这儿工资低那儿待遇不好，一说找工作就是自己要当老板，钱没挣着却欠了一屁股的债。

（10）造假心理 假学历、假证书、假荣誉等并非是敲开就业大门的救命稻草，假的终究真不了，反而只会坏了名声，毁掉自己的前程。

（11）怕苦心理 要求所选择的工作名声要好一点、牌子要响一点、效益要高一点、工作要轻松一点、离家要近一点、管理要松一点，这是典型的贪图享受怕吃苦的表现。在怕苦心理的驱使下，其职业选择面必将很窄。

三、高职学生就业中的心理问题

除了以上一些不良心态以外，一些大学生在就业过程中还会产生以下五种心理问题。

（一）焦虑

就业焦虑是指毕业生在落实工作单位之前表现出来的焦虑不安。主要表现为：瞻前顾后，犹豫不决，不能左右自己的命运；即使做出了决定也心有余悸，情绪不定。人家一说好，就沾沾自喜；别人一说不好就后悔不已，大有反悔之意。人云亦云，在就业这个人生关口上，丧失了许多难得的机会。或自我定位不当，面对就业会遭受挫折感，处于一种焦虑状态。

严重的焦虑会影响正常的学习和生活。预防心理焦虑的方法有以下几点。

① 要注意培养自己果断、坚决的处事能力。同时，要注意培养自己独立生活的能力，不要时时、事事依赖他人，要从日常生活琐事上培养主见。要注意提高分析问题和解决问题的能力，这就要求掌握科学的世界观和方法论，能用辩证的方法分析遇到的各种难题和矛盾，并找出解决问题的最佳方法。

② 注意加强社会实践能力的培养，丰富自己的社会经验，以便在遇到困难时能头脑冷静、应对自如。要树立正确的得失观，要切记：有所得必有所失，有所失必有所得。利与弊往往是共生的，关键是看所做的决策是利大还是弊大，要善于除弊兴利，注意变弊为利。做决策时不能目光短浅，要放眼未来。

③ 加强心理素质的锻炼，尤其要注意培养坚强的毅力和意志，培养健康、开朗的人格。

④ 学会使用一些心理调节方法减轻心理压力。

过度焦虑情绪的调节有两种主要方法——放松疗法和宣泄疗法。

放松疗法有三种。第一种叫呼吸放松。通过调节呼吸，使紧张的情绪稳定下来。深吸一口气，然后慢慢地呼气，第一次吸气时数"一"，呼气时默说"放松"，说"一"和"放松"时，设想用手把这些字比划出来，下次吸气时数"二"，呼气时说"放松"，一直数到二十，这样做的目的是让一串单调的字词及形象反复出现，以至占据大脑，降低对大脑的刺激。第二种叫肌肉放松。双手紧握，直到紧得发抖，充分体验这种紧张，然后慢慢地把手指放开，慢慢地体验这样一种放松的感觉，会觉得越来越轻松。这个方法很容易学，可以缓解焦虑的情绪。第三种就是想象放松。想象无边无际的大海、蓝天、白云、空旷的大草原，使心情从紧张中放松下来。

焦虑、紧张、坐立不安的时候，也可以通过宣泄疗法调节。一种措施就是找好朋友、可以信赖的人，或者专业的咨询师，把现在的情绪、感受、状况说出来；还可以找一个空旷的地方，或没有人的地方，大声地喊出来；还有就是写下来。总之把内在压抑的情绪表达出来。

课堂练习

尝试三种放松疗法。

（二）自卑

在就业问题上，自卑感强的同学最主要的问题是对自己的能力缺乏了解、缺乏自信心，这是大学生很容易产生的消极心理。自卑感产生的原因很多，有生理的、环境的、家庭的或社会的等，但主要还是心理因素。比如，在择业中拿不定主意，过分退缩，对自己能胜任的工作也不敢大胆地说"行"，而是说"试试看"，显得很不自信。

市场经济需要开拓精神和自信心。自信心是求职过程必不可少的心理素质，求职时畏首畏尾会给人以无能的印象，从而使求职不易成功。

每个人都不希望自己有自卑感。怎样消除自卑感呢？首先要相信自己。其实每个人的生活中都会碰到困难和挫折，正如有的人说"上帝不会把所有幸运都送给别人，而把所有不幸都带给你"。

首先，正确评价自己。正确评价自己的办法就是要纠正过低的自我评价，多寻找自己的长处，不要忽略自己的任何优点，这些本来就是财富，对于恢复自信心是十分必要的。利用自己的优势以长补短，寻求成功的经验，增强自信心，可以有效克服自卑感。

其次，要经常对自己进行积极的心理暗示。比如，"别人能干好，我一定也能干好"，"我行，我一定能干好"等。

再次，克服惧怕心理。不要怕失败，因为失败并不表示不如别人，失败更不表示一事无成。要充满自信心，因为失败是成功的前奏。

●●●●●●●●●●●●●●●●●●●●● **案例 2　黄美廉的故事** ●●●●●●●●●●●●●●●●●●●●●

有一位叫黄美廉的女士，她自小就患上了小儿麻痹症。因为肢体失去了平衡感，她的手足经常乱动，她总是眯着眼、仰着头、张着嘴，口里念着模糊不清的词语，模样十分怪异。但是，黄美廉硬靠她顽强的意志以及乐观、积极的精神，考上了美国加州大学，并取得了艺术博士的学位。

在一次讲演现场，一位中学生问黄美廉："黄博士，你从小就长成这个样子，请问你怎么看你自己？"在场的人都在责怪这个学生的不敬，但黄美廉却十分坦然地在黑板上写下了这么几行字："一、我好可爱；二、我的腿很长很美；三、爸爸妈妈那么爱我；四、我会画画，我会写稿；五……"最后，她以一句话作为结束语："我只看我所拥有的，而不看我所没有的！"

●●

（三）胆怯

胆怯心理主要表现为一到应试现场就神情紧张，心神不安，面红耳赤，举止拘谨，谈吐失常。

人人都有胆怯的时候，预防胆怯的主要措施有三条。一是丰富自己的社会阅历。平时多参加社会实践活动，多到所学专业的对口单位了解情况，接触社会，丰富经验，有意识地参加、观摩招聘会，了解用人单位关心什么问题，其他同学是怎样应试的。同时，也可以开展招聘模拟活动，自己可以充当招聘者和应聘者，充分体验双方的角色心理感受。二是学习和把握应试技巧，做好临场前的充分准备。临场前，有意识地多次进行预演，把同学或墙壁当作招聘者，试着多讲几次，以便语言流畅，临场情绪稳定。三是消除自我意识中的消极因素。临场前，要建立起自己的精神优势，减少不必要的顾虑和担心。

临场产生紧张情绪时，不要因此而慌乱，可以进行自我暗示。如"不要紧张，紧张是无济于事的"，"不要害怕，没有什么可怕的"，或者闭目片刻、做深呼吸等。要坚信自己有能力控制自己的情绪，要以坚强的意志战胜怯场的紧张心情。

（四）嫉妒

所谓嫉妒，就是在求职过程中对他人的成就、特长或优越的地位既羡慕又敌视的情感。

强烈而持久的嫉妒往往会对本人及所嫉妒的一方产生不良的后果。

克服嫉妒心主要靠加强自我修养，提高道德水平。"打开心灵的窗子，你将迎来一个崭新的天空"，其中最重要的是要做到两点：一是要真诚待人，二是要学会爱人。

做人诚实是立人之本。诚实的人既不自欺也不欺人，光明磊落，襟怀坦荡，积极地工作和生活，不会因做了亏心事而自欺欺人，惴惴不安。诚实的人还可以主动改善人际关系，做好工作，从而使事业取得成功。

爱人是我国的传统美德。有了这种精神境界，就能够设身处地为别人着想，别人有困难时给予帮助，有痛苦时给予安慰。如果体察到自己有嫉妒心，就要通过自我意识的控制调节，及时把这种不良意识排除在自我人格之外。

（五）急躁

急躁的主要表现为不能冷静地思考，不能从容应对就业过程中出现的状况。在对毕业生就业市场和就业政策缺乏了解的情况下东奔西跑，往往因缺少准备而碰壁。

预防急躁心理的主要措施有四条：一是了解、运用国家有关毕业生就业的方针政策，在政策允许的范围内择业，不能与就业政策对着干，自寻烦恼；二是正确把握毕业生就业市场的需求情况，做到心中有数；三是合理调整就业期望值，根据就业市场的变化确定就业目标；四是加强自身修养，培养良好的心理素质。年轻人血气方刚，容易急躁，但在就业问题上不能凭感情用事，在不顺心时不要心急火燎，要善于控制情绪，学会冷静、理智地处理事情。

消除急躁盲动症的有效方法是"冷静疗法"，此方法的核心是静心、静思。只有在冷静状态下做出的决策才会切合实际，从而避免行动的盲目性。

四、高职学生就业心理调适

就业本身就是毕业生认识和适应社会的一个过程，在求职过程中遇到困难，甚至经过几次挫折才最后成功是正常的；在就业中遇到许多心理冲突、困惑，产生一些不良情绪也是正常的。在遇到就业问题时应当及时调整心态，从容、冷静地面对，并做出正确、理智的选择。

（一）树立正确的职业与就业观念

时下有一句流行的话叫"态度决定一切"。职业生涯中，职业价值观决定着职业生涯的成功与否。那么，什么是职业价值观呢？

职业价值观是人们价值观在职业选择中的体现，是个人希望从事某项职业的态度倾向，是个人对某一项职业的期望和向往。它在人们的职业认识、职业选择和职业评判等方面具有过滤器、定向器和导引器的作用。

对于高职学生而言，树立正确的职业价值观，就是要在以下几个方面树立正确的观点。

1. 树立正确的职业待遇观

职业待遇既包括物质待遇，也包括精神待遇。在现阶段，职业是谋生的手段，从事某项职业的首要动机是满足最基本的生存需要。因此，物质需要是最基本的需要，没有基本需要，就不可能有更高层次的需要。但必须认识到，金钱不是万能的，要自觉克服拜金主义影响。

树立正确的待遇观，首先要认识到待遇是通过努力工作才能获得的，要有努力工作获得更高待遇的进取心；二是要明确不是什么都能折算成金钱的，不能斤斤计较，要有奉献精神；三是待遇不仅有物质待遇，更有精神待遇，比如荣誉奖励、深造和学习的机会、晋升的机会、政治上的培养、经验的积累等，都是无法用金钱来衡量的。

2. 树立先进的职业苦乐观

正确的苦乐观在当代社会中非常重要，特别是家庭经济条件优越的独生子女们，更应该克服享乐主义，树立乐于奉献、甘愿吃苦的精神。无数事实告诉我们，困苦并不是坏事，它能造就人也能考验人，"谁英雄，谁好汉，困苦面前试试看"。

不惧困苦而取得成功的例子很多。屈原虽困苦，但写出了《离骚》；司马迁虽饱受屈辱，但写出了《史记》；勾践虽被俘受苦，却最终灭吴复越。所以人们常说："困难像弹簧，看你强不强，你强它就弱，你弱它就强"。

3. 树立现实的地位观

树立现实的地位观是指要树立"三百六十行，行行出状元"的观念，立足本职岗位，脚踏实地，建功立业，明白刚参加工作应到基层锻炼，对权力、工资、工作条件、晋升机会等不应有过高要求。只有在工作中取得成绩、做出贡献，才有可能晋升，获得一定的社会地位。

4. 树立现代竞争观

现代社会竞争非常激烈。据报道，在公务员的报考中，出现了几千人竞争一个岗位的情况，可见就业竞争的激烈。高职生由于种种原因，在就业和职业发展过程中往往处于不利地位，这就要求我们必须树立敢于竞争又善于竞争的观念。在职场中，通过竞争展示自我，发展自我，通过竞争实现自我价值。

(1) 勇于面对竞争 社会主义市场经济最显著的特点之一是竞争。没有竞争，整个市场就失去了活力，经济就不能很好地发展，社会也就难以前进。竞争可以发扬人们自立、自强、自主的精神，调动人的内在潜能，增强工作和社会活动的能力。因此，竞争意识是现代人必备的素质之一。

大学生就业市场存在着激烈竞争也有几个好处。首先体现公平，有利于选择人才；其次提供实力较量的机会，有利于人尽其才，优胜劣汰；同时克服了旧体制的弊端，使得毕业生在就业中由被动变为主动，有利于个人积极性、主动性和创造性的发挥，从而通过竞争寻求理想的职业。面对就业竞争的现实，大学生应当摆脱被动依赖、消极等待的状况，敢于竞争，树立"爱拼才会赢"的观念，做好多方面的竞争准备。

(2) 树立竞争意识 全国每年有上百万的大学毕业生在短短几个月的时间内集中实现就业，这对每一个毕业生来说都存在着一定的压力。如果没有强烈的竞争意识，不把外在压力转化为内在的动力，没有主动竞争的思想准备和积极应聘的行为，显然是难以顺利就业的。

人才市场上的供求关系总会存在这样或那样的一些不平衡之处，同一种职业往往有较多的择业者期望获得，择业者要想实现自己的期望目标唯有通过竞争。

(3) 培养竞争实力 要想在就业竞争中获得成功，仅有竞争意识是远远不够的，还必须具备雄厚的竞争实力。竞争实力是综合素质的体现，包括思想品德素质、专业素质、文化素质、身心素质等。竞争实力是在大学生活的过程中逐渐培养和塑造的结果。在公开、公正、公平的竞争原则下，竞争实力就是个人实现择业理想的资本。

(4) 坚持正确的竞争原则 就业竞争是现实存在的，也是无情的，但竞争应当遵循符合道德规范的正确原则。竞争应坚持公平、公正、公开的原则，而不是尔虞我诈、相互诋毁、弄虚作假。大学生在就业竞争面前，应保持人格尊严、诚实守信，凭竞争实力并运用恰当的竞争技巧，赢得用人单位的青睐。

（5）保持良好的竞争心态 有竞争就有风险。参与竞争就难免要受到挫折。就业竞争中的大学生尤其要注意提高遭受挫折后的心理承受能力，把挫折看成是锻炼意志、增强能力的好机会，保持良好的竞争心态，主动摆脱受到挫折后的颓丧情绪。要认真分析失败的原因，调整自己的心态和择业目标，鼓足勇气，争取新的机会，绝不能因此而灰心丧气，一蹶不振。

5. 树立自强自立的就业观

现在的就业实行双向选择，即学生选择就业单位、就业单位选择学生的双向互动过程。在这个过程中，作为被选择又具有选择自主权利的大学生必须树立自强自立的就业观。一是树立要靠自己的努力和奋斗获得就业机会的观念，摒弃就业依赖学校或父母的依附思想，勇于走进就业市场，自己去做选择。二是树立就业过程是一个自强自立的过程，是走向成熟、走向社会开端的观念。坚定地走好第一步，为今后的职业生涯打下良好基础。

6. 树立多元多形式的就业观

当代就业观认为，一个人能在发挥能力与才干的同时又在服务于社会的岗位（这一岗位可以是固定的，也可以是非固定的）上工作，就是就业。这是一种弹性而广泛的就业，较传统的刚性而狭义的就业具有更大的可变性、可容性和流动性。产业结构的调整、职业的变迁，要求毕业生顺应潮流，重新审视各项职业对经济和社会发展的地位和作用。

多元多形式的就业观，就是要求在就业形式上形成开放的观念系统，打破传统的单一形式的就业思想，树立以下观念。

① 无论在国有企事业单位、外资企业，还是私营企业、个体企业，只要找到自己喜欢、适合自己的工作就是就业。

② 树立不管是公务员、推销员、保管员、现场技术员，还是其他岗位，只要能发挥才能的工作就是就业的观点。

③ 树立创业是更高层次上的就业的观点。

（二）正视现实，适当调整就业期望值

案例3 期望值过高

2015届毕业生小王来自云南罗平，直到2015年3月份他还未落实工作单位。笔者去参加国家医药管理局的供需见面协调会，顺便将他的应聘材料带去帮他落实单位。刚好罗平有一家制药厂要他，专业对口，又是家乡，然而他本人的择业意向却是："单位地点必须在昆明市，至于到昆明的什么单位、具体做什么工作都无关紧要，除此以外，什么单位都不考虑。"在这种心态下，结果自然难以如愿。

分析：小王的思想在当前毕业生的择业过程中具有一定的代表性。不少毕业生过于向往经济发达地区，尤其是沿海地区的中心城市，最低的期望也是回自己家乡所在地的中心城市。他们只注重经济文化发达、工作环境优越的一面，而忽视了人才相对过剩的一面，择业期望值居高不下，甚至还有逐年上升的趋势，从而导致主观愿望与现实需求之间的巨大落差。

像小王这样过分看重单位所在地的毕业生不在少数。根据对某校98届毕业生的抽样问卷调查，在衡量单位是否符合自己的标准时，92%的毕业生要选择效益好、工资高的单位，超过85%的毕业生要求单位地处大中城市，愿意到急需人才的边远地区和艰苦行业的毕业生仅占2%。

所谓择业期望值，是指一个人要获得的职业岗位对其在物质和精神上的需求的满足程度，比如工资收入、福利待遇、工作环境、工作条件，能否受到尊重和器重，能力特长和抱负能否得以施展等。

在大学毕业生就业过程中，每一个人都希望获得一份能更多、更好地满足自己物质生活和精神生活需求的职业。但是必须看到，这种期望变为现实可能受到自身条件和客观因素的制约。一个人的择业目标能否实现，除了个人素质、专业、社会需求、机遇等条件外，还决定于自己对择业期望值高低的选择。所以，当毕业生根据自身条件和社会需求确定了自己的择业目标之后，如何把握择业期望值，就成为择业目标能否实现的关键性问题。如果把握不好，难免走入择业的误区。正确地把握择业的期望值，必须注意防止和克服几种错误的思想倾向。

一是贪图虚荣的思想。由于虚荣心作怪，一些毕业生在选择职业时，不顾客观条件，只想找一份让别人羡慕的职业，至于能否胜任、是否适合、能不能有所发展等，都不考虑。其结果要么因超越自己的能力范围而无法实现，要么在工作岗位上因无法施展才干而业绩平平。

二是贪图享受思想。优越的待遇和条件往往对大学生最具诱惑力，但也是最容易使毕业生择业失败的误区之一。

客观地讲，一些毕业生希望有较好的工作环境和生活环境，这种职业期望不能说是错的，问题是有部分毕业生对这类单位的职业活动特点知之甚少，而对收入和生活条件期望过高，这就意味着即使能得到这份职业，但如何进入职业角色、实现自己的抱负，还是未知的。甚至有部分毕业生只重金钱、图实惠，只要生活条件好，不惜放弃自己的专业和抱负。

三是图安逸的思想。害怕艰苦，不愿到生产建设第一线和艰苦地区工作，这也是导致部分毕业生择业出现偏差的重要原因。有几分耕耘，便有几分收获，不付出艰苦的劳动，便无法得到社会的承认。

把握职业的期望值，在方法上还应注意以下几点。

一是要防止偏离择业目标。大学生在确立自己的择业期望值的过程中，如果偏离职业兴趣、专业特长和实际能力去选择，就失去了自身优势，从而偏离择业目标。还有的毕业生明明在某一方面素质不太好，却要选这方面素质要求较高的单位或岗位。也有的毕业生在某一方面素质很好，却轻易地放弃了可能发挥这方面素质的单位和岗位，这不仅不利于自身的发展和成长，而且也有损于国家和人民的利益。

二是防止期望值过高。有的毕业生在择业过程中，不顾自身条件的限制，眼睛死盯着"好单位"，宁愿待在"上面"无所事事，也不愿到"下面"适合的地方去施展才华。

实践表明，择业期望值过高最容易使人陷入两种困境：一种是由于期望值超出现实太多而使择业屡屡失败；再一种是即使侥幸就业，也会因能力不足、无法胜任工作而处于被动。

●●●●●●●●●●●●●●●●●●●●● **案例 4 毕业生要求苛刻，令单位无法接受** ●●●●●●●●●●

某校现代财务管理专业某毕业生与某集团公司经过双选、面试考核，终于进入签约阶段。协议书首先由毕业生本人签署应聘意见，该生在"应聘意见"一栏中写下了以下 6 条要求：①从事财会工作；②每周工作五日，每日八小时工作制；③解决户口，提供单身住房；④住房公积金、劳动保险、养老保险等相关支出均由公司负担；⑤每半年调薪一次；⑥公司不限制个人发展（例如考研等）。单位鉴于以上条件不能完全答应，将协议书退回，并建议修改后再签。最终，该生因坚持自己的意见而未能被录用。

　　分析：该生未被录用，根本原因在于所提要求过于苛刻。就以上条件为什么不能完全答应，该负责人说，这位同学提出的 6 条要求，有些是可以满足的，也应该做到，比如安排专业对口的工作，八小时工作制，解决户口，提供各种福利等。但有的款项就无法答应，比如每半年调一次薪，这种要求恐怕任何单位都无法答应。又比如"公司不限制个人发展"一条，从毕业生角度来看，提出这样的要求可以理解，但从用人单位来讲，在不影响正常工作的前提下是鼓励个人提高自身素质的，但如果服务期内想考研就考研，不受单位任何约束，单位肯定是不能答应的。尽管这位同学各方面条件都不错，但这种苛刻的条件单位是无法接受的。

（三）正确认识社会，正确认识自我，主动寻找机遇

　　高职毕业生在择业前应进行职业能力倾向测试，以了解职业特点，扬长避短，用发展的观点来看待自己，找到适合的职业方向。要知道自身存在的某些缺点并不可怕，可以先就业，然后在工作岗位上不断克服缺点，发展和完善自己。

　　一个工作的好与不好，是相对的：对别人合适的，对自己不一定合适；对本科生合适的，对高职生不一定合适。因此一定不能盲从，要时时记住，只有合适的才是最好的。还要注意机遇的时效性，发现就业机会要主动出击，及时把握，不能犹豫，也不要害怕失败，应有敢试敢闯的精神。

（四）坦然面对就业挫折，提高心理承受能力

　　高职毕业生在求职中遇到的挫折一般比本科生多。在遇到挫折时，应以冷静和坦然的态度待之，客观地分析失败的原因。

　　首先，在就业市场化、需求形势不佳、就业竞争激烈的条件下，出现求职失败是在所难免的，不能期望每次求职都能成功，对可能出现的求职挫折要有充分的心理准备。同时，应把就业过程看作是一个很好的认识社会、认识职业生活、适应社会的机会，通过求职活动来了解自己、认识自己、发展自己，促进自我成熟。

　　其次，求职失败并不一定就是因为自己的能力不行。高职毕业生有自身的优势，出现求职失败有许多原因，可能是因为选择求职单位的方向不对，也可能是因为自身的价值观与单位的企业文化不符合，还有可能是其他一些偶然因素。

　　总之，要正确分析自己失败的原因，调整自己的求职策略，学会调整求职心态，以便在下次的求职中获得成功。

（五）积极调整心态，促进人格完善

　　在求职过程中，高职毕业生应当自觉提高心理调适的主动性，当自身心理平衡难以维持，即将产生或已经产生心理障碍时，应根据实际情况，选择各种诸如自我静思法、自我转化法、自我适度宣泄法及理性情绪法等自我心理调适方法来调节自身心态，重新建立心理平衡。

　　首先，可以进行积极的自我心理暗示，鼓励、相信自己，帮助自己渡过难关。其次，可以向朋友、老师倾诉，寻求安慰与支持。最后，还可以通过体育锻炼、听音乐、郊游等方式转移注意力，排解心中的烦闷，放松心情。

　　通过对就业时出现的种种不良心态的分析，可以发现平时不容易察觉的一些人格缺陷，

应该说这些人格缺陷是产生就业心理问题的根本原因。如果没有很好地完善人格，那么这些问题还会给今后的工作、生活带来困扰。

因此，应正确面对就业过程中自身暴露出来的问题，不必为所存在的人格缺陷而懊恼，因为绝对的人格健全者几乎是不存在的，关键是要在发现问题的基础上，积极改变、发展自己，使自己顺利就业。

（六）提高生存竞争力

1. 提高职业技能和职业适应能力

职业技能是指运用所学的知识或所掌握的技术完成一项生产活动的能力。它是人的智力、知识、个人能力同一定职业劳动形式相统一的产物。

高职学校培养的是社会所需要的应用型、技能型专门人才。高职毕业生走上工作岗位，从事的主要是实践性工作，高职毕业生的核心竞争优势就是实践能力。实践能力是指工作中解决实际问题的能力，主要包括应用能力和动手能力。实践能力不仅包括解决本专业问题的能力，也包括解决相关专业问题的能力。

"机遇只眷顾勤奋的人"，既拥有一定的基础文化知识，又不乏较高专业技能的人才，才是真正能被企业吸纳的人才。高职学生应主动多掌握一项技能，以增加就业筹码。

职业适应能力是指如何尽快地适应所从事的职业，在现有的工作岗位上，尽可能地发挥自己的能力。职业适应能力主要包括以下三个方面。

一是尽快适应和熟悉工作环境。如主动了解和遵守本单位的各项规章制度、劳动纪律，有意识地在各方面严格要求和约束自己。

二是具有良好的职业心理素质，做到有理智、有耐心、情绪稳定、态度积极、努力工作。同时，也注意外在形象，包括仪表、着装、表情、举止等。

三是善于发挥主动性。在新的环境里，不能等着别人支配，对产品、用户应抱有高度的责任心，自觉、主动地以主人翁态度去完成工作，对职权范围内的事绝不推托敷衍。

据调查，65.9%的企业重视考察大学毕业生的环境适应能力，由此可见锻炼适应能力的重要性。尤其在实习期间，应养成主动学习、刻苦钻研业务的良好习惯，加强自学，向书本学习、向实践学习、向周围的同事学习，做到"眼到、心到、手到"，不断扩大知识范围，丰富知识，力求做到一专多能，牢牢把准科学技术变革的脉搏，使自己在激烈的竞争中披荆斩棘，激流勇进。

2. 提升综合素质

据有关调查显示，企业择才时对大学生的基本能力要求依次为：环境适应能力（65.9%），人际交往能力（56.8%），自我表达能力（54.5%），专业能力（47.7%），外语能力（47.7%）。

上述企业的择才标准说明，社会在选择大学毕业生时，不仅看重专业因素，也看重非专业因素。这些非专业因素主要有以下几方面。

（1）观念——就业成功的先决因素 观念是人们对社会存在的反映，是人们对客观事物比较稳定的看法，主要指人们的世界观、人生观、价值观。在大学生就业过程中，观念直接表现为择业观、职业观和工作观等。几乎所有的企业在招聘面试时都问"你为什么要来本单位工作"、"请介绍一下你自己"、"你有哪些业余爱好"等，这实际上就是对大学生择业观、自我观、生活观的考查。

（2）品格——就业成功的核心因素 品格是做人的准则和范式，主要包括行为品格、情态品格、心理品格、意志品格。品格的核心是道德，道德的核心是诚信。招聘中，中外用人单位无一例外地把道德和诚信作为选择人才的核心标准，因为这是决定一个人未来发展的最重要因素。

大学生在求职过程中常犯的道德和诚信错误主要表现在编造经历方面。由于条件的制约，大学生参加社会实践的机会并不太多，而企业又特别重视实践经验，于是一些学生就采用编造社会实践经历的方式，以蒙混过关。经验丰富的考官一考核，大学生编造的经历便会露出马脚。因此，在求职过程中不诚信，势必会影响自己的求职。

安利中国公司人力资源总监张玉珠曾说，每个企业都希望招聘到有才能的人，但企业最关心的还是人品。一个人的专业能力再强，而品格不好，用人单位怎么能放心录用呢？

（3）方法——就业成功的关键因素　现代用人单位对方法的考查，主要是对大学生思维方法和实践方法的考查。比如，有些用人单位对应聘者进行思维能力测试，就是对思维方法和认识方法的测试。有些用人单位设置一些问题情景，请应聘者提出解决问题的办法，就是对应聘者分析问题、解决问题方法的测试，也是对实践方法的测试。一些外企习惯于从现实生活中选取问题，考查学生的综合思维能力。在信息社会，知识和技能很容易过时，而方法却可以长期发挥作用。

（4）能力——就业成功的直接因素　能力是大学生成功就业最基本、最直接的因素。除了专业能力之外，中外用人组织都提出了明确的非专业能力要求，主要包括以下几个方面。

一是表达能力。中国人民大学在对就业困难学生的调查中发现，性格内向、不善于表达是学生就业困难的主要原因之一。表达能力被誉为"敲开企业大门的第一块砖"：向用人单位递上一份简历，表现的是文字表达能力；与用人单位一见面，开口就是口头表达能力的展示。在实际工作中，如果不善于表达，必定影响人际关系，影响其他能力的发挥。

二是人际交往能力。人们发现，有些学生在学校里成绩并不好，可在社会上却干得不错，重要的原因之一就是这些"差生"善于交际，因为交际能力强，往往能得到更多的机会，能更快地打开工作局面。在现代社会中，可以说没有任何一项工作能在孤立状态下完成，不善于交往就不能较好地完成工作。对一个集体或团队来说，良好的人际关系往往意味着团结、和谐、力量和事业的发展，这正是用人单位重视大学生人际交往能力的原因所在。

三是组织管理能力。组织管理能力是指带领团队完成某项综合性工作的能力，包括策划、组织、协调、指挥、沟通、控制等多方面。大学生中相当一部分人将走上管理岗位，即便未走上管理岗位，要融合到某一个团队中去也需要具备一定的组织管理能力。

五、坚持正确的择业原则， 建立合理的择业策略

（一）坚持正确的择业原则

所谓择业原则，就是在选择职业岗位时应当遵循的原则，是指在认识和处理职业岗位选择时遵循的准绳。大学毕业生在就业过程中，能否掌握正确的职业岗位选择原则，不仅关系到个人能否找到合适的职业岗位，而且影响到个人的成长、成才和职业理想的实现。所以，大学毕业生在选择职业时应注意遵从以下原则。

1. 符合社会需要的原则

所谓符合社会需要的原则，是指在选择职业岗位时，把社会需要作为出发点和归宿，以社会对自己的要求为准绳，去观察、认识问题，进而决定自己的职业岗位。

职业岗位是随着社会历史的发展而产生的，每一个职业岗位的出现，都是社会发展的需

要。比如因开矿需要，才有人从事矿业；因航海需要，才有人从事造船业；因交通需要，才有人制造车辆等。正是因为社会不断发展，需要越来越多的人从事职业活动，才有了职业岗位的选择。由此可见，没有社会需要，就没有职业的分工，也没有职业岗位的选择。因此，选择职业时，首先要把社会需要作为选择职业的出发点，把个人意愿和社会需要结合起来，始终坚持职业岗位符合社会需要的原则，当个人利益与国家利益、集体利益发生矛盾时，自觉地服从社会需要，到祖国最需要的地方去建功立业。

2. 发挥个人素质优势的原则

所谓发挥个人素质优势的原则，是指选择职业岗位时，结合自己的素质情况，根据自身的特长和优势选择职业岗位，以利于今后在职业岗位上顺利地、出色地完成本职工作。

坚持发挥个人素质优势的原则，最基本、最重要的就是要客观地认识自己的长处和短处。每个人在素质上是有差异的，正可谓"骏马能历险，犁田不如牛；坚车能载重，渡河不如舟"。因此，大学毕业生选择职业岗位时要真正做到扬长避短，充分发挥自己素质优势，应发挥专业所长，发挥能力所长，适当考虑自己的性格特点。

3. 主动选择的原则

所谓主动选择的原则，是指大学毕业生在职业选择中不能消极等待，应主动出击，积极参与。这里所说的主动选择，主要包含三方面的含义。

（1）主动参与职业岗位竞争　竞争机制的引入，冲击着各行各业，也冲击着人才就业市场，反映在毕业生就业过程中，就使得原来的"皇帝女儿不愁嫁"变为"自己找婆家"，原来的学好学坏一个样变为优胜劣汰。竞争使人们增强了紧迫感和危机感，也增强了责任感。从某种意义上说，职业岗位的竞争，是靠才华、靠良好的素质获得一份比较理想的职业。

（2）主动了解人才供求信息和要求　随着社会主义市场经济体制的建立和发展，各方面改革的进一步深化，社会对大学生的要求也随之发生变化。从近几年的毕业生就业情况看，下面几种类型的毕业生最受用人单位的欢迎。一是思想政治素质较高的毕业生。近几年来，优秀毕业生和毕业生中的党员、学生干部普遍成为用人单位的"抢手货"，尤其是各级党政机关和企事业单位的管理部门，在选拔录用毕业生时，往往把思想政治素质放在第一位。二是有事业心与责任感的毕业生。三是有吃苦精神的毕业生。四是基础扎实、知识面宽、外语水平高的毕业生。五是懂专业、会管理、善交际的毕业生。因为这样的大学生适应能力强，工作上路快，发挥作用明显。

由此可见，主动了解用人单位对人才规格的要求和需求信息，对有的放矢地选择职业岗位有着重要的意义。

（3）主动完善自己　根据目前高校毕业生的就业办法，部分毕业生在毕业前的较长时间内就明确了就业单位。对这部分毕业生来说，在毕业前这段有限的时间内，千万不能有松口气的思想，而是要抓紧时机，根据即将踏上的工作岗位的需要调整自己、提高自己。

4. 分清主次的原则

在就业过程中，摆在毕业生面前的选择是多方面的，比如单位性质、工作地点、工作条件、生活待遇、使用意图、发展方向等，不可能样样遂人心愿。重要的是在择业过程中面对这些问题时，怎样权衡利弊，分清主次，做出抉择。切不可因一味求全、急功近利、好高骛远而失去良机。

5. 着眼长远、面向未来的原则

毕业生在选择职业时，不能只看眼前实惠，不看企业发展前景；不能只看暂时困难，而不看企业的未来；不能只图生活安逸，而不顾事业的追求等。

青年是社会主义现代化建设的生力军和突击队，是祖国的未来，肩负着光荣的历史使命。所以，大学毕业生选择职业时要站得高、看得远，理清思路，把自己的命运和祖国的命运紧紧地联结在一起，找到自己的最佳位置，牢牢把握职业选择的主动权。

建设有中国特色的社会主义这一伟大事业呼唤着千百万人才，而大学毕业生只有在改革开放的伟大事业中才能被铸造成祖国栋梁之才。

（二）建立合理的择业策略

1. 树立市场观念，变被动为主动

双向选择的就业制度已被社会所广泛接受。广大毕业生必须树立市场观念，不断增强自主择业意识和竞争意识，从"等待分配"变成"主动出击"。面对当前严峻的就业形势和就业压力，主动摆脱消极等待的思想，提早准备，主动出击，勇敢地走向就业市场，积极地参与就业竞争。通过竞争，寻求理想的职业；通过竞争，实现个人的职业目标。

2. 树立长远观念，注重"择业基础"

过去许多大学生只是一味地追求如何求职，如何找到理想的就业单位，即注重择业的结果，而忽视平时的就业准备，即择业的基础。如今，大学生对自身素质在求职择业中的作用比以往任何时候都要清楚。不少大学生意识到"学业"是"择业"的基础和前提，要想在就业竞争中获胜，就必须努力提高竞争的实力。因此，他们发奋学习，全面提高自身综合素质，注重各种能力的培养和提高。如今，校园中的学习风气日益浓郁，学习自觉性日渐提高，"外语热"、"计算机热"、"辅修课热"、"考证热"、"考研热"等，都是大学生为适应市场需要而积极行动的表现。

3. 淡化单位意识，消除吃"皇粮"思想

部分人片面认为，只有到国家机关、事业单位、国有企业才算就业，眼睛只盯着上述单位，而对到民营企业等非国有单位就业则认为不稳定、不可靠、不保险。个别人甚至宁愿待业也不愿去这些单位就业，即使暂时去了，也不会做长期打算。

留恋公职，留恋干部身份，这是陈旧、落后甚至是狭隘的观念，直接影响着事业发展。新的择业观注重发挥个人的能力和才干，又能服务于社会，有相对稳定的收入，不管是国有单位还是非国有单位，甚至从事个体经营或企业，都是就业。

4. 换位思考"冷择业"

面对当前的就业形势，改变"一步到位"思想，树立"先就业、后择业、再创业"的新观念，走一条"面对现实、降低起点，先融入社会、再寻求发展"的道路。只要有条件基本认可的用人单位接纳，就应先工作，走进社会。工作一段时间后，认为不合适，再重新选择职业。有了一段就业和择业经历，各方面的经验和能力得到提高，具备了自信心和实力，时机和条件到来时，即可大显身手，走艰苦创业之路，去追逐自己理想的事业。

择业时不妨先把自己看成"冷门人才"，要从长远着想，眼前着手，通过换位思考，"冷"中找"热"，以达尽早就业之目的。可从以下几方面考虑。

（1）与招聘单位换位思考　弄清楚招聘的条件（年龄、知识层次、专业结构等），再对照自己是否符合条件，如不符合则尽早退出。

（2）与竞争对手换位思考　了解其他求职者想到哪些单位就业，再调查特定单位的招聘情况，适当进行"人弃我取"。

（3）与落后地区用人单位换位思考　了解落后地区的用人情况及招聘容量，分析是否能顺利实现自己的价值，做出正确判断。

（4）与先进地区的落后企业换位思考 首先对先进地区落后企业的现状及前景做一个科学的预测，若有好的前景并能发挥自己的特长和优势，即可选择。

5. 学会"待业"

随着毕业生人数的迅速增加，一次性就业率不断降低，许多大学生将面对"待业"的客观现实，这是对大学毕业生的一次考验。

待业是就业制度改革的必然产物，也是就业市场化的必然结果，已成为一种正常的社会现象。待业是相对的、暂时的，不是失业，更不是永久性失业。经过短时期待业后，可能会很快找到就业岗位，甚至是更适合自己的职业。因此，要尽快提高心理承受能力，不断提高认识，以积极的心态正确对待待业，学会待业。

首先，待业不能等待，仍然是择业、求职的过程，应继续努力寻找就业机会。其次，通过择业的亲身经历，总结经验和体会，找出存在的问题和不足之处，为继续择业做进一步的准备。如利用待业时间进行"充电"，补充急需的知识和技能等。

另外，不能把自己的前途和命运全部寄托在别人身上，不能把自己的职业生涯交给他人设计，更不能听天由命，对自己不负责任。要树立起自主创业的意识，充分发挥自己的专业特长和素质优势，积极做创业准备，进而实现自己的理想和人生价值。这也是最成功的"待业"。

6. 淡化"专业对口"的意识，强化"职业流动"意识

随着人才培养的宽口径和社会对大学生综合素质及能力要求的不断提高，愈来愈多的毕业生在求职择业时，已淡化了"专业对口"的观念，而是在"学以致用"的原则下，发挥素质优势，在更加宽泛的择业范围和领域内寻求理想的职业。

在当今"双向选择"的市场化就业氛围下，职业流动不仅得到大学生们的认同和支持，而且现代社会的发展正在加快社会职业的流动。这些变化打破了"从一而终"的择业观念，取而代之的是职业流动和"适时跳槽"等观念。正因为如此，毕业生在合适的工作岗位上能够充分发挥专长，大显身手。

7. 务实择业

许多毕业生在择业时，选择标准更加务实，其考虑的主要因素可归纳为以下几点。

（1）首先注意能否发挥个人的才能和施展特长 这是与择业动机中突出自我发展、追求长远的人生发展目标相一致的。

（2）越来越重视经济利益 即重视单位的经济效益、工资水平、福利待遇以及单位的发展前景等。

（3）挑选单位的地域位置 多数毕业生向往大中城市，尤其是沿海中心城市。他们认为这些地区经济发展水平高，生活环境和发展前景较好，施展个人才能的机会也多。

（4）力求有一定的社会地位 大学生择业时虽然很重视经济利益，但并未将其作为唯一因素。求得有一定社会地位的职业，仍然是许多大学生的理想。许多毕业生不仅注重单位的地域位置、经济效益、福利待遇，而且也注重单位的发展前景以及工作环境、企业文化和用人机制。

8. 广开择业渠道，掌握择业技巧

后续将有专门章节阐述广开择业渠道，以及提高择业技巧的方法。

9. 正确处理择业矛盾

总体来说，当代大学生择业观的主流是好的，但也存在着一些突出的择业矛盾，主要表现在以下方面。

① 择业目标居高不下，盲目攀比，与社会需求形成很大反差；"鱼"和"熊掌"想

兼得。

② 择业目标不稳定，"这山望着那山高"，并多向性地进行求职应聘。具体表现在：有的人酷爱自己的专业，然而又怕过艰苦的生活，择业时茫然无措；有的人趋向于大城市、机关、高薪水、高地位、高层次的工作，不愿意去基层和条件艰苦、待遇低的工作岗位；有的人意识到基层和艰苦行业需要人才，最能锻炼自己，但又怕基层条件差，埋没了自己的才能，择业时举棋不定；还有的人不顾自己的专业特长，盲目攀比，把待遇高、福利好作为择业的目标，但同时又想实现自己的价值，在择业时犹豫不决。例如，有部分毕业生同时与多个用人单位联系，今天认为这个单位待遇不错，符合自己的理想，明天又觉得那个单位有利于自己发展，在多个单位之间难以取舍。甚至还有极少数毕业生，到离校时才匆忙选定单位，可到单位报到后又后悔。还有一部分学生，已经和某个单位见过面，双方也都比较满意，但迟迟不肯签约，还要继续寻找新单位，总希望找到更好的，最后因拖延时间而失去机会。

上述择业中的矛盾，一方面对毕业生的就业不利，使其择业时或左顾右盼，摇摆不定，错失良机；或择业目标脱离实际而使其要么"低就"，要么"高攀"，难以顺利择业。另一方面对用人单位也不利，毕业生择业时的反反复复，随意违约，延误了用人单位对人才的选择，同时，也对学校的声誉造成了不良影响。

总之，高职学生在就业过程中，要在全面认识自我和全面认识社会的基础上，树立正确的职业和就业观念，调整就业期望值，恰当定位，并不断调整就业心理，解决就业过程中的矛盾，确立正确的择业原则和策略，脚踏实地，实事求是，一定能在就业道路上走得顺利。

附录 3-1 气质类型测试

下面 60 道题，可以帮助确定气质类型。在回答这些问题时认为很符合自己的情况，在题后记 2 分，比较符合的题后记 1 分，介于符合与不符合之间记 0 分，比较不符合的记 -1 分，完全不符合的记 -2 分。

1. 做事力求稳妥，不做无把握的事。
2. 遇到可气的事就怒不可遏，把心里话全说出来才痛快。
3. 宁可一个人做事，不愿和很多人在一起。
4. 到一个新环境能很快适应。
5. 厌恶那些强烈的刺激，如尖叫、噪声、危险的镜头等。
6. 和人争吵时总是先发制人，喜欢挑衅。
7. 喜欢安静的环境。
8. 善于和人交往。
9. 羡慕那些能控制自己感情的人。
10. 生活有规律，很少违反作息制度。
11. 在多数情况下情绪是乐观的。
12. 碰到陌生人觉得很拘束。
13. 遇到令人气愤的事，能很好地自我克制。
14. 做事时总有旺盛的精力。
15. 遇到问题常常举棋不定，优柔寡断。
16. 在人群中从不觉得过分拘束。
17. 情绪高昂时，觉得干什么都有趣；情绪低落时，又觉得干什么都没有意思。
18. 当注意力集中在一件事时，别的事很难令我分心。
19. 理解问题总比别人快。

20. 碰到危险情景，常有一种极度恐惧感。

21. 对学习、工作、事业怀有很高的热情。

22. 能够长时间做枯燥、单调的工作。

23. 符合兴趣的事情，干起来劲头十足，否则就不想干。

24. 一点小事就能引起情绪波动。

25. 讨厌做那种需要耐心、细致的工作。

26. 与人交往不卑不亢。

27. 喜欢参加热烈的活动。

28. 爱看感情细腻、描写人物内心活动的文艺作品。

29. 工作学习时间长了，感到很厌倦。

30. 不喜欢长时间谈论一个问题，愿意实际动手干。

31. 宁愿侃侃而谈，不愿窃窃私语。

32. 别人说我总是闷闷不乐。

33. 理解问题总比别人慢些。

34. 疲倦时只要短暂休息就能精神抖擞，重新投入工作。

35. 心里有话宁愿自己想，不愿说出来。

36. 认准一个目标就希望尽快实现，不达目的，誓不罢休。

37. 学习、工作同样一段时间后，常比别人更疲惫。

38. 做事有些莽撞，常常不考虑后果。

39. 老师或老师傅讲授新知识、技术时，总希望他讲慢些，多重复几遍。

40. 能很快忘记那些不愉快的事。

41. 做作业或完成一件工作总比别人花的时间多。

42. 喜欢运动量大的剧烈体育活动，或参加各种文娱活动。

43. 不能很快地把注意力从一件事转移到另一件事上去。

44. 接受一个任务后，希望迅速完成。

45. 认为墨守成规比冒风险强些。

46. 能够同时注意几件事情。

47. 烦闷的时候，别人很难使我高兴起来。

48. 爱看情节起伏跌宕、激动人心的小说。

49. 对工作抱认真严谨、始终如一的态度。

50. 和周围人们的关系总是处理不好。

51. 喜欢复习学过的知识，重复做已经掌握的工作。

52. 希望做变化大、花样多的工作。

53. 小时候会背唐诗，我似乎比别人记得清楚。

54. 别人说我"出语伤人"，可我并不觉得那样。

55. 在体育活动中，常因反应慢而落后。

56. 反应敏捷，头脑机智。

57. 喜欢有条理而不甚麻烦的工作。

58. 兴奋的事情常使我失眠。

59. 老师讲新概念，常常听不懂，但是弄懂以后就很难忘记。

60. 假如工作枯燥无味，马上就会情绪低落。

计分方法：按题号将各题分为四类，计算每类题的得分总和。

胆汁质：2、6、9、14、17、21、27、31、36、38、42、48、50、54、58。

多血质：4、8、11、16、19、23、25、29、34、40、44、46、52、56、60。

黏液质：1、7、10、13、18、22、26、30、33、39、43、45、49、55、57。

抑郁质：3、5、12、15、20、24、28、32、35、37、41、47、51、53、59。

评价方法如下。

① 如果某气质类型得分明显高于其他三种，均高出 4 分以上，则可定为该气质类型。如果该气质类型得分超过 20 分，则为典型性；如果该气质得分高出 10～20 分则为一般型。

② 两种气质得分接近，其差异低于 3 分，而且又明显高于其他两种，高出 4 分以上，则可定为两种气质的混合型。

③ 三种气质类型得分接近且均高于第四种，则为三种气质类型的混合型。如多血-胆汁-黏液质混合型，或黏液-多血-抑郁质混合型。

附录 3-2　性格类型心理测试

性格是表现在态度、行为上的稳定的心理特征，是个性中的核心。性格在不同个体身上表现着明显的差异性。此测试表大致按照人的五种性格类型设置了 60 道测试题。每一题都有三种选择答案，即"是"（A）；"似是而非"（B）；"否"（C）。可按题意，从自己态度和行为实际出发选择回答，相应以 A、B、C 的形式记在每一题后，以便评分。

评分原则：凡单数题，A 为 0 分，B 为 1 分，C 为 2 分；凡双数题，A 为 2 分，B 为 1 分，C 为 0 分。

1. 在大庭广众面前不好意思。
2. 对人一见如故。
3. 愿意一个人独处。
4. 喜欢表现自己。
5. 与陌生人难打交道。
6. 开会时喜欢坐在被人注意的地方。
7. 遇到不快的事情，能抑制感情，不露声色。
8. 在众人面前能爽快地回答问题。
9. 不喜欢社交活动。
10. 愿意经常和朋友在一起。
11. 自己的想法不轻易告诉别人。
12. 只要认为是好东西立即就买。
13. 爱刨根问底。
14. 容易接受别人的意见。
15. 凡事很有主见。
16. 喜欢高谈阔论。
17. 会议休息时宁肯一个人独坐，也不愿同别人聊。
18. 决定问题爽快。
19. 遇到难题非弄懂不可。
20. 常常未等别人把话讲完就发表意见。
21. 不善和别人辩论。
22. 遇到挫折不易丧气。
23. 时常因为自己的无能而沮丧。
24. 碰到高兴的事极易喜形于色。
25. 常常对自己面临的选择犹豫不决。
26. 不太注意别人的事情。
27. 好把自己同别人比较。
28. 好憧憬未来。
29. 容易羡慕别人的成绩。

30. 相信自己不比别人差。
31. 注意别人对自己的看法。
32. 不大注意外表。
33. 发现异常现象容易想入非非。
34. 即使有亏心事也很快被遗忘。
35. 总是把家里收拾得干干净净。
36. 自己放的东西常常不知在哪里。
37. 做事很细心。
38. 对于别人的请求乐于帮助。
39. 十分注意自己的信用。
40. 热情来得快，消退得也快。
41. 信奉"不干则已，干则必成"。
42. 做事情更注重速度而不是质量。
43. 一本书可以反反复复地看几遍。
44. 不习惯长时间读书。
45. 办事大多有计划。
46. 兴趣广泛而多变。
47. 学习时不易受外界干扰。
48. 开会时喜欢同人交头接耳。
49. 工作笔记大多整洁、干净。
50. 答应别人的事情经常会忘记。
51. 一旦对别人有看法不易改变。
52. 容易和别人交朋友。
53. 不喜欢体育运动。
54. 对电视节目中的球赛尤有兴趣。
55. 买东西前总要比较估量一番。
56. 不惧怕从来没做过的事情。
57. 遇有不愉快的事情可以生气很长时间。
58. 自己做错了事，勇于承认和改正。
59. 常常担心自己会遇到失败。
60. 容易原谅别人。

评定：若得分在 90 分以上，为典型外倾型性格；71～90 分，为稍外倾型性格；51～70 分，为外倾、内倾混合型性格；31～50 分，为稍内倾型性格；30 分以下，为典型内倾型性格。

附录 3-3 自信心心理测试

对下列 13 个问题，按给定的选择答案与自己情况相对照，认真予以回答，便可测定自己有无自信。
评分原则：

1. A＝2，B＝1，C＝0；2. A＝0，B＝1，C＝2；3. A＝2，B＝1，C＝0；4. A＝0，B＝1，C＝2；
5. A＝0，B＝1，C＝2；6. A＝2，B＝1，C＝0；7. A＝0，B＝1，C＝2；8. A＝0，B＝1，C＝2；
9. A＝2，B＝1，C＝0；10. A＝2，B＝1，C＝0；11. A＝2，B＝1，C＝0；12. A＝0，B＝1，C＝2；
13. A＝2，B＝1，C＝0。

1. 半夜醒来，我常为种种惴惴不安而不能再入睡。

A. 常常如此　　　　　　　　B. 有时如此　　　　　　　　C. 极少如此

2. 事情进行得不顺利时，我常急得涕泪交流。

A. 从不如此　　　　　　　　　B. 有时如此　　　　　　　　　C. 常常如此

3. 在处理一些必须凭借智慧的事务中，＿＿。

A. 我的确比一般人差　　　　　B. 普通　　　　　　　　　　　C. 我的确超人一等

4. 当领导召见我时，＿＿。

A. 我觉得可以趁机提出建议　　B. 介于 A、C 之间　　　　　　C. 我总怀疑自己做错了事

5. 在一般困难的情境中，我总能保持乐观。

A. 是　　　　　　　　　　　　B. 不一定　　　　　　　　　　C. 不是的

6. 迁居是件极不愉快的事。

A. 是　　　　　　　　　　　　B. 介于 A、C 之间　　　　　　C. 不是的

7. 不论是在极高的屋顶上，还是在极深的隧道中，我很少感到胆怯不安。

A. 是的　　　　　　　　　　　B. 介于 A、C 之间　　　　　　C. 不是的

8. 只要没有过错，不管别人怎么说，我总能心安理得。

A. 是　　　　　　　　　　　　B. 不一定　　　　　　　　　　C. 不是

9. 有时我会无故产生一种面临大祸的恐惧。

A. 是　　　　　　　　　　　　B. 有时如此　　　　　　　　　C. 不是

10. 我童年时，＿＿。

A. 害怕黑暗的次数极多　　　　B. 害怕黑暗的次数不太多　　　C. 害怕黑暗的次数几乎没有

11. 我仅仅被认为是一个能够苦干而稍有成就的人而已。

A. 是　　　　　　　　　　　　B. 介于 A、C 之间　　　　　　C. 不是

12. 即使是在不顺利的情况下，＿＿。

A. 我仍能保持精神振奋　　　　B. 介于 A、C 之间　　　　　　C. 不是

13. 有时我会无缘无故地感到沮丧。

A. 是　　　　　　　　　　　　B. 介于 A、C 之间　　　　　　C. 不是

评定：参照上述原则将总分累计起来。

1. 如果你是一名男同学，少于 5 分，说明你具有很强的自信心；6～8 分，说明你有一定的自信心；13～16 分，说明你缺乏自信心；大于 17 分，说明你的自信心极差，经常患得患失、烦恼多多。

2. 如果你是一名女同学，少于 6 分，说明你有很强的自信心；7～9 分，则说明你有一定的自信心；14～17 分，说明你缺乏自信心；若你的总分大于 18 分，说明你的自信心极差，患得患失。

附录 3-4　社交焦虑心理测试

请认真阅读下面的每一个条目，并决定其陈述对你适用或其真实的程度，按不同程度应得分在相应的条目上标出分数（1～5 分）。本表评分用于测定社交焦虑体验的倾向。

评分原则：若感到本题与你一点也不符，记 1 分；与你有点相符，记 2 分；与你中等程度相符，记 3 分；与你非常相符，记 4 分；与你极为相符，记 5 分。

1. 即使在非正式的聚会上，我也常感到紧张。

2. 与一群不认识的人在一起时，我通常感到不自在。

3. 在与一位异性交谈时我通常感到轻松（R）。

4. 在必须同老师或上司谈话时，我感到紧张。

5. 聚会常会使我感到焦虑及不自在。

6. 与大多数人相比，我在社会交往中可能较少羞怯。

7. 在与我不太熟悉的同性谈话时，我常常感到紧张。

8. 在求职面试时我会紧张。

9. 我希望自己在社交场合中信心更足一些。

10. 在社交场合中，我很少感到焦虑（R）。

11. 一般而言，我是一个害羞的人。

12. 在与一位迷人的异性交谈时我经常感到紧张。

13. 给不太熟的人打电话时我通常觉得紧张。

14. 我在与权威人士谈话时感到紧张。

15. 即便处于一群和我相当不同的人群之中，通常我仍感到放松。

注：将注有（R）标记的评分倒序（即 5 分为 1 分，1 分改为 5 分）后再计算总分。

评定：总评分由 15 分到 75 分，依次表明交往焦虑程度由最低到最高的心理情况。根据得分数，便可测知自己社交焦虑心理体验倾向。

思考与实践

根据自我评价五方面（知识、气质、性格、能力、品德）的内容，对自己的现状进行一个全面客观的评价。

第四章

认识人生，学会规划

案例 5

　　一个美国小伙子从小立志做一名优秀的商人。中学毕业后考入麻省理工学院，他没有读贸易专业，而是选择了工科中最普通最基础的机械专业。大学毕业后，他没有马上投入商海，而是考入芝加哥大学，攻读为期 3 年的经济学硕士学位。更出人意料的是，获得硕士学位后，他还是没有从事商业活动，而是考了公务员。在政府部门工作 5 年后，他辞职下海经商。又过了 2 年，他开办了自己的商贸公司。20 年后，他的公司资产从最初的 20 万美元发展到 2 亿美元。这位小伙子就是美国知名企业家比尔·拉福。

　　分析：工科学习→工学学士→经济学学习→经济学硕士→政府部门工作→锻炼处世能力，建立广泛的人际关系→大公司工作→熟悉商务环境→开公司→事业成功。

　　比尔·拉福的职业生涯设计脉络清晰，步骤合理，充分考虑了个人兴趣、个人素质，并着重职业技能的培养。这种职业生涯设计在他坚持不懈的努力下，终于变为现实。也许他的这套职业生涯方案并不完全适合你，但是却带给你一个重要的信息：人生是可以设计的！只要你有信心、恒心加上科学的规划和设计，案例的主角也许就是明天的你。

　　事业生涯复杂多变，所以要在充分了解自己、了解社会的基础上，准确确立职业生涯目标、认真制订生涯规划和实施措施，并在行动中不断完善规划，直至实现事业生涯目标。

第一节　高职生为什么要做职业生涯规划

一、什么是职业生涯规划

　　职业生涯规划（career planning）简称生涯规划，又叫职业生涯设计，是指个人与组织相结合，在对一个人职业生涯的主客观条件进行测定、分析、总结的基础上，对自己的兴趣、爱好、能力、特点进行综合分析与权衡，结合时代特点，根据自己的职业倾向，确定最佳的职业奋斗目标，并为实现这一目标做出行之有效的安排。

　　用通俗的话来说，职业生涯规划就是：你打算选择什么样的行业、什么样的组织？想达到什么样的成就？想过一种什么样的生活？如何通过学习与工作达到这个目标？

二、职业生涯设计的必要性

当今社会，是一个变化发展特别迅速的社会，在这个社会生存，有许多难以预料的事情，需要我们对未来有清醒的认识并有明确的规划。俗话说：人无远虑，必有近忧。职业生涯设计的必要性是不言而喻的，具体可以从以下几个方面来说明。

1. 社会竞争的残酷性

社会竞争的残酷性可以用一则寓言来说明。

> 在非洲的大草原上，生活着羚羊和狮子。每天清晨，羚羊从睡梦中醒来，它想的第一件事就是：我必须比跑得最快的狮子还要快，否则，我就会被消灭。而狮子同时也在想：要想得到今天的美餐，我必须比跑得最快的羚羊更快。于是在广阔无垠的大草原上，无时无刻不在演绎着惊心动魄的生死搏杀，优胜劣汰的自然法则在这里体现得淋漓尽致。

我们每一位社会成员就像上述寓言中的羚羊和狮子，必须告诫自己："每天淘汰你自己。"假如你不淘汰自己，可能就会被别人淘汰，这就是今天的社会中普遍存在的残酷现象。有这样一个例子：三年前在某中外合资企业担任销售经理的一位人才，一直忙于日常事务，没有时间"充电"。而其下属学历比他高，能力比他强，经验也在数年的商海中获得了积累，羽翼日渐丰满，销售业绩惊人，在公司绩效考评中名列第一，迅速淘汰了这位上司。

2. 个人选择组织——人员流动的频繁

在计划经济时代，人才流动的思想是不成熟的，甚至可以说是畸形的。大多数人对工作的态度是从一而终，一个人在一个单位里一干就是一辈子。人们对自己的期望也是"我是一块砖，哪里需要哪里搬""我是一颗螺丝钉，拧到什么地方都行"。

现在，人员流动率已经越来越高了。前几年多数人在一个单位会工作十年、八年，现在更多的是工作三四年。美国的人才流动率非常高，人们不仅经常更换单位，还会经常更换职业。美国人一生有效的工作时间不过是三十几年，平均一生要换四种职业。注意，不是更换四个单位，而是更换四种职业，可见美国人的工作更换是多么频繁。

总之，当今的社会环境下，变更职业是绝对的，不变是相对的。这种流动对每个人来说，也是一种自我调整的机会，以更好地实现自我发展。

3. 组织选择个人——组织结构的调整

外界环境的变幻莫测，各种组织也变化万千。可以说，想找一个长久不衰的企业很难。即便在各企业相对短暂的辉煌阶段，也需要根据外界市场的变化，不断进行组织调整、业务重组，而在这一过程中，势必要淘汰一些人，同时给许多人重新安排职位。可见，在这种组织调整中，如果事先对自己没有一个很好的设计，那只能是被动地接受，而不是主动适应。

4. 个人需要的变化

人的需要是多层次、多方面的，用马斯洛的需要理论讲，人的需要分为五个层次。即生理需要、安全需要、归属感和爱的需要、尊重的需要及自我实现的需要。人的需要是不断变化发展的。

一方面，人的需要有多种不同的层次，并且总是从低级往高级发展的；另一方面，人们的需要随着职业生涯的发展而变化，不同时期人们的需要是不同的。一个需要满足后，就会有新的需要产生。因此，人们必须对自己的职业进行规划和设计，以满足自己不断变化的需要，提升自己的价值。

三、职业生涯规划的意义

职业生涯将要伴随我们的大半生，拥有成功的职业生涯才会实现完美的人生。因此，职业生涯规划具有特别重要的意义。

1. 职业生涯规划可以发掘潜力，增强实力

一份行之有效的职业生涯规划将会：①引导你正确认识自己的个性特质、现有与潜在的资源优势，有助于重新对自己的价值进行定位并使其持续增值；②引导你对自己的综合优势与劣势进行对比分析；③树立明确的职业目标与职业理想；④引导你评估个人目标与现实之间的差距；⑤引导你前瞻与实际相结合的职业定位，搜索或发现新的或有潜力的职业机会；⑥学会如何运用科学的方法采取可行的步骤与措施，不断增强职业竞争力，实现自己的职业目标与理想。

2. 可以增强发展的目的性与计划性，提升成功的机会

生涯发展要有计划、有目的，不可盲目地"撞大运"，很多时候职业生涯受挫就是由于生涯规划没有做好。好的计划是成功的开始。

3. 可以提升应对竞争的能力

当今社会正处于变革的时代，到处充满着激烈的竞争，物竞天择，适者生存。职业竞争非常突出，尤其是我国加入WTO后。要想在激烈的竞争中脱颖而出并立于不败之地，必须设计好自己的职业生涯规划，这样才能做到心中有数，不打无准备之仗。

但是不少应届大学毕业生不是首先坐下来做好自己的职业生涯规划，而是拿着简历与求职书到处乱跑，总想会撞到好运气找到好工作，结果是浪费了大量的时间、精力与资金，到头来感叹招聘单位不能"慧眼识英雄"，叹息自己无用武之地。

这部分毕业生没有充分认识到职业生涯规划的意义与重要性，总认为找到理想的工作靠的是学识、业绩、耐心、关系、口才等条件，认为职业生涯规划纯属纸上谈兵，简直是耽误时间，有那时间还不如多跑两家招聘单位。这是一种错误的理念。实际上未雨绸缪、做好职业生涯规划，有了清晰的认识与明确的目标之后再求职，效果要好得多，也更经济、更科学。

四、高职毕业生更需要职业生涯规划

高职毕业生正处于生涯探索期，主要发展任务是通过生涯探索明确发展方向，完成具体的职业计划和准备。由此可见，学校对学生的职业生涯规划教育有相当重要的意义和作用。而且职业生涯规划不仅是个人面临就业时的单独事件，应从学生入学开始就逐步完成。

首先，随着高校的不断扩招，大学毕业生近几年就业人数剧增，大大加剧了社会的压力。对于高职学生而言，高职学院发展的历史比较短，学校文化沉淀不厚，学生起点低，面对就业市场强大的竞争压力，学历、技能以及社会认同等方面都难有较大的竞争优势。因此，高职学生容易有自卑感，缺乏自信心和竞争能力，对进入社会感到胆怯和茫然。如果不能根据自身特点，趋利避害地进行职业生涯规划，没有较充分的心理准备，在激烈的就业竞争中，就会丧失就业机会。

其次，有研究表明，高职学生对自己的定位偏高。有84.7%的高职毕业生希望到大城市工作，71.5%的人希望做白领，50.8%的人希望在国有大中型企业和政府机关及相关事业单位就业。而高职人才培养目标是培养具有必要的理论知识，从事生产、管理、服务一线的技能型人才；企业对高职人才的要求是具有较强实践能力、在基层操作型的技能人才。显然，学生个人、学校和企业对高职毕业生的定位具有很大差异，这种差异如果不改变，必然会导致高职毕业生不能很好地适应社会。因此要通过职业生涯规划解决学生定位过高的问题。职业生涯规划理论的核心内容包括两方面：一是了解社会；二是了解自我。在此基础上，使学生明确市场要求、确定发展方向、做出正确的价值判断，从而调整自我定位，更好地适应社会。

再次，就目前高职学生的就业情况看，高职毕业生的就业表现为就业率高、签约率低、跳槽频率高、工作不稳定的特性，出现这一现象的根本原因就是学生对自己没有适当的定位，没有研究社会需要，没有对职业生涯进行认真设计和规划。

因此，为了将来能顺利走上工作岗位，在职业生涯中建功立业，实现个人理想和抱负，应立足于自身，在了解社会和市场的基础上，做好职业生涯规划。

第二节　高职学生的职业生涯规划

对于每个人而言，职业生涯规划都是必要的，那么，该怎样进行职业生涯规划设计呢？

一、职业生涯设计的主要步骤

（一）自我评估

自我评估就是对自己的兴趣、特长、性格、学识、技能、智商、情商、德商以及组织管理、协调、活动能力等做出全面而深刻的分析，找出自己的优势、劣势、优点、缺点等，为选定生涯路线、目标，制订生涯计划提供依据。

可尝试通过以下问题，明确自我认识。

① What are you? 你是什么样的人？这是自我分析过程。分析的内容包括兴趣爱好、性格倾向、身体状况、教育背景、专长、过往经历和思维能力，对自己进行全面的了解。

② What do you want? 你想要什么？这是目标展望过程，包括职业目标、收入目标、学习目标、名望期望和成就感。特别要注意的是学习目标，只有不断确立学习目标，才能不被激烈的竞争淘汰，才能不断超越自我，登上更高的职业高峰。

③ What can you do? 你能做什么？专业技能何在？最好能学以致用，发挥自己的专长，在学习过程中积累自己的专业相关知识技能，同时工作经历也是重要的经验积累。

④ What can support you? 什么是你的职业支撑点？具有哪些职业竞争能力，以及各种资源和社会关系，个人、家庭、学校、社会的种种关系，都能影响职业的选择。

⑤ What fit you most? 什么是最适合你的？行业和职位众多，哪个才是合适的呢？待遇、名望、成就感和工作压力及劳累程度都不一样。选择最好的可能并不是合适的，选择合适的才是最好的。这就要根据前四个问题的答案来回答这个问题。

⑥ What can you choose in the end? 最后你能够选择什么？

通过上述回答过程，就能够对自己有一个全面的了解，在这个基础上，再去做自己的规划设计才会具有针对性。

（二）确定目标

志向是事业成功的基本前提，俗话说："有志者，事竟成"，"志不立，天下无可成之事"。纵观古今中外杰出人物及各行各业的佼佼者，都有一个共同的特点，即都有远大的志向。立志是人生的起始点，反映着一个人的理想、胸怀、情趣和价值观，影响着一个人的奋斗目标及成就。所以，在制订职业生涯策划时，首先要确立志向，指导人生事业生涯航程。

立志，是立下追求理想的决心，每个人都有理想，但如果不行动起来去追求，再好的理想也只是空中楼阁。立志又是行动的支柱，是实现事业生涯的动力，它使人的学习、工作、生活有一个明确的方向，鼓励人们通过不懈的努力，去实现理想和目标。

●●●●●●●●●●●●●●●●●●●●●●●●●●●●●●● 案例6 ●●●●●●●●●●●●●●●●●●●●●●●●●●●●●●●

我国现代著名桥梁专家茅以升从小立下为祖国造桥的宏大志向，用此志向鼓舞自己努力学习、刻苦钻研、发奋工作，最终获得博士学位，成为闻名于世的桥梁专家。

茅以升11岁时，曾目睹龙船比赛时人太多导致断桥的惨剧。他暗暗立下志愿：要好好学习造桥知识，将来造出结结实实的桥，造福人类。从此，他就留心收集各类桥的知识和资料，15岁考入唐山路矿学堂土木系学习，5年记录笔记200本，大约90万字。20岁那年以学堂第一名的成绩考上留美研究生。在美学习期间，他边学习书本知识，边到造桥现场实践，几年后获得工程学博士学位，回国投身到桥梁建设事业中。

1937年，他主持设计的我国第一座现代大桥——钱塘江大桥落成了，20世纪50年代，他又设计和建造了闻名世界的武汉长江大桥。经过长期奋斗，茅以升终于实现了从小立下的为民造桥的宏愿，为我国经济建设做出了巨大贡献。

●●

（三）生涯背景分析

人是社会成员，从事学习、工作、创业均要适应社会的需要，即适应生涯背景。生涯背景分析就是"知彼"，也就是对他人、对政治、对经济环境的了解分析。

（1）分析他人背景　学习、工作、创业是一个群体性的组织活动，大小部门都是由不同数量、年龄、专业、性格、兴趣的人组成，全面了解他人情况有助于自己的发展。在全面了解他人的智能、情商（性格、气质、兴趣等）、学历、能力、家庭背景、竞争实力、发展趋势等的基础上，确定自己的优势与强项，准确把握自己的奋斗目标与方向。

（2）分析组织背景　对组织的构成、性质、运作、人事、财务、工资、营销、管理情况及发展形态进行综合分析，以确定符合组织要求的生涯目标。

（3）分析政治形势　认真分析国家政策、法规及政治导向，借助政策合理确定符合社会潮流及发展趋势的生涯目标。

（4）分析经济环境　要了解经济增长率、经济景气度、就业率、培训教育情况，对其进行分析，制订科学的事业生涯目标，并借力发展，以实现生涯目标，走向成功。

（四）选择合适的职业

选择合适的职业是非常重要的。应该通过自我评估、生涯机会的评估，认识自己，分析环境，在此基础上对自己的职业做出选择。也就是在职业选择时，要充分考虑到自身的特点，即自己的性格、兴趣和特长，并充分考虑到环境因素对自己的影响。

个人职业选择可遵守如下准则。

（1）择己所爱　从事一项喜欢的工作，工作本身就能给你一种满足感，职业生涯也会变得妙趣横生。兴趣是最好的老师，是成功之母。调查表明：兴趣与成功概率有着明显的正相关性。在设计职业生涯时，务必注意考虑自己的特点，珍惜自己的兴趣，择己所爱，选择自己所喜欢的职业。

（2）择己所长 任何职业都要求从业者掌握一定的技能，具备一定的能力。一个人不能掌握所有的技能，所以必须在职业选择时择己所长，从而发挥自己的优势。

（3）择世所需 社会的需求不断演化着，旧的需求不断消失，新的需求不断产生，新的职业也不断产生。所以在设计职业生涯时，一定要分析社会需求，择世所需。最重要的是，目光要长远，能够准确预测未来行业或者职业发展方向，再做出选择，要求这个职业不仅仅是有社会需求，并且这个需求长久。

（4）择己所利 职业是谋生的手段，其目的在于追求个人幸福。所以在择业时，首先考虑的是自己的预期收益——个人幸福最大化，明智的选择是在由收入、社会地位、成就感和工作付出等变量组成的函数中找出一个最大值。这就是选择职业生涯中的收益最大化原则。

（五）确定生涯路线

生涯路线可按照修业（学习）、就业和创业三个阶段来确定。

（1）修业阶段 分为文史、理工及边缘学科三条修业路线。

① 凡逻辑思维能力强，性格偏内向、黏液质和抑郁气质并爱好理工者可攻读理工科。

② 形象思维能力强，外向性格、多血质、胆汁质气质，爱好文史者可攻读文史专业。

③ 逻辑、形象思维能力相当，中性性格，混合气质者可攻读边缘学科，如经济、管理等。

（2）就业阶段 分专业技术、行政管理和专业管理三条路线。

① 钻研能力强，性格内向，黏液质、抑郁气质的人适合于从事专业技术工作。

② 组织协调能力强，性格外向，多血质、胆汁质气质的人可从事行政管理工作。

③ 既有一定专业技术水平、善于研究，又有一定组织协调能力，中性性格，混合气质者可从事专业管理工作。

（3）创业阶段 分为创新、创效、创建三条路线。

① 有一定知识、技能和创新精神，性格内向，具有抑郁质、黏液质气质者可走创新之路，研制、发明科技成果，开展技术革新。

② 有一定组织领导能力和交际能力，性格外向，具有多血质、胆汁质气质者，可充当管理参谋，要借助原有事业进行改造、提高，创出高效。

③ 组织领导能力强、业务技术水平高，中性性格，具有胆汁质、黏液质气质，有一定的经营管理才能者，可选择创建新业。

（六）确立生涯目标

事业生涯目标是事业生涯发展的方向，是走向成功的向导和动力。确立目标要根据社会和组织需求、个人生理、心理特点和自身能力，并结合当前社会经济形势和发展趋势。

（1）学习目标 在学业上计划攻读哪个学科，取得什么样的学历、学位。

（2）职业目标 计划选择哪条职业生涯路线（行政管理、专业技术或技术管理），打算获得什么职务。

（3）创业（兴业）目标 计划在哪个产业中创业，所创企业打算达到多大规模（人数、产值、利润），要获得多高的人才效益、经济效益和社会效益。这些目标既要有宏观的激励行动定性目标，也要有具体详细的定量指标。

（七）制订生涯规划

通过确定志向、自我测评、认识自己，在分析生涯背景、选择生涯路线、确立生涯目标的基础上，确定事业奋斗的总体设想，制订十年生涯规划，五年、三年、一年计划，做出月、周、日具体安排，以实际推动事业生涯进程，促进生涯目标快速实现。

① 确定一生奋斗总体设想。主要确定这一生想干什么、想成为什么样的人、想取得哪些成就等。

② 制订十年生涯规划，规划在此十年中要做几件事、取得什么样的社会地位、获得多少收入等。

③ 订出五年、三年、一年计划，将十年规划分阶段进行计划、细分，分阶段实施、推进，并订出每个计划的实施步骤、方法和时间表。

④ 做出月、周、日具体安排，将计划细分。具体提出完成任务、质量和数量及财务收支要求，安排学习哪些知识、技能，做哪几项工作，交哪几种朋友等，并按照轻重缓急进行先后顺序排队，有条不紊地围绕总体目标进行学习、工作、创业，进而实现目标，走向成功。

（八）制订行动计划与措施

确定了生涯目标后，行动便成了关键环节。没有行动，就不能达到目标，也就谈不上事业的成功。这里所指的行动，是指落实目标的具体措施，主要包括工作、训练、教育轮岗等方面的措施。

例如，为达成目标，在工作方面，计划采取什么措施提高工作效率；在业务素质方面，计划如何提高业务能力；在潜能开发方面，采取什么措施开发潜能等，都要有具体的计划与明确的措施，并且这些计划要特别具体，以便于定时检查。

（九）评估与回馈

影响生涯设计的因素很多，有的变化因素是可以预测的，而有的变化因素难以预测。在这种状况下，要使生涯规划行之有效，就须不断对生涯规划进行评估与修订。修订的内容包括职业的重新选择、生涯路线的重选择、人生目标的修正、实施措施与计划的变更等。

二、职业生涯规划的原则

对于高职学生来说，职业生涯设计要遵循以下几个原则。

1. 结合社会需求

大学生学习的现实目标就是就业，即自主创业与择业。就业作为一种社会活动必定受到一定的社会需求制约，如果自身的知识与个人的观念、能力脱离社会需要，很难被社会接纳。高职学生在职业生涯规划时，要看清现实社会与未来的发展趋势，根据社会需要锻炼自己的能力，培养自己的综合素质，完善自己的人格，做到社会需求与个人能力的统一、社会需要与个人愿望的有机结合。

2. 结合所学专业

专业匹配，是我们进行职业生涯规划的目标之一。每个专业都有一定的培养目标和就业方向与就业领域，这就是职业生涯规划的基本依据。求职过程中如果不能实现专业与职业的匹配，势必付出转换成本，无论对于个人还是社会都是巨大的浪费。因此，高职学生在进行职业生涯规划时一定要了解专业，分析专业，强化专业知识与技能的掌握，以专业特色和能力要求为导向，规划自己的学习与生活，力争实现专业与职业的匹配。

3. 结合个人特点

职业生涯设计不能千篇一律，一定要结合个人的特点。不同的职业对人的要求不一样，别人适合的职业不一定适合自己，不能盲从。高职学生职业生涯规划也要与自己的个性倾向、个性心理特征及个人能力特长等方面相结合。个性倾向包括需求、兴趣、动机、理想、信念和世界观。个性心理特征包括气质与性格。通过职业生涯规划相关的测评，认清自己，明确自身特点，准确定位，充分发挥自己的优势，结合自身特点才能体现人尽其才、才尽其用的要求。

4. 连续性原则

首先要保持大学 3 年目标的连续性，3 年期间也许会对目标做一些调整，但不应频繁。毕业后职业生涯设计的目标也应保持与大学期间的连续和一致，使之贯穿一生。目标能对学习和工作产生激励作用，而激励的最终目的是为了职业上的突出成绩。目标如果不具有连续性，将会使某些学习变得徒劳，因而难以实现自己的职业理想。

5. 动态性原则

任何事物的发生和发展过程都不是一成不变的，同样职业生涯的设计和制订也是一个不断修正的过程，随着环境和自身的变化，职业发展方向也要不断进行重新定位，实现的路径和手段也要重新选择。

6. 量化原则

自己的目标体系和社会对相关职业的各方面要求都应尽可能量化，以明确大学期间在知识、技能、能力等方面应有哪些收获和提高。

三、影响职业生涯规划的因素

影响个人职业生涯规划的因素很多，既有内在的个人因素，也有外在的环境因素。

（一）个人因素

1. 健康

健康对于职业选择特别重要，几乎所有的职业都需要健康的身心。

2. 个体特性

个人的性格如何、气质怎样，关系到个人的职业选择，同时也关系到职业的成功。不同气质性格的人适合不同的工作，只有具有从事某一项职业要求的气质和性格，才能较好地适应这一职业。如多血质的人较适合做管理、记者、外交等工作，不适合做过细的、单调的机械性工作；医生需要具备认真、细致的性格特征；科研工作者需要有坚定、持之以恒的性格特征……正因为人具有性格特征上的差异，才会有社会上各类职业对从业人员的性格选择。研究表明，假如一个人所从事的职业与性格匹配，工作起来就得心应手，工作容易出成绩，事业容易获得成功；如果从事与个性不相吻合的工作，那么就会产生活力被束缚、思想被禁锢的感觉，性格甚至会成为阻碍职业顺利发展的不利因素。

3. 能力

社会上任何一种职业都要求从业人员具备相应的能力，因此，能力是人顺利完成某种职业活动的必要条件，也是职业选择和获得成功的基础。

能力通常分为一般能力和特殊能力。一般能力是指直接影响和完成职业活动所必须具备的心理特征，如观察能力、注意能力、想象能力、记忆能力和思维能力等。特殊能力是指完成某些职业和专业活动必须具备的能力，如绘画能力、音乐能力、表演能力等。

在人的能力构成中，这两种能力是互相关联、相辅相成的，一般能力是特殊能力的基础，而特殊能力又能促进一般能力的发展。在职业生涯中，具备了一般能力并不能保证获得职业生涯的成功，还需要具备一种或多种特殊能力才能获得职业生涯的成功。

4. 兴趣爱好

跟职业选择有关的兴趣称为职业兴趣。有浓厚的职业兴趣，就会热爱自己所从事的工作，对工作就会非常执著，全身心地投入，并能充分发挥自己的聪明才智，坚定地追求自己的职业生涯发展目标。

5. 性别

男女平等是我国的基本国策，但性别因素在职业发展中扮演着重要的角色。职场中性别歧视的现象仍然存在，因此是个不可忽视的问题。这一方面是用人单位工作性质决定的，也有用人单位性别歧视在作怪。要注意排除由性别所产生的心理差异对职业发展的不利影响。

6. 教育

教育是赋予一个人才能、塑造其人格，从而促进个人发展的活动。获得不同教育程度的人，在进行个人职业选择或被选择时，会具有不同的能量。一般来说，接受过较高水平教育的人，就业以后会有较大的发展，而且当职业不如意时，再次进行职业选择的能力和竞争力也会较强。

另外，人们所接受教育的专业、学科门类，对职业生涯起着决定性作用。在选择职业、转换职业时往往与所学的专业有一定的联系，或以该专业的理论知识、技术能力为基础，流动到更高层次的职业岗位上。因此，教育职业的进展深受正规教育或专业培训的影响，教育程度是事业成功中不可缺少的因素。

凡是社会阶层高过其父母所属阶层的人都觉得，教育是改变其社会地位的主要动力。但是对大多数职业而言，未必如此。企业往往对录用者能干什么有更大的兴趣，而不只注意他们所具备的教育资格。一般来说，企业要找的是既受过正规教育，又具备发展潜力的人。

（二）家庭因素

职业生涯发展与家庭背景有着非常密切的关系，因为家庭是人们生活的地方，是人们的心灵和身体的归宿。因此，家庭因素是影响人们进行职业生涯规划的重要因素。

1. 家庭背景

人们的价值观、行为方式都受家庭成员潜移默化的影响。每个人的成长环境决定他们的价值观和行为方式，而这些对职业选择倾向、就业机会都大有影响。

2. 家庭负担

家庭负担是对别人（多为家人或朋友）、对社会及对财务状况所承担的义务。任何年满18岁的成年人必定会受各种义务的束缚，如果父母年事已高，体弱多病，就得尽快找个工作以减轻家庭负担。

（三）社会因素

1. 社会环境的影响

社会经济发展日益市场化的背景下，职业生涯发展必然受到社会环境的影响和制约。社会环境中流行的工作价值观、政治经济形势、社会产业结构的调整与变动、用人政策的变化、社会劳动力市场的需求与变化、对职业岗位的认同等因素，无疑会在每个人的职业生涯决策上留下深刻的烙印。因此，确立择业观时应注意适应市场经济和社会大环境。

2. 经济因素

行业的兴衰与从业人数需求，会影响人们的职业选择和成长规划。自我国加入 WTO 以后，新的竞争机制导致许多传统产业人才过剩，许多新产业成了新的经济增长点，催生了新的人才需求领域，使职业选择有了更为广阔的空间。

社会经济政策也影响着个人的职业生涯设计。社会经济发展政策对个人职业生涯发展的影响主要表现在数量和规格上，比如产业结构的调整就会影响到人力资源的需求。我国现在特别强调可持续发展，国家要求各行各业既要讲求经济效益，更要注重环保，这一政策导向就会对那些高能耗、低效益、高污染的行业产生负面影响。

（四）机遇

机遇是影响职业生涯的偶然因素，但对个人的职业生涯而言，有时又具有决定性的作用。机遇是随机出现的、具有偶然性的事物，它包括社会各种职业对一个人展示的随机性的岗位，或者说是一个人能够就业和流动的各种职业岗位，也包括能够给个人提供发展的职业境遇。

机遇本身是客观存在的，但机遇只垂青于那些有准备的人。个人的能动性会寻求到新的发展机会，或者自己创造机会。许多事业上成功的人，不是靠家庭、亲友的帮助，也不依赖社会给予的现成机会，而是靠自己的努力奋斗和开拓进取来获得成功。

四、职业生涯举措

职业生涯目标确定后，要从激励学习、工作、创业等几方面制订出实现目标的具体措施及方法，为实现职业目标而努力。

（一）坚定信心、激发潜能，提供事业成功的动力源泉

自信是实现事业生涯目标的动力，是推动事业成功的秘诀。目标确立后，只要充满自信，目标就会进入潜意识，变为成才成功的自动导航系统（习惯行为），形成一种为实现目标而奋斗的自觉行动。即产生一股催人奋进的强大动力，推动快速成才、事业成功。因此，要调整心态，积极暗示。每天坚持用积极的语言进行暗示，注入感情、激发潜能并采取行动、乐观向上。平时走路昂首挺胸快步走，修业、就业、创业争上游，全面调动积极性，促进勤奋学习、努力工作、积极创业、建功奉献。

（二）学习知识、掌握技能，奠定成才、成功基础

在知识经济社会，现代科学知识是人的精神食粮，技能是人类生存发展的重要手段，所以，学习知识、掌握技能是事业成功的基础。为此，要明确学习目的，掌握学习规律，激发学习自觉性，运用科学的学习方法，努力学好基础知识、专业知识、技术技巧及工作方法，奠定成才、成功基础。

（三）快准就业、敬业建功，提供事业成功的保证

奋斗的热情、较高的文化素质，以及融入工作的能力是通向成功的关键。实践出真知，理论知识需要应用于实践，技术成果需要转化为生产力，同时通过实践进一步提高理论水平，研

制出更多科技成果，培育出大批优秀人才。所以择业上岗、快准就业、参与实践、经受锻炼、增长才干、敬业建功，是事业生涯策划的关键环节，是实现生涯目标、走向成功的保证。

(1) 准确择业、快速上岗　按照事业生涯阶段划分，参加工作初期为人生探索期，为此，应根据心理特点、就业形势，尽快明确目标，以促进准确择业、快速就业。

(2) 勤学实干、敬业建功　上岗后，要快速适应工作，优化人际关系，勤学实干，爱岗敬业，争创一流成绩，快速实现生涯目标。

(四) 把握机遇、快速适应，提供事业成功条件

所谓机遇，就是人们在社会实践活动中综合许多复杂原因和条件而形成的一种具有新奇、未知、突变性的现象。它存在于人们以量的形式劳作的过程中，是成功之路上引人前行的标志。它给迷茫者以希望，给创业者以力量，给成功者以光辉。

能否抓住机遇是对人生全面素质和综合能力的考验、是一次体验价值的飞跃。机遇是一只无形的手，常给人们以引导、扶持和催化，一瞬间就能扭转、改变个人的生存、人类的命运和历史的进程。

成功是个人勤奋与良好机遇的双重结晶。机遇是人生事业成败的关键。机遇诱发潜能，提供创业良机，促使人才走向成功。为此，我们要在平时做好准备，通过学习打好基础，才能在职业生涯中寻找机遇、抓住机遇、运用机遇、创造机遇。

(1) 广泛交际，寻找机遇　当今信息时代，机遇无处不有、无时不在，每天的机遇都很多，每一个朋友、每一次演讲、每一科学习、每一项工作都是机遇，都是能够提高素质、增强能力、结交朋友的机会。机遇具有较强的实效性和风险性，所以要注意多方捕捉信息，发现机遇；认真观察，预测机遇；广泛交际，获取机遇；综合分析，检测机遇。

(2) 当机立断，抓住机遇　机遇具有易失性，出现时间短，稍纵即逝，不允许长时间地思考、权衡，必须迅速决定、立即行动。

(3) 统筹谋划、利用机遇　抓住机遇后要认真分析、核算，选择最佳的发展途径，全面推进，以获得较高效益。

(4) 开动脑筋，创造机遇　机遇分布在学习、工作、生活中，要开动脑筋，努力创造机遇。

① 务实创新，开辟捷径。从平常事物中图新求异，认识世界，改造世界；不为现在的观点和已有的成果所牵制；留意他人、学习他人，但要有独到之见、别出心裁。

② 大胆设想、梦幻成真。机遇在梦幻中有其必然性，梦幻为百思不解的问题打开一条新奇思路，梦幻为解决问题创造了契机，启发创造力。所以，要大胆设想、积极探索、开创新路。

③ 积极实践、解疑创新。解疑创新首先要独立思考，从现象和问题中产生质疑，进而答疑创新，获得机遇；其次要勇于实践，在实践中发现问题、解决问题；再次要具有突破前人的勇气和决心，大胆质疑。

(五) 勇于创新、创业奉献，促进事业成功

创新包括创造、革新、创业。创新必须具有创造性思维、参与创造、革新实践的勇气和决心，具有创业精神和较高的创造、革新能力，一旦条件成熟、机遇来临，便可组建、创业，锻炼成才、展才奉献、走向成功。

（六）广泛交际、联合互助，加固事业成功之路

随着现代化技术和信息业的发展，人与人、单位与单位的关系日趋密切，人们之间依赖性越来越大，这就要求人们广交朋友、联合互助。集结青年人才研修深造、相互促进、塑造英才，在创业实践中联合协作、增加合力、扩大规模、竞争取胜，促进事业成功。

•••••••••••••••••••••••••••••• 案例7 稳扎稳打，迈向职场 ••••••••••••••••••••••••••

一、序言

九周的"职业生涯规划"课程已经快告一段落了，现在的时间就是留给我们思考自己的职业生涯，规划自己的职业生涯了。古人云：凡事预则立，不预则废。凡事早做打算准没错，何况是关乎自己前途与未来的职业规划呢！更应该早点做准备了。九周的课程虽然短暂，但是教会了我们勾勒和描绘自己职业生涯规划的方法，正所谓"授之以鱼，不如授之以渔"。我相信，凡事稳扎稳打，一步一个脚印就会最终实现自己的人生目标。

二、自我剖析

1. 我的性格

我的性格是典型的内向，说好听了叫"内敛"，说难听了叫"木讷"。但我并不沉闷，只要场合允许，我就能制造点欢乐的气氛。按我自己的理解来说，我是个"极度悲观的乐观主义者"，凡事总先看看坏处，然后又满怀信心地去做。我对自己的沉着冷静十分欣赏，但是有时似乎用错了地方，总让人觉得我有些冷酷（我就不用"冷血"这个词了）。我凡事都会去尽自己的最大努力去做，不到最后一刻不会轻易放弃，当然也不会去"明知不可为而为之"。用"内敛、冷静、沉着、大胆、耐心、细致、踏实、稳重、自信"这些词形容我自己，我觉得一点也不为过，因为事实如此。

2. 我的兴趣

我的兴趣不是很广泛。有时看看时下热播的电影、电视剧，跟志趣相投的同学、朋友讨论一下剧情，看看会不会看出什么深层次的问题，能不能理解导演想表达的思想意图。有时会一个人静静地听听音乐，陶醉在音乐中，回忆一下往事，体会一下物是人非的感觉。有时还会跟所谓的"蓝颜知己"隔着电话探讨一些自己都觉得无聊的问题，直到把对方说服为止，一边享受着胜利者的快感，一边温习久违的友情。有时喜欢特别的安静，比如一个人静静看看夜空，有时又喜欢热闹，哪里有热闹就往哪里钻。快乐别人，快乐自己，能让自己的兴趣有这种功能我很高兴。

3. 我的价值观

关于价值观，我特别认同一句话——知足者常乐。找到属于自己的那一块奶酪就可以了，千万不要惦记别人的。我不会强求自己一定要对社会做出多么大的贡献，无论正面的还是反面的，我知道那都是虚话、空话、套话，只有我努力做到、做好自己应该做的，那才是对社会最大的贡献。我的价值观教我做好自己，不要好高骛远、奢谈空想。

4. 自我能力

（1）上大学以前的能力。上大学以前，从小学到高中一直都是班上的尖子生（当然是老师说的，自己跟别人比反而觉得什么都不是）。每年的什么荣誉都会落到我头上，各类表彰大会总有我的身影。除了每年拿"三好生"、"优秀班干部"之外，高中时突然来了兴致参加了市级的环保写作大赛、全国英语大赛青海赛区决赛（写作类），都拿了奖。说这些不是想炫耀，只是想说明我还算个优秀的学生，我的写作水平还是可以的（至少在中学阶段）。

（2）上大学以后的能力。上大学以后的能力有的已经形成，有的正在努力培养中。

首先，已经形成的就是人际交往能力。我发现只要胆子够大，够真诚，突破人际雷区其实很简单。因为所有人都喜欢开诚布公的人，所以坦诚、真实地与人交往是避开人际雷区的秘密武器。我还会多找机会与老师、师兄师姐、社会人士加强交流，争取把自己的人脉关系打理好。这样做不仅仅有利于以后的职业生涯，更重要的是能交到朋友。

其次，就是正在努力培养的一些专业技能。除了认真地学习自己的法学专业课程之外，我还在准备以下方面：大二下学期报名参加大学生英语等级考试，争取一次性把四级拿下来；大三上学期报名参加全国计算机等级考试，争取拿到计算机二级证书；现在我还选修了教育学，大二下学期再选修一门教育心理学，大三参加全国普通话等级考试，大四申请教师资格证；大四学开车，考驾驶执照。

最后，我还会多参加一些社会实践活动，培养自己的社会实践能力。到目前为止，我已经在北京市的一家康复中心做过实习，今年暑假又在青海省的某村办小学支教。但是我觉得自己的实践经验还远远不够，所以以后会尽量多找机会锻炼自己。

5. 各方评价

说是各方评价，其实主要是来自家长、老师和同学的。

父母及亲戚评价我总是不离"聪明、懂事、有上进心"这些词，但我母亲经常叫我多说话，不要总是只有碰到合适的话题才开口，要多和人聊天，不管愿不愿意。老师对我的评价是"认真、踏实、努力、自信、有进取心"，不过有时叫我再大胆一点，有什么想法马上就说出来，不要管对与不对。同学对我的评价倒是最贴切，最像我——"有时冷酷如冰，有时热情似火"。他们说我太过冷静了，有时候大家都觉得应该哭的时候我却一点表情没有，有时大家觉得不该太闹腾的时候我反而在旁边煽动大家活跃。其实当所有人都沉陷于悲痛的时候不是得有个人保持冷静吗？大家都陷于苦恼时不是得有个人来调节气氛吗？

三、SWOT 分析

SWOT 分析（即基于内部竞争环境和竞争条件下的态势分析）表如下：

类 型	对达到成功目标有帮助的(helpful)	对达到成功目标不利的(harmful)
内部(组织)(internal)	优势(strengths)	劣势(weaknesses)
	家人的支持；自己的认真、努力	自己的身体不是太好(有残疾)；专业基础比较差；英语不太好
外部(环境)(external)	机会(opportunities)	威胁(threats)
	身处北京，离前沿思想比较近；学校地理位置优越，有各种深入了解社会的机会	家庭经济状况不佳；没有过硬的人脉关系

1. 从内部（组织）来看

（1）优势　最大的优势就是永远都有爱我的家人在我身后默默地支持我做出任何我认为对的决定。还有，从小我就赋有正义感，从小就很想从事法律工作，上中学后就一直坚持这一想法从未改变过。为了自己的理想，也为了一贯支持我的家人的幸福生活，我一定会努力地学习，争取以优良的成绩毕业，找到一份好的工作来报答他们。

（2）劣势　最大的劣势就是自己的身体有残疾（具体来说是双手拇指缺失）。其次，我来自西部地区，底子本来就比较差，所以专业课和英语都比别人差上半截子。但我相信，这些困难我会顽强地克服的。

2. 从外部（环境）来看

（1）机会　我最大的机会就是身处北京这个机遇与挑战并存的国际化大都市，所以冷不丁就会有好的机会在远处瞄准了你，只要稍加努力就会得到它的垂青。还有，我们大学的地理位置很是优越，毗邻北理、人大，远了还有清华、北大，走一站路就是国家图书馆，给我们创造了许多的学习机会和良好的学习环境，在这种环境下你不学习会觉得不好意思的。有时到别的学校走走逛逛，也许下一个机会就在那里等你。有了这些机会，我们就能够更多地了解社会，了解社会上的人了。

（2）威胁 我最大的威胁就是家庭经济条件不太好，上大学的钱是向银行贷的助学贷款，每月的生活费也让家里为难，所以只能读到本科，要想继续深造得靠自己。上完本科后工作得自己找，因为我们家是地道的农民家庭，没有什么过硬的人脉关系，找工作还得靠自己。对于我来说，大学毕业后的一切梦想就得靠自己白手起家。我耗得起，可是我父母就得再过几年苦日子了。

四、职业选项以及选择理由

通过以上对自己性格、能力的剖析以及 SWOT 分析，还有对未来生活的综合考虑，我做出了以下几个职业选择。

1. 律师/法官

这是基于原本的理想和所学专业做出的选择。作为一个法学专业的学生，我觉得不做关于法律方面的工作就是对自己所学专业的不肯定和对自己付出四年努力的不尊重。律师/法官的社会地位比较高，负有惩恶扬善的社会责任，收入也高，这是很吸引我的。如果从事这方面的工作，我不但可以实现自己的理想，还可以改善父母及家人的生活质量。

2. 中学历史老师

喜欢历史是小时候的事了，这些年也一直当成是一种业余爱好来培养。我喜欢读历史书，喜欢看历史剧，喜欢听历史故事，喜欢把正史、野史、电视、小说拿到一起做比较，其乐融融。如果将来不能从事法律方面的工作，我会去中学当一名历史老师。教书育人对社会是一种贡献。如果能改革课程的话，没准儿会有意想不到的收获。

3. 记者

有一定的文字功底，有敏锐的时事洞察力，还有天生的正义感，我具备了当记者的基本要件。当然除了上面所列之外，我还很耐心、细致、大胆。记者工作范围相对较大，接触面较广，很能锻炼一个人，而且能够揭露社会的不公平和一些黑暗面，会是一个很刺激、很冒险的工作，我喜欢这类型的工作。

五、岗位职责和任职资格

无论做任何一项工作，工作者都必须能够倾其所有，认真努力，不只是把这项工作当成养家糊口的手段、工具，更应该把它看做是一份责任。既然选择了，就要负责到底。

律师/法官需要通过国家司法考试和国家公务员考试，才有资格承担这项工作。我会努力拿下这两个考试的，无论何时对于想从事法律工作的人来说这都是必需的。当老师需要申请教师资格证，还要过普通话等级考试，普通话达到二级甲等以上。目前我已经选修了相关的课程，等到大四就可以去申请了。当记者也许要过普通话等级，还要考相关的记者从业资格证，如果确实要走到这一步的话我会努力拿下的。

六、后三年的行动计划

大一一年以及大一的暑假已经进行过社会实践活动了，就不再多说了。

1. 大二——全面发展期

（1）大二上学期 积极努力地学习好专业课程，夯实基础，在起跑线上追平其他同学。认真学习英语，视听说、读写译各方面都抓起来，好好地为大二下学期的英语四级考试做准备。参加 URTP 项目，不管结果如何，一定要试一试，借此机会锻炼一下自己的能力。

（2）大二下学期　继续踏踏实实学习好专业知识。同时，将选修课的学分修满。参加英语四级考试，争取一次通过。暑假找一个单位实习，最好是律师事务所或法院。尽量运用暑期实践接触一下真实的社会工作环境，为将来的正式工作做好铺垫。如果自己找不到实习单位，就找法学院的师兄师姐们帮忙。

2. 大三——尝试期

（1）大三上学期　继续深入学习专业知识，专业知识是基础的基础，一定要抓牢。参加计算机二级考试，争取一次通过。参加普通话等级考试，争取二级甲等以上。寒假不回家，在北京找一份实习工作。开始准备第一次司法考试，抱着必过的决心去试试。用一年时间准备应该够用。

（2）大三下学期　继续一如既往地好好抓住专业知识这一块儿。准备学年论文和实习报告。继续复习功课，为司法考试做准备。

3. 大四——帷幕拉开

经过大二、大三两年的准备、磨砺，这一年帷幕将被拉开，申请教师资格证、参加司法考试、考取驾驶执照、找工作，这些精心准备的节目将一幕幕上演。

七、结束语

我的这一份职业生涯规划就这样做完了，说实话自己也没想到原来自己脑子里有这么多的想法，也许以前都忙着，瞎忙，所以没时间整理自己的想法。做一份职业生涯报告只需要花几个小时整理思绪，做一份职业就没有这么容易了。也许前路上充满了坎坷与无奈，失败、落寞、打击会接二连三地光顾我，可是我不怕，还是那句话——既然选择了，就要负责到底。

有时候按部就班未必是愚笨的行为，只要我按照既定的计划一步一步稳扎稳打地往下走，一定会步入自己理想的职场殿堂。

思考与实践

每个同学根据自己的情况，仿照上面的案例做一份自己的职业生涯设计，要求在自我分析的基础上，提出自己今后的职业发展目标，并详细分解目标实现的步骤、有利条件、不利因素、解决办法等。要求目标定位比较准确且细致（职业、职位、职称、工作地域、年收入水平、职业技能水平等）；对自己的分析实事求是；实现目标的具体步骤清晰，并细化到年度计划以下；对需要进行的培训思路清楚，并有具体计划安排表；对目标实现过程中的有利、不利条件分析透彻，并提出解决对策。

第二篇

学会行动，实现就业

第五章

广泛收集就业信息，精心准备求职材料

第一节 就业信息的收集与筛选

有人说，专家学者和普通人之间的差别其实只在于彼此掌握的信息量不同。在当今这个竞争日趋激烈的社会，信息量关系重大，丰富的就业信息是求职获胜的强大武器。

会选择职业的人，首先是会收集信息的人。就业竞争在一定程度上就是信息量的竞争，谁掌握的信息多，谁就能够快速找到面谈单位；谁掌握的面谈单位的信息多，谁就有更大的可能被录用。因此收集、分析、活用信息，是对知识和能力的一次严格考验，也是毕业生必须掌握的一项基本能力。

一、就业信息的分类及意义

（一）就业信息及其分类

就业信息是与就业有关的所有信息的统称。本章中的就业信息主要指与大学应届毕业生求职就业有关的信息，包括国家和地区劳动就业主管部门颁布的劳动与就业相关法规、政策，经济政治形势和发展趋势，就业现状和发展趋势，当年毕业生数量，不同行业不同职务的薪资水平，用人单位的岗位需求信息等。

就业信息按形式分，可分为有形信息和无形信息。有形信息是指以特定物质为载体的文字或图片信息，如报刊、杂志、因特网上发布的信息。无形信息是指大家口耳相传的信息。

按信息的真伪分，可分为真实信息和虚假信息。就业信息的真实性是求职成功的根本保证，但由于各种原因经常会出现虚假就业信息的情况，从而误导求职者。因此每位求职者都应提高防范意识，避免这类虚假信息的误导，甚至落入"信息陷阱"。

按信息的作用分，可分为有效信息、低效信息和无效信息。真实的信息不一定是有效的，信息的有效性是因人而异的。例如，一条招聘计算机软件工程师的信息对一个有志于将来从事对外贸易工作的人而言，这条信息就是低效或者无效的。

按信息的内容分可分为背景信息和岗位信息。所谓背景信息是指有关就业的背景资料、政策规定、就业形势等。例如，全国各省市自治区对接纳高校毕业生的规定，高校毕业生报考国家公务员的规定、流程和要求，各地对高校毕业生自主创业的优惠条件等均属背景信息。岗位信息是指与岗位直接相关的岗位需求、应聘条件、福利待遇等方面的信息，如用人单位或人才中介机构发布的招聘信息。

（二）收集就业信息的意义

高校毕业生若能充分利用上述各种就业信息，可以达到以下几个目的。

1. 可以更好地掌握和运用就业政策

近几年来，国家和各地方对高校毕业生的就业问题相继出台了一系列相应的政策，如2005 年中共中央办公厅、国务院办公厅《关于引导和鼓励高校毕业生面向基层就业的意见》（中办发［2005］18 号）等。这些文件充分体现了党和国家对青年大学生就业问题的高度重视，同时也为高校毕业生就业工作指明了方向，明确了任务，提出了要求。毕业生应认真学习、努力掌握和积极运用这些就业政策，为自己的就业奠定良好的基础。

2. 可以更好地了解和融入人才市场

近几年，我国高等教育实现了前所未有的跨越式发展，毕业生人数迅速增加，就业形势也日益严峻。毕业生对此应有充分的认识，尽早了解人才市场，并以此树立正确的职业定位，珍惜在校学习时间，全面提高自身素质，增强在人才市场上的竞争力。

3. 可以更好地寻找和确定就业单位

懂得如何搜集和运用各种就业信息，就可能在更短的时间内寻找到更多也更适合自己的就业岗位。同时，由于对自身和就业单位都有较深了解，就有可能在较短时间内确定和落实就业单位。

二、就业信息收集的主要渠道

毕业生应该通过哪些渠道收集就业信息呢？概括起来，收集就业信息的渠道主要有以下几个。

（一）各高校毕业生就业指导中心

学校的毕业生就业指导中心是为毕业生服务的常设机构，一般有专门的负责人和工作人员，他们都有较为丰富的就业指导经验，与各用人单位的人事部门保持着有效联系和长期合作。

他们通常会为毕业生提供与就业有关的政策咨询、前景分析、就业形势及用人单位的信息等。他们提供的信息无论是数量还是质量都比较有保证。另一方面，用人单位通常也会把各种招聘信息直接传递给学校的就业指导中心，要求学校协助推荐所需人才。

（二）各级毕业生就业主管部门和就业指导机构

每年教育部都会制订毕业生就业的有关方针、政策，各省、自治区、直辖市的主管部门也会相应地制订实施意见，各地的毕业生就业指导机构也会开展信息交流和咨询服务，这些部门通常会发布一些指导性的文件，或举办大型的就业招聘活动。收集这类就业信息渠道的信息相当重要。

（三）亲朋好友

良好的人际关系不仅可以提高生活质量，有时还能帮助毕业生找到适合的工作，为将来的成功打下坚实的基础。亲朋好友对毕业生都比较了解，不管是个性、兴趣、能力，还是对未来单位和岗位的期望，因此推荐的时候就能够兼顾求职者与岗位这两方面的需求。同时，来自亲朋好友的就业信息的真实性和有效性都更高一些。

（四）其他社会关系

本专业的教师，他们对学生都比较了解，同时由于科研协作、兼职教学等原因与专业对口的单位有着广泛的接触，因此也是重要的信息来源。还有校友，他们大多在对口单位工作，不管是对所在单位情况，还是对本专业就业行情，都非常熟悉，通过他们也可以获得许多具体、准确的信息。

（五）各地的人才市场和人才交流会

各地通常都有固定的人才市场，毕业生可以由此了解到就业形势、薪资行情等。但是这类人才市场提供的岗位一般要招聘有工作经验的，或具有一定社会经验的人才，因而它所提供的岗位并不一定适合应届毕业生。

应届毕业生应该多参加由各地政府和人事部门举办的毕业生"双向选择"供需见面会。这种专门面向应届毕业生的供需见面会，有全国性的，有省级的，也有地方性的，还有一个或几个学校联合举办的。

毕业生参加这种供需见面会的好处是显而易见的：一是用人单位数量较多，可以提供更多的工作岗位；二是这些单位和岗位都欢迎没有工作经验的应届高校毕业生；三是这些单位大多具备一定的资质，提供的岗位信息真实、有效。这类人才交流会时间上多数安排在秋、冬、春三季，毕业生参加此类招聘会应充分准备好有关推荐材料，与用人单位直接见面，不仅可以直接获取许多就业信息，有时还可以当场拍板，签订协议，简捷有效。

（六）报刊、杂志

报纸（尤其是周末的报纸或就业类报刊）、杂志，比如教育部学生司和毕业生就业指导中心主办的《中国大学生就业》杂志以及各地人才市场报等，都是比较重要的就业信息来源，求职者可以由此了解有关就业政策、招聘信息。不过值得注意的是，对报刊、杂志上的就业信息，求职者需要多了解一下相关的背景资料，以免浪费时间和精力，甚至上当受骗。

（七）广播电视

不少用人单位通过广播电视等手段介绍自己的经营现状、发展前景和人才需求等，广大毕业生也不妨根据这些线索进行求职尝试。

（八）因特网

因特网是当前网络时代获取就业信息最丰富、最快捷的渠道之一。通过网络，求职者可以在几秒内查询到数万条信息，方便快捷地了解用人单位的背景资料、营运状况等；可以在各种人力资源网站上发布个人求职信息；也可以直接将求职信、简历等个人资料用电子邮件的方式寄给对方。可谓省时省钱省力，方便、快捷、高效。

订阅电子邮件也是获取网上就业信息的另一个重要途径。还有一个很好的办法是建立个人主页，将大学的任职、获奖情况、自荐信、推荐书等都放上去，让有关单位全面了解你的情况。

需要注意的是，因特网中也存在着数不清的信息垃圾，甚至有害信息，在利用网络资源的时候要小心甄别。

●●●●●●●●●●●●●●●●●●●●●●●●●●●●●　就业网站一览　●●●●●●●●●●●●●●●●●●●●●●●●●●●●●

全国学校毕业生就业网站：http://www.gradnet.edu.cn

中国高校毕业生就业服务信息网：http://www.myjob.edu.cn

北京高校毕业生就业指导中心：www.bjbys.net.cn

上海市高校毕业生就业指导中心：http://www.firstjob.com.cn

南京毕业生就业网：http://www.njbys.com

广州市高校毕业生就业信息网：http://www.gzbys.gov.cn

内蒙古高校毕业生就业信息网：http://www.nmbys.com

安徽省高校毕业生就业指导中心：http://www.ahbys.net

前程无忧网：http://www.51job.com

中国招聘求职网：http://www.528.com.cn

智联招聘：http://ts.zhaopin.com

●●●

（九）利用社会实践、毕业实习或兼职获取就业信息

大学生通过社会实践、毕业实习或兼职，可以增加对社会、对职业和岗位的感性认识，加强与有关单位的联系，增进了彼此间的了解，便于直接掌握就业信息。事实上，很多高校毕业生就是先在某个单位进行毕业实习，经过一段时间的考察后被用人单位录用。

（十）直接与用人单位联系获取就业信息

有的高校毕业生在经过初步分析后，开始了"普遍撒网"式的求职，向他们认为适合的用人单位写自荐信，确定重要目标后，通过电话预约，然后亲自登门拜访。这种毛遂自荐的方式也不失为获取就业信息、成功就业的途径之一。

三、就业信息的筛选

当收集到一定的就业信息后，择业者就要结合自己的情况，依据国家有关政策、法规以及社会常识，进行去伪存真、去粗取精的筛选。

（一）筛选就业信息的基本原则

1. 多样化原则

有道是"兼听则明，偏信则暗"，单一的信息渠道往往使人偏听偏信。因此，要注重信息来源多样化，充分利用多种信息来源，面向各行各业收集信息。掌握的信息多了，可供选择的就业范围就宽广了，这样才有利于正确决策，获得好的就业机会。

2. 知己知彼原则

信息的分析研究是一门学问。知己知彼原则的目的是筛选出符合自己个性特征和兴趣的就业信息。要把那些符合自己兴趣、适合自身条件的信息，从众多信息中筛选出来，再进一步重点了解，分析自己到这个用人单位的现实可能性，分析利弊得失，做到知己知彼。

3. 发展性原则

发展性原则是指在筛选就业信息时还要考虑到个人发展和职业前途。工作本身应该有两

个基本的目的：一是通过个人劳动来赚钱，满足自己和家人的生存需要；二是通过工作实现自己的价值，获得个人发展。

需要指出的是，现在越来越多的年轻人在选择职业时很盲目，一味地追求"时髦"，今天看到房地产市场比较热，就千方百计进入房地产行业工作；明天发现证券公司行情很好，就想尽办法进入证券公司工作，全然不顾自己是否适合在这一领域发展。这样的人最终会一事无成，而被社会所淘汰。

（二）筛选就业信息的基本程序和方法

1. 就业信息的鉴别

首先，应该对信息的真实性和有效性进行认真的鉴别：一看信息来源的可靠性；二看内容的明确性与有效性。一般来说，一条比较好的就业信息应该包含以下要素：

① 工作单位的全称、性质及上级主管部门名称；

② 工作单位的实力、远景规划、在行业中以及在社会上的地位；

③ 对从业者年龄、身高、相貌、体力等生理条件方面的要求；

④ 对从业者敬业精神、工作态度等方面的要求；

⑤ 对从业者的学历、职业技能和其他才能的特殊要求；

⑥ 对从业者职业价值观、兴趣、气质等心理特征方面的要求；

⑦ 个人发展的机会、收入、福利等。

2. 就业信息的选择

一旦就业信息被确认为真实有效，紧接着就要鉴别信息的适合性。可以从专业、兴趣爱好及性格特征三个方面来鉴别就业信息的适合性。

（1）专业适合性　专业是否对口，往往是用人单位与应聘者的共同标准。专业对口可以缩短个人进入职业岗位后的适应期，个人更容易发挥专业特长，避免专业资源的浪费，也可以减少企业在职业培训中的投入。

（2）兴趣爱好的适合性　兴趣爱好是一个人在职业中取得成功的重要基础，对一项工作有兴趣，不仅可以促使你投入大量的精力，而且有益于身心健康。在多数情况下，个人的专业特长与兴趣爱好是基本一致的，不过也有两者发生矛盾的情况，此时一定要注意权衡利弊，做出抉择。

（3）性格特征的适合性　性格特征本身无所谓好坏，但是就具体的工作职位而言，性格特征是有适合与不适合之分的。为此，在考虑专业性和兴趣爱好的同时，也要兼顾职业与性格的吻合性。

3. 就业信息的归类

就业信息虽经鉴别和选择，仍纷繁复杂，毕业生不管是查询还是利用这些就业信息，都不是太方便，因此还需要对所有信息加以归类。求职者可以将就业信息按照属性的不同进行整理，如按政策、趋势、岗位信息等分类，这样既能防止就业信息有所遗漏，又能便于检索和查阅。

对于直接与就业有关的岗位信息，则可以根据就业意向，按其行业、薪资、前景、兴趣、离家远近等进行归类整理，必要时可赋予各岗位信息不同的分值。通过归类，毕业生可以详细分析各种就业信息，并进行比较，最后做出决定。

四、信息陷阱及其处理

现在社会上的就业信息来源很广，但很多信息是虚假、无效或无价值的，其中有些根本就是信息陷阱。大学生缺乏社会阅历，所以在应聘过程中容易吃亏上当。下面介绍几种常见的信息陷阱类型及其避免和处理的方法，希望大家能在求职时提高警惕。

（一）几种常见的信息陷阱

1. 骗财类信息陷阱

一些单位或个人打着招聘的旗号，收取高额报名费、介绍费、培训费、考试费、体检费、置装费、上岗押金等；或者要求购买一定数量的产品。他们还经常扣押求职者的身份证、毕业证，以便日后进行要挟。

2. 骗色类信息陷阱

这类信息陷阱主要是针对女生，近年来也有男生上当受骗的案例发生。有些不法分子刊登虚假招聘广告，广告内容多强调只招女生，且对专业、能力没有什么要求。然后将应聘者约到僻静处应试，实施不法行为。因此毕业生尤其是女生，一定要避免到僻静或私人场所去面试。

3. 骗知识产权类信息陷阱

一些单位或个人以考试或试用的名义，要求求职者根据设想写一篇文字材料，或拿出一套设计方案或计算机程序等，或要求求职者为其介绍客户、推销产品等，然后再找种种理由推脱，将求职者的劳动成果据为己有。

4. 合同陷阱

实习协议、就业协议或劳动合同本来应该成为保护劳动者合法权益的护身符，但有些单位针对应届毕业生涉世不深、社会阅历缺乏的特点，在与毕业生签订合同时采取欺诈、胁迫等手段设置陷阱，本来是平等协商的合同成了所谓的"暗箱合同"、"霸王合同"。《劳动法》明文规定，订立和变更劳动合同，应当遵循平等自愿、协商一致的原则，不得违反法律、行政法规的规定。

（二）如何避免和处理就业信息陷阱

1. 如何避免就业信息陷阱

① 通过正规渠道获取招聘信息。

② 通过正规职介找工作。

③ 不要缴纳诸如面试费等费用，凡是遇到要求缴纳由招聘单位收取的费用时就要提高警惕。

④ 不要为职位的光环所迷惑。

⑤ 加强对劳动法规和大学生就业政策的学习。

⑥ 加强自我保护意识，防止个人资料泄密。

2. 如何处理就业信息陷阱

① 对于因职介机构责任造成求职者求职不成，或职介收取一定职介费用后搬迁消失的情况，如是正规职介，可向劳动部门投诉；如是假职介，则可向所在地公安部门报案，由公安部门查实。如其行为触犯刑律，应依法追究其刑事责任；未触犯刑律的，可移交相关劳动部门处罚。对于那些没有证照或证照不全的职业中介，应及时向相关的劳动部门投诉，劳动

部门可以根据有关管理条例规定对其进行处罚。

② 用人单位在面试或录用时收取培训费、押金、保证金、担保金等费用的，其行为违反了《劳动法》的相关规定。求职者可及时向劳动部门反映请求查处，要求退还所交费用。

③ 如果被虚假招聘信息所欺骗，原来承诺的待遇、报酬与实际情况严重不符合的，求职者应向劳动部门提出申诉，请劳动人事部门根据有关管理条例规定对有关单位进行处罚，并按规定赔偿求职者的损失。

④ 用人单位假招聘之名，行使用廉价劳动力之实的，其行为已构成欺诈，同样违反了《劳动法》的有关规定，如果其行为触犯刑律，应由相关部门追究刑事责任。

就业信息的时效性很强，及时使用就是财富，过期不用就自动作废。因此，一旦手中掌握了正确、有效、可行的就业信息，就应该及时综合这些信息，进行职业匹配和决策，并及时向用人单位反馈，投递求职材料，以免坐失良机。

案例8 信息收集去伪存真

2014年3月底，安徽某高校的毕业生小李还没有找到就业单位，非常着急。他四处奔波，并在网上紧张地搜索信息。有一天，他在网上收集到这样一条信息：沿海某城市的人才市场将于近日举行大型毕业生与用人单位供需见面会，参加单位将达数百家，世界著名的一些跨国公司、国内著名的一些高科技公司、大型企业集团届时都将前来招聘大批毕业生，盛况空前，欢迎全国各地的大中专毕业生踊跃参加。小李一看，非常高兴，连忙将这一好消息通知其他尚未找到工作的同学和老乡，最后一共有20余位毕业生组成一个"应聘团"，浩浩荡荡地结伴前往。他们满以为这次这么多著名公司参加，一定能使他们心愿得偿，谁知当他们风尘仆仆、兴致勃勃地赶到供需见面会现场，购买了价格不菲的门票入场后，看到的一切却让他们大失所望，不但根本没发现所谓的世界著名公司的影子，连国内的一些大公司也难觅踪影，大多是一些不知名的小公司、小企业滥竽充数，有些公司还要收取报名费，一看就让人提心吊胆、难以放心。小李一行连呼上当，愤慨不已，但也无可奈何。同时受骗的还有来自全国各地的其他院校的许多毕业生。

小李他们这次结伴求职，花费了许多的时间和精力，精心准备了个人求职材料，讨论了可能要面临的问题和与这些著名公司面试要注意的细节等。可以说，他们什么都考虑到了，就是没想到这次供需见面会是一场骗局，以致劳民伤财，浪费了他们大量的金钱、时间和精力，这对于他们本来就焦虑的心理来说无异于雪上加霜。而小李则更是觉得对不住同学和老乡，没想到好心办了坏事，让他们遭受了不必要的损失。

分析：小李的经历对广大毕业生有很大的警示作用。毕业生在面对纷至沓来的信息时，千万不要盲目乐观，一定要保持清醒的头脑，认真地分析信息，将虚假信息尽早排除在视野之外。一般来说，无正规的发布机构或发布渠道、时间已过期的或根本就没有发布时间，也没有联系人、联系方式的"垃圾信息"较易分辨，而那些经过精心"包装"，大肆宣传的"欺骗信息"就不易辨别，极易让涉世未深的毕业生误入圈套，上当受骗。因此，毕业生在收集信息时应注意以下三点：第一，重视学校信息栏和供需见面会上提供的信息；第二，优先选择到政府人事部门所属人才交流机构举办的人才市场或人才中介去求职；第三，对网上的信息要通过网下的其他途径，比如向用人单位打电话，向有关主管部门和学校就业指导中心咨询等，先多方求证、确认，再去应聘。切不可轻易相信一些媒体，特别是网上的信息或同学、朋友间传递的"小道消息"。

第二节　求职材料的准备

对用人单位而言，毕业生的求职材料就是用人单位了解毕业生的窗口。撰写有说服力的能吸引人注意力的求职材料是赢得主动、迈向成功的第一步。求职材料包括简历和求职信等。

一、简历的准备

简历，是一个人的简要经历，是对自己基本情况、经历的记载和陈述。它比求职信的容量稍大，求职信只求引起招聘者的注意和兴趣，要进一步在书面上反映自己的情况就要借助简历。所以，它一般作为求职信的附件，呈送用人单位。

投递个人简历是大学生在求职路上迈出的第一步。一份卓有成效的简历，将把一个最适合招聘岗位需要的你展现在招聘者的面前，使你在众多的求职者中脱颖而出，赢得用人单位的青睐，获得面试机会。其实，简历就是求职的"敲门砖"。什么样的"砖"才能敲开用人单位的大门呢？

（一）简历写作的原则

一份完美的简历，从形式、内容和用词上都应当恰如其分地把求职者的个人情况、能力、经验、性格和特长等充分表现出来，见其文如见其人。这样的简历，往往能让人眼前一亮。简历写作有三条重要的原则。

1. 要围绕一个求职目标

用人单位都想知道你可以为他们做什么，而含糊的、笼统的、毫无针对性的简历会使你失去很多机会。比如，"我想在一个不断发展的组织里得到一个高收入的职位"或者"我干什么都行"都是毫无意义的。所以，要为你的简历定位，围绕一个求职目标来写。如果你有多个目标，最好写上多份不同的简历，在每一份上突出重点。

2. 把简历看做一份推销自己的广告

最成功的广告通常要求简短而富有感召力，并能够多次重复重要信息。简历应该限制在一页以内，情况介绍不要以段落的形式出现，尽量运用动作性短语使语言鲜活有力。最为醒目的做法是：在简历页面上端写一段总结性语言，陈述你在事业上最大的优势，然后在情况介绍中再将这些优势加以叙述。好的简历要放眼未来，要让用人单位相信你能创造未来，而不仅是过去的业绩。另外，你的简历不妨增加一些现代气息，让用人单位感觉到你的时代适应能力和旺盛生气。如设计个人资料的网页、整理个人成就手册等。

3. 陈述有利信息，争取成功机会

招聘者对理想的应聘者有自己的要求：相应的教育背景、工作经历以及技术水平，这是应聘者在新的职位上取得成功的关键。应聘者符合这些关键条件，才能打动招聘者并赢得面试机会。同时，简历中不要有其他无关信息，以免影响招聘者对你的看法。

记住，写作简历时，要强调工作目标和重点，语言简短，并且避免会使你被淘汰的不相关的信息。当你获准参加面试时，简历就完成了使命。

（二）简历样式

每名毕业生在求职时，都会给招聘单位送去或邮寄去求职信和简历。如果你千篇一律，向不同的单位投递的是一份相同的简历，或所有求职人员的简历样式如出一辙，将不会受到招聘单位的欢迎，也使用人单位怀疑大学生的创造力，会使这块"敲门砖"的质量和效果大打折扣。因此，简历必须讲究针对性，内容和形式都要根据应聘的单位性质、工作性质和个人的实际情况而定。首先要因人而异，量体裁衣，选择合适的简历样式，然后用你所拥有的材料，再进行精雕细琢，打造一份大有裨益的求职简历。

简历通常应包含下面五部分的基本内容：个人基本情况、求职目标、学习经历（教育背景）、工作经历、个人成就以及特长和兴趣。

这里介绍几种常用的简历样式，你可根据自己的实际情况，选择其中的一种，作为你的简历样式。

1. 通用式

这种求职简历使用报流水账的方式，按时间顺序来排列，尤其在"教育背景"、"工作经历"两部分中按照先后顺序排列，不可有遗漏。对于高职毕业生来说，教育背景一般从高中写起；工作经验可改为"实习经历"或"社会实践"。这是最普通也是最直接的简历样式。它的特点是不受申请职位的限制，通用性强，清晰、简洁，便于阅读。缺点是针对性不强，命中率可能要低些。

在确定简历样式时，要扬长避短。如果你缺乏与正在申请的职位相关的工作经验，那么就不要使用时序型的通用式简历。不妨试试功能式或复合式的简历格式，这样，你可以把与此职位最相关的经验和技能放在最醒目的位置。

2. 功能式

这种求职简历在开头就注明求职目标，然后整个求职简历围绕这一主题展开。因此，除了基本内容外，简历还应详细说明求职者申请某一职位的基础及过去所有的工作经验中与该职位相关部分，包括取得什么成绩、解决什么问题、获得何种奖励等。它的特点是针对性强，突出那些与应聘职务相关的内容，可以说与所申请的职位一一对应，但是缺点是不能通用。

3. 复合式

这种简历是通用式和功能式的综合运用。你可以按时间顺序列举个人信息，同时刻意突出你的优势。复合式简历能最直接地体现你的求职目的，突出个人的能力与素质。

（三）简历撰写要求

1. 内容简洁

简历一般以一页为宜，如果要强调相关的工作经历，最好不要超过两页。

2. 杜绝错误

我们总是很吃惊地看到一份简历中常常出现印刷错误、语法错误及标点符号错误。要是没有这些错误的话，那会是一份很好的简历。别出这样的错误！如果有必要的话，找个擅长校对的人，请他帮助检查一下，然后自己再检查一遍。

3. 惜墨如金

一份理想的简历应该在有限的时间内向招聘者传达最有效的信息。最好的办法是了解招聘单位的需求，对症下药，准确地介绍自己的相关优势。方法有三：

① 避免段落过长（每段应不超过 6～7 行）；

② 多用动词，省略第一人称，避免过于主观的"宣布式"口气；

③ 写一个长一点的初稿，仔细推敲每一个词，然后删改、删改、再删改。对于不能很

好证明你工作能力的词语，删掉它。

4. 措辞明确

措辞不要含糊。量化自己的成绩，用人单位就能够对你有个非常客观而具体的看法。

5. 诚实自信

充分介绍自己与夸张编造是有区别的。用人单位一般都能识破夸张编造的骗局，即使一时被迷惑，求职者也很难躲过面试这一关。当然，也不能过分谦虚，否则会让人事经理觉得你的自信心有问题。

6. 强调成就

使用有分量的词来强调自己的成就。简历中不要简单地列举你所干过的职务，而应强调你都干了些什么。一定要重点强调你能干某项工作的特别技能及你所取得的成就和证书。

7. 文如其人

简历是求职者的脸面，用人单位通常会以简历为窗口判断是否向求职者发出面试通知。一份简历的成功不仅取决于你说了什么，而且取决于你怎么说。一份高水准的简历的表现之一，就是把简历中的个性描述与全文的形式、内容统一起来。

8. 赏心悦目

简历的总体形象将会影响招聘者对你的看法，要让你的简历看上去很舒服。留白可以使页面显得干净整洁，最理想的标准是上下留白1厘米，左右留白1.25厘米。避免求新求异，字体的选择最好能具有专业水准。制作完简历后，你要不断地问自己三个问题：你写的简历是否布局合理？是否干净利索而且看上去很专业？它是否充分利用了整张纸？

9. 制作精致

可以使用不同的字形、字号，很好地设计版式，使用优质的纸张。总之，要引起招聘者的兴趣。如果需要把简历备份，复印时一定要保证清晰整洁。要善于利用计算机来写简历，计算机中的文字处理程序有着丰富的文字处理功能，它会帮助你设计出令人满意的简历格式。另外，最好找一台高质量的打印机打出一份整洁的样本，再用复印机复印。

10. 目标

注意强调自己能为目标公司带来哪些收益。如果应聘的公司有很多职位空缺，不妨把重点放在目标职位上。剔除那些毫无益处的细节，尽量避免所谓的"目标"陈述——如果你非要阐述自己的目标，那最好说得具体些。

11. 自己动手

你的简历代表你自己，要在简历中展现你的技能，并用你所取得的成果证明它们。如果你写作能力差，也可以请能力强的人帮个忙，但一定要让这份简历像你自己写的。

12. 善用求职信

简历也许还不能完整地把你的能力和潜质展现出来，附上一封求职信就可以帮上忙。求职信不必太长，只需精心地选择一个合适的角度，或抒发志趣，或自我评价，或对工作中的某个问题谈谈自己的见解，目的是为了突出自己的优点，给人留下更深刻的印象。同时告诉别人，你是一个清楚自身价值，明确追求目标，知道自己的路该怎么走的人。

（四）简历写作禁忌

在发送一份简历之前，应该再三地进行检查和修改，只有这样，你所准备的简历才不会去充塞别人的废纸篓。

以下列出六项简历写作禁忌，你不妨对照一下。

① 篇幅冗长。应力求在一页 A4 纸内写完。

② 书面差错。出现错别字、病句、格式错误。

③ 简单学舌。仅仅把招聘公司的工作职位说明复制到简历中，来说明自己的工作能力。

④ 主次不分。简单地罗列所有工作经验，无点睛之笔。

⑤ 自我吹嘘。伪造自己的干部经历、获奖情况及计算机、外语过级情况。

⑥ 个人信息太多。在简历中说明太多个人信息，比如婚姻状况、个人年龄、家庭情况及个人爱好等。

（五）简历格式范例

个人简历

个人概况：

姓名：×××　　　性别：男

年龄：23 岁

联系电话：×××××××　　　E-mail：××××@××.com

工作意向：愿从事网络管理方面的工作。

外语水平：获得国家大学英语水平三级证书，具有较强的阅读能力。

主修课程：Windows 操作系统及编程、网络与通信、单片机、UNIX 操作系统等。

已取得了 CNE 的证书，会使用 Office97 数据库等应用软件，能独立维护计算机，使之能安全稳定地运行。

奖励情况：

2003～2005 年获学院二等奖学金一次，学院三等奖学金一次；

学院计算机大赛一等奖一次。

担任职务：

学院计算机协会会长。

社会实践活动：略。

二、求职信的准备

精心构思、认真推敲，书写一封好的求职信，用流畅的文笔尽情地展示自己的思想、个性、知识水平、文化修养、工作能力，将为自己成功应聘乃至聘用后工作铺就良好的开端。

（一）求职信写作的程序和要求

1. 写信前的准备

在动笔之前，需了解相关信息，并进行认真思考。了解用人单位的要求，分析自己应聘的优势、劣势等。知己知彼，然后趋利避害，有的放矢。

一般写求职信应着重考虑以下五个问题。

① 用人单位需要的是什么？你期望得到的职位中，什么样的技能、知识、素质、经历是必备的？

② 你写求职信的目的是什么？是想获得一个具体的职位，还是一次面试的机会？

③ 你应聘用人单位的职位具有哪些优势？如果你是针对某个具体的职位而写此信，那么你所列的优势应该就是招聘广告上所需求的；如果不是针对具体的职位，就按通常所需知识和经历来考虑。

④ 如何把你的经历与职位挂钩？列举曾取得的两个具体成绩。

⑤ 为什么想到该单位或公司就业？对他们了解多少？联系产品、任务、企业文化、目标、宗旨等一切与自己的背景、价值观和目标相关的东西。

对以上问题考虑成熟之后，就可以动笔写求职信了。

2. 求职信的格式

求职信与一般的书信格式大致相同，即称谓、正文、结尾、致敬语、落款。

（1）称谓 即对读信者的称呼。对收信人的称呼要礼貌、不能生硬，同时要明确收阅人。对于已明确用人单位负责人的，可以称"尊敬的××先生（或经理、主任等）"，注意这里是收信人的真实姓名。有人以为直书人名不礼貌，如果你写的是"尊敬的主任先生"，所聘部门的主任又恰巧不止一位的话，那你的信可能就因目标不明而无人认领了。对于用人单位负责人不明确的，可写成"人事负责同志"、"尊敬的领导同志"、"尊敬的某某公司领导"等。称呼写在第一行，顶格书写、以示尊敬和有礼貌。称呼之后用冒号。然后，应该写上一句问候语"您好"，下面再接正文。

（2）正文 这是求职信的主体部分，这一部分应写清楚以下几个方面。

第一，简明介绍个人的基本情况。一般是姓名、年龄、性别、就读学校、所学专业。如果应聘的是国家政府机关单位，可加上政治面貌，曾担任过的职务等。

第二，写明要申请的职位和用人消息的来源。用人单位往往为多个岗位招聘人才，因此要写清楚你要应聘的具体工作岗位，否则对方将无法回复。如果不知道对方需要什么样的人才，可以自己说明希望获得哪一类工作岗位。为了扩大求职范围，可以附带说明，除某类工作外，还愿意并能胜任何种工作。

同时还要说明你是从哪里得到的招聘信息，并阐明你对该单位已具有的初步印象，同时表示出希望到该单位从事某方面工作的愿望。

第三，重点阐述自己胜任工作的条件。这是求职信的核心部分，目标就是自我推销，要直奔主题。主要是向对方说明自己的知识、经验、专业技能、与工作要求相符合的特长、性格和能力。总之，就是让对方感到无论从哪个角度看，你都能胜任这一工作。在介绍时，要力求简明，关键是要突出自己的个性和长处，不落俗套，起到吸引和打动对方的效果。

（3）结尾 主要强调你的愿望和要求。要感谢领导阅读你的求职信，把你想得到这份工作的迫切感尽情表达出来，请用人单位尽快答复并给予你面试的机会。同时写清楚你预约面试的可能时间范围，并标明与你联系的最佳方式。需要注意的是在表示面谈的愿望时既不要给对方施加压力，也不必过于谦虚，求职信自始至终要注意刻画自己良好的形象。

例如：

希望您能感受到我是该职位的有力竞争者，并希望能尽快收到您在百忙之中给予我的面试通知。

感谢您在百忙之中所给予我的关注。希望各位领导能够对我予以考虑，我热切期盼你们的回音。

（4）致敬语 最后，不能忘了问候对方。致敬语得体，会使对方感到你很有修养。对国有、集体单位的领导，可用"祝工作顺利"或"此致敬礼"；对私营企业、外资企业，可用

"顺颂财安"或"顺颂大安"，并表示真诚希望有一个面试的机会。还要注意写清楚自己的姓名、通信地址、联系电话和时间。

（5）落款 包括署名和日期两部分。落款处应署上你的名字及求职的年、月、日。

若有附件，应在信的左下角注明。例如"附1：个人简历"、"附2：获奖证明"等。

3. 求职信的写作技巧

（1）篇幅简短 求职信一般以1～2页为好。

（2）扬长避短 围绕自己的长处去写，突出那些能引起对方兴趣，有助于获得工作的内容，如专业知识、工作经验、可能会引起对方好感的特长、个性等。要用自己的成绩、专长、优势，引人注目的"闪光点"去吸引并打动对方，让对方了解你的能力、特长、优势之所在。

（3）言简意赅 介绍专业时，要写清楚你所学的专业和重点课程，经过何种专业实习，特别是与用人单位所需的专业、特长一致的地方要重点介绍。对用人单位需要的专业特长，要有针对性地说明你现在所达到的程度，以便用人单位考虑如何安排你的工作。

（4）具体诚信 求职信的内容只有做到具体实在，真实可信，才能给用人单位留下明确而深刻的印象，并且增加自我介绍的可信度。要正确评价自己，既反映你的实际能力和素质，又不过分夸大自己，尽可能少用抽象的修饰性词语，多举具体事例、成果。比如你担任过学生干部，不要光写头衔，更重要的是写你在这个职位上做了哪些工作，有什么效果；又比如说自己成绩优秀，用曾获得过的学院奖学金来证明就更有说服力；说自己有一定的社会经验，不如说何时何地参加过假期社会调查、社会实践活动等；说自己表达能力强，不如说"我获'青春的风采'演讲赛一等奖"；说自己写作能力强，不如说"我在某某刊物上发表过几篇文章"；说自己兴趣爱好广泛，不如说我会某种乐器或擅长某项运动等，用事实说话。

（5）讲究"包装" 求职信是求职者给用人单位的第一印象。为了让用人单位对自己产生美好的第一印象，必须重视求职信的包装。因为阅信人最早看到的不是信的内容，而是信的外观形式。因此，求职信的工整、美观是十分必要的。

第一，字迹清晰工整，给人留下良好的第一印象。如果有一手漂亮的好字，最好工工整整把求职信手写出来。不仅给对方留下办事认真负责的印象，也可以显示你的书法特长；如果字写得不好，还是不要献丑为好，可以用打印机打印，切记不要用复印件。

第二，信封信纸要有所选择。最好选择标准信封，收信人的地址、名称要准确、清楚。因为信封的样式，乃至邮票的图案都可能在一定程度上吸引对方的注意。如果你有美术功底，在信封上适当的位置展示一下，也许会被人欣赏。署有外单位名字的信封最好不要使用，本校信封除外。选用质地好的信纸，布局要和谐、美观，将草稿抄上去。

第三，巧点"素质"。如"我是从封闭、贫困的大山里走出来的，家乡给了我质朴、坚毅、能吃苦的作风"，"出身教师世家，我养成了喜欢读书、写作的习惯"，"我创建了学校的'书友协会'，经常开展读书活动"等，用此来佐证自身素质符合用人单位的需求。

（6）重视签名 求职信的落款处，自己的姓名最好不要打印，应留出空间自己签名。

求职信要表现出自己独到的才干，使用人单位从你身上看到希望，并做出对你有利的决定。要记住，在这一过程中，占主动地位的是写求职信的你，而非阅读求职信的用人单位。

（二）求职信写作禁忌

1. 篇幅过长

招聘单位收到的求职信非常多，每封求职信的阅读时间不会超过 1 分钟。因此，写得简洁是一个十分重要的标准。冗长而不得要领的求职信让招聘者感觉你抓不住事物要点，又不懂得珍惜别人的宝贵时间。

2. 马虎粗心

文如其人，书写潦草、错字病句、排版错误、书面不整的求职信，会给人做事马马虎虎、粗心大意的印象。不认真，哪来的敬业，这类求职信根本就别想过关。

3. 要求过分

一般来说，求职信最好不涉及工资、待遇、福利等私人利益问题，只表达出对工作的渴求与热情。如提到薪水、进修学习、参加培训等，会让招聘方感觉你过分看重的是既得利益，对涉及未来发展的企业文化等重视不够。一个没有长远眼光、没有战略胸怀的人，难成大器，公司也当然认定这样的人没有培养价值。

4. 推销过度

求职是一个自我推销的过程，写求职信，只能搞"适度推销"，不能夸大其词，更不能弄虚作假。如果唯恐对方不用自己而一味地吹嘘、炫耀自己的才学水平，甚至贬低别人，抬高自己——似乎不录用他，对方就会遭受不可弥补的损失，这会给人一种夸夸其谈、华而不实的印象。

5. 千篇一律

不管应聘哪类公司或哪类岗位，都是一份"统发稿"，述说的内容是自己适合任何单位任何岗位的要求。高职毕业生接受的是以就业为导向的职业教育，所修专业决定了他的应职岗位是有界定的。把自己描述为万能钥匙，能开所有的锁，这样的人看似什么工作都适合，其实什么也不适合。

（三）求职信例文评析

例文一

尊敬的××公司领导：

您好！

贵公司拟通过我院毕业办招聘一批机电专业毕业生的信息，令我欢欣不已。贵公司是我院长期以来的校企合作单位，你们的经管理念、企业文化等，使贵公司成为机电业中的一面旗帜。能够到贵公司工作，是我这个职业技术学院机电专业毕业生心仪已久的，也是贵公司的收获。

我今年 20 岁，男，身体健康，精力充沛。

三年来，我始终坚持完善自己的学业，注重学以致用，通过公差配合、金属工艺学、AutoCAD、汽车构造、汽车装配、模具制造工艺、机械制造工艺学、制图等课程的学习，掌握了较为全面的专业知识。通过专业实习和操作技能的实训，对数控技术的应用、制造工艺等都有一定的基础。

几年来为了不断提高自身的综合素质，在紧张的学习之余，我还参加了学生会组织。经过锻炼，我由一个不善言谈的学生变成一个善于沟通，具有一定的组织能力和管理能力的学生干部，曾被评为"三好学生"、"优秀学生干部"。

我热忱地希望能到贵公司从事机电生产工作。如果贵公司能给我这个机会，我一定不负所望，以极大的工作热情和百倍的努力工作，为公司的发展贡献微薄之力。

我期待着您的佳音。

此致

敬礼！

×××

××学院机电专业×××

××××年×月×日

评析：本文在进行自我介绍时，对自己的成绩和综合素质内容有较全面的介绍；针对所申请的岗位特点，做了一定的介绍，针对性较强；行文简洁。缺点是对自身与岗位要求相关的优势突出不够。

例文二：

尊敬的招聘主管：

您好！

我是一名刚刚从××××职业学院应用化工专业毕业的大学生。我很荣幸有机会向您呈上我的个人资料。在投身社会之际，为了找到符合自己专业和兴趣的工作，更好地发挥自己的才能，实现自己的人生价值，谨向各位领导做一下自我推荐。

现将自己的情况简要介绍如下：

作为一名应用化工专业的大学生，我热爱我的专业并为其投入了巨大的热情和精力。在三年的学习生活中，我所学习的内容包括了从化工专业的基础知识到运用等许多方面。通过对这些知识的学习，我对这一领域的相关知识有了一定程度的理解和掌握。学习的目的在于应用，在与课程同步进行的相关实践和实习中，我具有一定的实际操作能力和技术。在学校工作中，我不断加强锻炼处世能力，学习管理知识，吸收管理经验。

计算机和网络是当今时代的工具。在学好本专业的前提下，我对计算机产生了巨大的兴趣，掌握了 Windows XP、VB 语言等软件和程序语言。

我正处于人生中精力充沛的时期，我渴望在更广阔的天地里展露自己的才能，我不满足于现有的知识水平，期望在实践中得到锻炼和提高，因此我希望能够加入你们的单位。我会踏踏实实做好属于自己的工作，竭尽全力在工作中取得好成绩。我相信经过自己的勤奋和努力，一定会做出应有的贡献。

感谢您在百忙之中所给予我的关注，愿贵单位事业蒸蒸日上，祝您的事业百尺竿头，更进一步！

希望各位领导能够对我予以考虑，我热切期盼你们的回音。谢谢！

此致

敬礼！

×××

2009 年 7 月 12 日

评析：本文较全面地介绍了自己的专业知识、实践能力，重点突出，条理清楚，表述得当，给人一种稳重、做事一丝不苟的印象。但介绍自己的成绩、能力时缺少具体的事例，若有能说明自己成绩的奖励证书之类，最好在求职信中点明。

三、其他材料

由于求职信和简历受篇幅限制，不可能把自己的所有成绩和特长都描述清楚，这时如果能够巧用其他材料证明你的能力，将为你的成功应聘又添几分胜算。

高职毕业生的其他求职材料包括：

① 就业的通行证——职业资格证书；

② 特殊技能的证明材料——计算机、英语等级证书，汽车驾驶证等；

③ 专业学习成果证明材料——作品、专业实践经历证明、科研论文等；

④ 综合素质的展示材料——各类奖励证书（各类优秀证书、各种活动获奖证书）。

在求职过程中，这些材料的运用也有一定的艺术。如果面见招聘者或亲自上门去推荐自己，凡能反映自己各方面能力的材料尽可能带齐全，而且最好带原件。

若采取寄送自荐材料的方式，则应根据各用人单位的不同情况选择最具针对性、代表性的材料，寄去复印件。除以上几种需要自己准备的自荐材料外，还需要附上学校的推荐表。

这些材料都是重要的求职文件，一般附在求职信之后，也是自我推销的重要手段。

思考与实践

1. 收集若干就业信息，并对收集到的信息进行筛选，确定一个目标岗位。针对目标岗位，为自己制作一份精美的简历，撰写一封得体的求职信。

2. 整理一下你的其他求职材料，根据你的求职意向和岗位的要求，选择使用，发挥它们的最大效用。

第六章

掌握求职方法与技巧，勇敢接受社会挑选

第一节　自荐的方式和技巧

　　择业是一门艺术，择业的方法与技巧则是艺术的现实体现。作为一名毕业生，在求职择业的过程中，为了让用人单位认识、了解、接受自己，就要通过各种途径来宣传、展示、推销自己，给用人单位留下最美好的印象，这是成功择业的前提和基础。毕业生的求职过程通常以自荐——笔试——面试——试用的流程运行，如果说一封好的自荐材料是打开就业之门的"敲门砖"的话，那么，笔试、面试则是获取就业"入场券"的真正实战。因此，准备一份赏心悦目的自荐材料、从容不迫地应对笔试和面试是每一个毕业生都必须掌握的择业技能。

一、自荐

（一）自荐的含义

　　自荐，即自我推荐，就是求职者通过书信、电话、面谈等形式，向用人单位表达个人的求职愿望和要求，以便使用人单位对自己感兴趣、争取应聘机会，最终被录用的过程。自荐是一个无人监督的自我操作过程，只要自荐态度端正、诚实守信、方法得当，成功率就较高。否则，将会毁灭自己的前程。

　　目前，我国已初步形成市场就业、双向选择、优胜劣汰的人力资源配置格局。人力资源供大于求的形势迫使求职者必须坚定信心、备全资料、毛遂自荐、主动出击，去获取应聘机会。

（二）自荐前的思想准备

　　自荐前应调整自荐心理、端正态度、撰写自荐材料、提供有关证件。做好充分准备，将是自荐成功的一半。

1. 做好心理准备

　　要想在激烈的竞争中取胜，除了有良好的个性品质、一定的知识技能外，还要把握求职心理，做好心理准备。求职（自荐）是一种特殊的人际交往过程，即人际交往的目的是展示自己、推销自己，掌握求职（自荐）的主动权，从而达到求职（自荐）的目的。在求职时充分展示自己，需要足够的勇气、充分的自信，做好心理准备。

（1）大胆展示，积极争取　要充分认识就业的重要性和艰难性，要横下一条心，放下架子，大胆展示，勇敢行动，积极争取。

（2）充满自信，坚定信心　自信，是对自己力量的充分估计，从而对自己产生的一种信心。自信可以使自己对答如流，从而使潜力得以正常发挥，在求职中要增强自信、战胜自卑、坚定信心、走向成功。

（3）虚心求助，礼貌待人　要彬彬有礼、谦虚谨慎、诚实守信，不要夸大其词、自吹自擂。不可表现得野心勃勃、唯我独尊，要温和求职，给招聘者以良好的形象。

（4）不卑不亢，互补平衡　不要把招聘者看得过于神秘，并非所有考官都知识渊博、经验丰富、洞察一切。应该提醒自己，你选择我，我也选择你，两者是平等的，这样才会使自己心理平衡、镇定自如，取得较好的面试成绩。

2. 端正自荐态度

自荐态度是决定自荐成功与否的关键。正确的自荐态度能赢得用人单位对自己的信任，为自己树立起良好的第一印象。

（1）诚实守信　无论是写求职信、履历表，还是电话联系或面试，态度要诚恳，内容要实事求是，不得弄虚作假；相约洽谈要守约，求职交往讲信用，以诚相待。

（2）自信勇敢　要充满自信心，充分准备、全面展现，把握机会、大胆自荐。

（3）谦虚谨慎　写求职信、简历，或电话沟通、面谈，要谦虚谨慎、戒骄戒躁。

（4）文明礼貌　洽谈、打电话、写求职材料，语言要和蔼、文明、礼貌，行动要文雅。

（三）自荐材料的准备

自荐材料是毕业生用来和单位取得联系，介绍自己基本情况、全方位展现自己风采的各种说明性和证明性的材料，它的形式既可以是书面文字，也可以是网络电子版本，以及一些复印件等。自荐材料在择业过程中，有着举足轻重的作用，笔试、面试、录用都离不开它，其质量的好坏直接影响着就业。自荐材料一般包括求职信、个人简历和其他一些证明材料。

1. 自荐材料的内容及特点

（1）自荐材料的内容　自荐材料内容主要包括学校推荐表、求职信、个人简历、附件（证书复印件）等内容。

学校推荐表在自荐材料中有举足轻重的地位，是必要的一环，可以说这是一个官方的认证，具有权威性，用人单位对此有较高信任度，把它放在自荐材料中加大了自荐材料的可信度及自荐力度。学校推荐表一般包括本人及基本家庭社会情况、在校期间学习成绩和奖惩情况、自我鉴定、组织意见等内容。正因为学校推荐表统一规范，易产生千篇一律的感觉，内容上也难于全面，缺乏个性，所以这就要求毕业生在组织编写其他自荐材料中既不要重复，但又进行必要的补充填加，必要时也可在学校推荐表中选取最有价值和利于就业的重点部分进行复印（如学习成绩、组织意见等）加入自荐材料中。

附件即指能证实自荐材料中所列的各方面情况的原始证明材料，它也是证明自荐材料的真实性和自荐人各种能力的有力佐证。为防止投递过程中丢失，可用复印件，一般用人单位决定录用后是要看原件的，所以原件一定要妥善保存。

（2）自荐材料的特点

① 客观性。自荐材料必须要以事实做基础，以能够顺利就业为目的。

② 创造性。自荐材料从形式到内容，材料的结构和组织取舍，完全可以发挥自荐者的创造性思维和丰富的想象力。一些用人单位常常被这些创造性很强的自荐材料所吸引，下定

了进行面试录用的决心。但创造性并不等同于求新求异，要切忌把材料搞得花里胡哨、哗众取宠，要把握好创造性和求实的尺度。

③ 独特性。正因为自己编撰自荐材料是一项创造性的工作，所以它也是能充分展示择业者的个性特征，使自荐材料具有他人不可取代的独特性。

④ 全面性。要针对应聘对象，取舍得当，突出重点，结构合理，条理清晰，让用人单位能够一目了然，印象深刻，促使对方早下面试录用你的决心。同时切勿追求面面俱到而忽视材料的灵活性和针对性。

2. 自荐材料的"美化"处理

(1) 编写自荐材料的原则

① 目标明确。组织和编写自荐材料的大目标和大方向就是为了就业，凡有利于就业的各种材料、各种组织编写方法都可以加以运用。

② 针对性强。即编写自荐材料时，应根据大致的就业意向，根据应聘的行业、职业或单位特点进行材料的合理组织、安排和撰写。要做到有针对性，就须做到知己知彼，根据不同情况写出最适宜的自荐材料，"投其所好"。

③ 客观实用。即实事求是，摆正位置。在编写自荐材料的过程中要采取客观真实的思想态度，可以说，自荐材料的真实性是一个择业者的生命线。一旦用人单位发现自荐材料有假，轻者失去理想的就业机会，重者可能会遗失自己的人生。另外，在文体上，自荐材料应是实用文书写作中的说明文一类，其目的就是为了就业，切不可过分追求文笔超脱，言辞华丽，而舍本逐末。

(2) 自荐材料的整理 自荐材料的整理包括以下五个阶段

① 搜集材料。俗话说"巧妇难为无米之炊"，搜集个人自荐原始材料是一项基础工作。搜集材料的原则就是为就业服务，以择业目标为中心，按需搜集，即围绕就业目标所需的专业特长、知识结构和能力等进行，注意专业特点、个人能力与行业特点的统一。

② 分类整理。搜集的原始材料很多，在分类整理过程中一般按以下五个大方面进行专题细分：个人简历性材料、专业学习材料、特长爱好材料、社会实践材料、奖励评论性材料。

③ 编辑审查。分类整理之后就要对分类的材料进行汇总编辑，检查一下材料是否有明显遗漏，不能出现材料残缺。同时，材料含糊甚至与实际情况有出入的，一定要撤除或修补。还要对材料上是否有错别字等细节进行校对。

④ 汇总分析。经过分类整理和编辑审查后，首先要把同类型的材料集中起来；然后对材料的使用价值进行自我分析评估；最后再把材料依其价值评分分清主次，一一罗列出来，以便于编写使用。

⑤ 合理编撰。在编撰自荐材料的过程中，要针对所应聘目标的具体情况，合理取舍，有机组合，充分体现择业者的优势与特长。

(3) 自荐材料的包装 当把自荐材料的主体部分在原始材料基础上，根据不同的应聘目标编写完后，就要进行包装这一工序了。即完成封面（主题）设计和自荐材料的装订工作。封面的设计是丰富的，但其基本原则是美观、大方、醒目、整洁。封面设计要有一个主题或标题，一个好的主题，往往能够一下子把用人单位抓住，促使招聘者想进一步了解自荐材料的具体内容；而且封面的设计风格与自荐材料内部主体内容风格要一致，具有统一性、整体性；同时封面设计中最好体现出择业者的姓名、专业、年级、学校等基础的内容。在自荐材料的装订中最好采用 A4 标准纸，用计算机打印，不要用繁体字（有特殊要求除外），装帧不要太华丽，保持整洁、明快是最重要的。

小贴士

5C 要求

在寄出简历之前，建议先以招聘者的眼光来审视自己的简历是否能达到 5C 的要求，即：

Clear——内容清楚易读，易于掌握重点。

Concise——简洁扼要，陈述招聘者最感兴趣的信息。

Correct——内容正确，没有错别字。

Comperhensive——内容具体易领会，例证、附件资料一应俱全。

Considerate——格式各方面考虑对方阅读时需要，力求方便对方。

二、自荐的方式和技巧

自荐是一个需要投入智力、体力、展示自己、求助他人的复杂过程，必须集中精力、全面出击、充分展示自己、勇敢推销自我，要做到诚实、守信、大胆、自信，从而自荐成功。

（一）自荐的形式

1. 寄信自荐

若通过各种媒体或朋友介绍获得招聘信息，且招聘信息与本人的求职条件相符或相近，就主动将自己的求职信函及个人简历寄给招工单位，赢得单位的好感、以便将自己作为选聘对象。

2. 电话自荐

电话自荐主要谈个人的优势。获得招聘信息后，可通过电话向招聘者介绍自己的基本情况及求职要求，语言要精练，重点要突出，引起对方高度注意，争取面试机会。约定面谈时间、打听初试主要领导的全名及头衔，千万不要在电话里谈工资、职务及工作时间，这样易错过面谈机会。电话自荐是节约时间、资金，减少挫折的有效手段，要记住当你获得面试机会时，不要过分高兴，要积极准备，碰到钉子时不要沮丧。

3. 会上自荐

参加招聘洽谈会，向用人单位送交个人简历，接受用人单位挑选。

4. 网上自荐

通过用工单位在网上发布的招工信息，向单位发出自荐材料，争取面试机会。

网上求职自荐是凭借互联网的一种信息化人才交流形式。它不受时间、地点的限制，避免了对场地的依赖，而且随着互联网的普及，各级政府人才部门也建立了一些人才网站，越来越多的用人单位通过网络来实现人才的信息储备。所以，求职者也可以通过互联网来求职。

通过互联网求职要注意以下几点。

（1）安全　选择人才网站时，要防止上当受骗。首先，要选择有影响、口碑好、信息更新速度快、求职招聘互动性强、专业性强的网站；其次，要找各级政府部门人事、劳动、教育部门主办的网站。这些网站具有权威性，安全性也比较好，对求职者大有帮助。

（2）信息的更新　首先要注意网上信息的填写。按照人才网站提供的要求填写求职简历；另外要记住自己的户名和密码，以便下次继续访问。其次，不要应聘同一家单位的多个岗位，也不要在短时间内重复给同一家单位投放简历，这会使用人单位觉得应聘者不专一、急躁。再次，要注意及时更新自己的信息，特别是个人电话和通信地址发生变化时，要及时更新在人才招聘网站上的信息。还要注意招聘单位的通知以及邮件，并及时回复。最后，找到工作后，要及时撤除自己的求职简历，防止其他招聘单位的招聘。

5. 向职介机构自荐

将自己的求职要求及个人情况介绍给职业介绍机构或招聘公司，让其代替自己寻求合适的职业。

6. 登门自荐

根据用人单位招聘信息，要亲自登门拜访、自荐，向招聘者亲自介绍自己的情况，尽量表现自己的优点。大部分人喜欢购买亲眼目睹的东西，人事招聘者也是如此，亲自登门自荐可以使整个情况改观，你不再是一个没有形体的名字，或被打入冷宫的履历表。相反地，你挺身而出，面对面地准备克服所有可能的困难，并且显示你就是他最需要的人。用自己的坦诚、勇敢争取详谈，加深了解，促进录用。

（二）拓宽自荐渠道

求职者所得信息有限，加上用工单位对求职者的要求逐渐提高，自荐成功率降低。所以，拓宽自荐渠道势在必行。

（1）登报自荐，广众挑选 在报纸上介绍自己的基本情况及求职要求，让众多用工单位挑选，扩大求职面，增强主动性。

（2）上网自荐，坐等受选 在网上发布自己的求职意向及个人基本情况，让用工单位上网查询、选才，自己坐等、接受挑选，可优中选优。

（3）委托自荐，快速推选 求职者委托职介机构或招聘公司向众多用工单位举荐，为求职者提供大量就业机会，拓宽自荐渠道，提高自荐成功率。

要就业必须集中精力、全面出击。请你勇敢自荐、充分表现、争取主动、快速就业。

（三）借助伯乐举荐

毕业生就业前，可以充分利用各种关系，寻找熟人、名人等进行举荐。伯乐举才连带性强、置信度高，易被用人单位录用。借助名人效应，求职速获成功。目前，受社会上"假大空"不良倾向的影响，假简历、假文凭盛行，给求职者自荐抹黑。由于用工单位选才手段落后，难辨真假。为此，伯乐推举人才显得尤为重要。

1. 名人、知己推举

借助知名度高、有一定威望和地位，并了解自己的人，进行岗前指导、上岗关照、积极推举、岗后担保，用人单位放心，快速录用，提高求职成功率。

2. 单位、学校举荐

培养人的学校掌握人才学习、工作情况，根据其素质、表现、特长进行举荐，简化手续、稳妥操作，可以提高择业选才的准确程度，加快就业速度。

3. 职介代理推荐

职业介绍机构是促进就业的另一个主体。职介代理推荐就是求职者委托职业介绍机构代理推荐找工作的过程。调查表明求职者通过招聘会、人才网、报纸广告找工作只有几十甚至几百分之一的成功可能性；如果通过职介机构求职、委托推荐，将有几十、上百个择业机会，成功的可能性将大大提高。

职业介绍机构为求职者提供综合服务：

① 与你面谈，提出技术评估，找出你的优点、缺点；

② 在事业前途方面提供建设性意见和建议；

③ 检查你写的履历表，帮助你完成一份必胜的履历；

④ 提示面试时应注意的细节；

⑤ 提供详细的资料，供你择业参考；

⑥ 与招聘单位保持密切联系，掌握最新消息；

⑦ 在没有合适岗位时，努力帮助你寻求工作；

⑧ 面谈前，提供相关资料；

⑨ 建议如何商定薪水和福利；

⑩ 对求职者进行素质测评、职业生涯策划。

因此，广大毕业生要借助专业职介机构，接受职业指导、参加技能培训、采用招聘信息、享受劳动保障，通过就业专家举荐，促进快速、准确、稳妥就业。

●●●●●●●●●●●●●●●●●●●●●●●●●● **案例 9　电话自荐** ●●●●●●●●●●●●●●●●●

（电话接通）求职者："老师您好。"（"老师"是一个可以被广泛运用的称谓，在不了解接电话人的身份时，"老师"这个称谓是最合适的，表示了对对方的尊重。得知对方身份后，可以用姓加上职务来称呼，如"李处长"等。）

"请问，这里是某某公司吗？"（得到对方的肯定答复）

求职者："我是某某学校某某届某某专业的学生某某。听说咱们（可以拉近双方距离）公司需要一个某某专业的学生，我刚好专业对口，学习成绩也不错，又很喜欢这份工作（说明你有工作热情）。希望您能进一步了解一下我的情况。"

不到 1 分钟的时间已经把自己的意图表达清楚了，这时候对方就会表示他对你是否感兴趣。如果感兴趣，就可以进一步交流；如果对方不感兴趣，就不要在电话里多做纠缠。告别时，别忘了对接电话的人说："打扰了，谢谢！"

第二节　面试的形式和技巧

【职场寓言】　古时候，一对父子总是同时出征，父亲是将军，儿子只是个马前卒。一次出征时，父亲庄严地托起一个箭囊对儿子说："这是家传宝箭，佩戴身边，力量无穷，但千万不可以把箭抽出来。"佩戴宝箭的儿子果然英勇非凡，所向披靡。当鸣金收兵时，儿子再也禁不住得胜的豪气，完全背弃了父亲的叮嘱，拔出宝箭，试图看个究竟。骤然间他惊呆了：箭囊里装的是一支折断了的箭。儿子吓出一身冷汗，顷刻间失去了精神支柱，意志轰然坍塌了。不久，儿子惨死于乱军之中。父亲拣起那枝断箭，沉重地说："不相信自己的意志，永远也做不成将军。"

把胜败寄托在一支宝箭上，多么愚蠢；而当一个人把生命的核心交给别人，又多么危险！希望永远只能寄托在自己的身上。自己才是一支箭，若要它坚韧、锋利、百发百中，就要磨砺它，拯救它的只能是自己。

职场提醒：要想在竞争中取胜，首先要坚定信心。

面试是应试者接受用人单位挑选的关键环节。通常求职者处在被动地位，为变被动为主动，更好地进行"自我推销"，在竞争中脱颖而出，就必须讲求应聘技巧。应聘技巧通常包括以下几方面：面试礼仪技巧、语言运用技巧、常设问题应答技巧、化解面试危机的技巧。

一、面试的形式

（一）问题式面试

由主考官对应试者提出一个问题或一项计划，请应试者予以完成解决。其目的是观察应试者在特殊情况下的表现以判断其解决问题的能力。

（二）无目的式的面试

主考官海阔天空地与应试者交谈，让应试者自由地发表个人观点，尽量活跃气氛，在闲聊中观察应试者的能力、知识结构、谈吐和气质表现。

（三）程序化面试

由主考官根据事先准备好的询问题目和有关细节，逐一发问，使主考官获得应试者全面、真实的材料，观察应试者的仪表、谈吐和行为。

（四）综合式面试

这也是招聘单位常用的一种面试方式，即事先定题，以自由交谈方式进行。面试中，主考官时常会用外语同应试者谈话，以考察其外语水平；让应试者写段文字，以考察其书法和文笔；请应试者讲段故事，以考察其演讲能力。有时还会要求应试者现场表演节目或操作计算机、打字机等，来考察应试者的特长和实践能力。

在实际的面试过程中，主考官可能采用一种面试方式，也可能同时采用几种面试方式，从而达到全面考察应试者的目的。

二、面试的技巧

（一）面试中的礼仪技巧

礼仪在人际交往中是必不可少的，尤其是在正式场合，或在交往双方彼此之间不熟悉的情况下，就更显得重要。面试是比较正式的场所，求职者应懂得讲究礼仪的重要性，它直接影响主考官对求职者印象的好坏，进而决定是否录用。面试时应该注意以下几个问题。

1. 面试前的礼仪

① 头发干净自然，忌标新立异。

② 服饰整洁大方、合身。

③ 修好指甲，忌涂指甲油。

④ 选择平时习惯穿的皮鞋，出门前一定要擦拭整洁。

⑤ 不要佩戴过于前卫的装饰物。

2. 面试时的礼仪

（1）遵守时间　面试应按约定的时间前往，最好提前 10～15 分钟抵达面试地点，以显示诚意，使对方认为你是一个守时的人。面试时迟到或是匆匆忙忙赶到都是致命的；提前半小时以上到达亦会被视为没有时间观念。如果迟到，一定要向对方如实说明原因，以求得谅解，给对方以信任感。

（2）耐心等候　到达面试地点后要在指定地点或在办公室的门外等候，并保持安静及正确的坐立姿势。即使按顺序该你进去面试了，当你走到门口时，如果发现主考官正与其他人交谈时，也应该在外边耐心等候，不能贸然闯进去。

（3）礼貌进入　假如要敲门进入，敲两下且用力适中，太轻或太重都不合适。当办公室的门打开时，要有礼貌地说声："打扰了"，然后转过身去正对着门，用手轻轻将门合上。切勿进门后从背后随手将门关上。然后向室内考官表明自己的身份。如果办公室里有几个人，主动问候在场的每一位，努力记住每个人的姓名、职务。当对方伸出手时，你要及时与之握手，握手时要用力，忌主动伸手。

（4）称呼得体　进入办公室后，首先面临的是如何与面试官打招呼的问题，也可以说真正的面试就从这里开始了。如果面试官有职务，一定要采用姓加职务称呼的形式，如"张经理"；如果对方的职务是副职，最好以正职相称。如果不知道面试官的职位，一般以"老师"相称较为恰当。

（5）落座恰当　进入办公室后，不能马上坐下，等主考官告诉你"请坐"时方可坐下。坐下后不要背靠椅子，也不要弓着腰，应该很自然地将腰伸直。一些小动作诸如抓耳挠腮、架二郎腿等要努力避免。

（6）体姿正确　体姿是指通过身体的姿势、动作来表达情感、传递信息的体态语，主要包括坐姿、站姿和行姿三种。

① 坐姿　是指人在就座后身体保持的一种姿态，通俗来讲就是坐相。好的坐姿会给对方一个讲文明、有教养、有主见的感觉。坐姿要端正但不僵硬，上身轻倚椅子或沙发，身体稍微向前；入座、起立要轻而缓。具体做法是：走到座位前，背向椅子，使腿靠近椅子，上体正直，轻缓坐下，臀部要坐在凳子的前 2/3 处，腿自然着地。男士两腿之间可有一拳的距离；女士两腿并拢无空隙，若穿裙子，落座时用手理一下裙边，把裙子后片向前拢一下。上体自然挺直，头正，表情要自然亲切，目光柔和，嘴微闭，略收腹，手臂自然下垂，眼睛自然看着对方。手可放在膝上或椅子扶手上，掌心向下；双膝并拢略侧向一方。

不良坐姿：

a. 落座后东张西望或低头看地不敢抬头直视对方，左右摇晃，扭来扭去；

b. 两腿分得太开；

c. 脚尖向上，随意抖动；

d. 猛起猛坐，弄得椅子乱响；

e. 弯胸曲背。

② 站姿和行姿　站姿的要求是正、直。挺胸、收腹、略微收臀、平肩、直颈、两眼平视、精神饱满、面带微笑，两手自然下垂。要注意站相，谈话时站立的方向是正面对着对方，以表示尊重。

行姿的要求是两眼平视，口微闭，颈挺直，头略昂起，表情自然。步频和步幅要适度，如果是与主试者或工作人员同行，不能超前，只能平行或略为靠后。

（7）思想集中　回答主考官的问题时，不要东张西望、心不在焉，眼睛要注视对方。如果主试者有两位以上，回答谁的问题，目光就移向谁；且口齿要清楚，声音适中，答话要简练、完整，不用口头语。谈话时，要注意聆听，不能随便打断主考官说话，这样既礼貌，又能抓住问题的要点和实质。如果遇到不明确的部分，可说："对不起，某部分我未听清."主考官通常会进一步稍加解释。这样既能搞清问题，又可以给对方留下虚心诚恳的好印象。面试中，对方问你的问题要一一回答，对方给你做某些情况介绍时，要认真听。在整个面试过程中，要保持举止文雅、谈吐谦虚、态度和蔼。虽然这些都是细微的小事，但事实上这些礼仪对求职者能否被录用有很大关系。

3. 面试后的礼仪

面试结束时，不管结果如何，都应该起身向主考官和工作人员说"谢谢"，然后把坐椅轻推至原位置。出办公室时先开门，然后转过身来向主考官鞠一躬并再次表示感谢，然后轻轻将门关上。

面试礼节二十三条

一、为面试留出充足的时间，充分考虑各种交通因素，包括塞车。

二、不要在面试中空话连篇。

三、不要嚼口香糖，不要抽烟。

四、穿着大方得体的服装。

五、填表格要填全，不要写"参见简历"之类的话。

六、不要借用面试官的电话。

七、不要看表。

八、摘掉你的太阳镜。

九、保持良好的目光接触，但不要盯着人看。

十、认真听讲，这样你就不会说："对不起，您能再说一遍吗？"

十一、不要询问福利和津贴有多少。

十二、询问每位面试官的姓名和称呼并记下来。

十三、不要伪装自己。

十四、独自去面试。

十五、有人进屋时要起立。

十六、不要叫错别人的称呼。

十七、在面试时间内不要安排其他事情。

十八、关掉手机。

十九、不要随便看面试官桌上的资料。

二十、不要碰任何东西，尤其是私人物品。

二十一、形象要干净整洁。

二十二、做事不要拖拉，冗长的道别是令人厌烦的。

二十三、坚实有力地握手。

（二）面试中自我介绍的技巧

一段短短的自我介绍，其实是为了更深入的面谈而设的。1分钟的自我介绍，犹如商品广告，在短短60秒内，针对"客户"的需要，将自己最美好的一面，毫无保留地表现出来，不但要令对方留下深刻的印象，还要即时引发起"购买欲"。

1. 增加与公司的关联性

自我介绍首先必须说明你能带给公司什么好处。当然不能空口讲白话，必须有事实加以证明。如果半天也扯不到和应聘公司相关的内容，面试官一定会心存疑问：这个人到底是来干什么的？

如果是一家计算机软件公司，应说些计算机软件的话题；如果是一家金融财务公司，便可跟他谈财经方面的问题，投其所好。

2. 适当展示过去的成就

既不要说得太过，也不要表现得太保守，否则怎么叫别人发现你的优势呢？例如你曾为以往实习的公司设计网页，并得过奖项或赞扬。当然，这些例子都必须与现在公司的业务性质有关。话题所到之处，必须突出自己对该公司可能做出的贡献，如增加营业额、减低成本、发掘新市场等。

3. 说话要有条理

铺排内容的次序极为重要，是否能吸引考官的注意力，全在于内容的编排方式。所以排在头位的，应是你最想告诉他的得意之作。把信息编排一下次序，再告诉面试官，这样可以体现很强的目的性和逻辑性。同时，可呈上一些有关的作品或记录增加印象分。

4. 态度坦诚，心态自然

要和面试官做平等交流，不要给人感觉自己很"被动"。也不必满脑子地想"表现一定要好"，要有良好的心态。

5. 把握非语言因素

自我介绍当中，必须留意自己在各方面的表现，尤其是声线。切忌以背诵朗读的口吻介绍自己。尽量令声线听来流畅自然，充满自信。声音可略微低沉，语速要适当放慢。可以有适当手势，但不要过多，不然会分散面试官的注意力。

6. 注重细节

有报告指出，日常的沟通中，非语言性的沟通占了70%。其中身体语言是重要的一环，尤其是眼神接触。这不但令听众专心，也可表现自信。所以，若想面试成功，应谨记注意一下你的身体语言。

（三）面试中的语言运用技巧

1. 注意谈吐的仪态

交谈时必须保持精神的饱满，表情自然大方。

2. 说话要自然诚实

说话要自然，不要撒谎。没有一个应聘单位愿意雇佣一个不诚实的人。

3. 说话要有重点

说话要有点有面，先拣重要的说。因为你的谈话随时可能被人打断，一旦打断，重要的东西也许就没机会说了。

4. 说话要简洁明了

说话切忌啰唆、含混。有的人说话显得太啰唆，反反复复地讲一个问题，最后自己都不知道在讲什么了。

5. 口齿清晰，语言流利，文雅大方

交谈时要注意发音清楚，还要注意控制说话的速度，以免磕磕绊绊。

6. 语气平和，语调恰当，音量适中

① 语气是指说话的口气，既不要显得狂傲自大、自以为是，也不要显得过分谦卑、缺乏自信。

② 关于语调的运用：打招呼问候时宜用上语调，加重语气并带拖音；引见时，最好多用平缓的陈述语气。

③ 关于音量：声音过大令人厌烦，声音过小则让人难以听清。两人面谈且距离较近时声音不宜过大。

④ 群体说话时声音不宜过小，以每个主考官都能听清你的讲话为准。

7. 语言要含蓄、机智、幽默

说话时除了表达清晰外，还要不时插进幽默的语言，为面试增加轻松愉快的气氛，从而显示出你（应聘者）的优雅气质和从容风度。尤其是当遇到难以回答的问题时，机智、幽默的语言不但能显示你的聪明智慧，而且有助于化险为夷，并给主考官留下良好的印象。

8. 注意听者的反应

求职面试不同于演讲，交谈中应随时注意听者的反应。如发现听者心不在焉，说明听者对你讲的这段话没有兴趣，这时你得设法转移话题；如果听者侧耳倾听你的讲话，说明你的声音过小，使对方难以听清；听者皱眉、摆头，可能表示对你的说法不赞同。根据听者的这些反应，适时地调整自己的音量、语气，包括陈述的内容，这样才能取得良好的效果。

9. 当一个合格的听者

面试中，当主考官说话时，应集中注意力，全神贯注地听，把自己的知觉、情感、态度全部调动起来，注意听清对方话语的内在含义和主要思想观点。

10. 恰当地提出问题和插话

谈话中，恰当地提出问题和插话，表明你对对方所谈内容的关心、理解、重视和支持，不要轻易打断对方的谈话。

11. 注意自己的体态语言

注意检点自己的体态语言，并给对方的谈话以适当的反馈，身体应稍稍倾向于对方，面带理解性的微笑，并用点头或简短语句予以回应。

（四）面试中回答问题的技巧

面试中，主考官一般会通过较多的提问来检验应聘者的综合素质。因此，事先了解一般面试中主要有哪些问题类型，并掌握一些基本的问题回答技巧，这是非常重要的。

1. 关于问题类型

主要有以下五种情况。

（1）有关学习的问题　例如"你都学了什么课程？"（重点要讲清与用人单位需要相关的专业课程）"你为什么选读此专业？"（考查你对专业的热爱程度及将来从事该工作的态度）"你是不是打算继续学习？"（根据用人单位的情况权衡）。

（2）关于工作经验的问题　例如"大学期间你担任过哪些职务？""参加或组织过哪些活动？""参加过哪些社会实践活动？""在活动中你感受最深的是什么？你感到对自己最满意的是什么？最不满意的是什么？"这些问题主要是了解应试者的组织能力、协调能力、合作精神，对工作、生活的态度等。

（3）有关应聘岗位的问题　例如"你了解我们单位吗？"（了解你对单位的关注程度）"你觉得自己的哪些方面可以在应聘的工作中得到发挥？""你准备怎样把大学里学到的知识

用到应聘的工作中？""你喜欢独立工作还是与别人合作？""你觉得学历与工作经验哪个更重要？"

（4）有关应聘者兴趣、爱好等的问题　例如"你有什么特长？""你有什么优缺点？""你爱读什么书？""你业余时间都干些什么？"

（5）有关应聘动机的问题　例如"你为什么来应聘这个职位？""你找工作首先考虑的因素是什么？""你的理想是什么？""你为什么喜欢这种工作？""到本单位上岗前，让你先到基层锻炼两年，你愿意吗？"

2. 关于回答问题的技巧

应注意以下方面。

（1）把握重点、条理清楚、有理有据　一般是结论在先，议论在后，先将中心意思表达清楚再论证。否则，长篇大论会让人不得要领。面试时话太多容易走题，反倒会将主题冲淡。

（2）讲清原委，避免抽象　主考官提问总是想了解一切情况，不可简单地仅以"是"、"否"作答。针对所提问题要解释原因，有的需要说明程度。不讲原委、过于抽象都会给主考官留下不良的印象。

（3）确认提问内容，切忌答非所问　面试中，如果对一时摸不到边际，以致不知从何答起或难以理解对方的意思，可恳请对方将问题复述一遍，并先谈自己对这一问题的理解。对不太明确的问题，一定要搞清，这样才会回答清楚。

（4）知之为知之，不知为不知　面试遇到自己不懂的问题时，默不做声或不懂装懂都可能产生不良效果；坦率地承认自己的不足之处，反倒会赢得主试者的好感或赞赏。

（5）有个人思想和见解　只有具有独到见地和个人特点的回答，才会引起对方的兴趣和注意，并引起共鸣。

3. 应聘中常用口试题及回答方法

（1）谈谈你自己的情况吧　回答此题的重点应放在工作业绩、专业水准、特殊技能及潜在能力的发展方向上，要举一些特殊例证。要以谈工作所需要的资格为中心，言简意赅，一般不要超过两三分钟。

（2）你的兴趣爱好是什么　自己的兴趣、爱好应尽可能做具体的陈述，如喜欢看书、运动、音乐等，看哪些书，应说出书名、书的内容以及你喜欢的原因等。

（3）你的优缺点是什么　优点要详细介绍，如"我第一优点是办事认真、责任心很强。我以自己办事认真而骄傲，每当承担一项任务时，总是尽最大的努力把工作做好。因为小时候，父母告诉我：'如果一件工作值得你去做，就要把它做好。'"

对自己的缺点进行评价时，如果回答："我没有缺点。"考官马上就会认为你这个人虚伪。

（4）谈谈你的家庭情况　简要说明家庭成员的工作、生活情况。如："我家三个人，爸爸、妈妈和我。我的父亲是个工程师，他性格幽默，十分有趣。我的母亲是一位医生，受过良好的教育，开放、民主。他们不仅是我的后盾，还是我快乐与幸福的源泉。"如果母亲没有职业，不要说："我的妈妈是个家庭妇女"；如果说"我妈妈在家里工作，家里一切被我妈妈收拾得井然有序"也许更好些。

（5）你为何想到我公司工作　此题了解你的择业动机。回答这个问题，要紧紧围绕愿意效力贵公司的充分理由，最好列出相当详细的资料，表示关注程度；不要随便承诺，因为考官听腻了。不要讲该公司的前途，要讲你的前途，因为面试等于推销自己。因此，可以说："我一定能使贵公司获得效益，如不录用，将是贵公司的重大损失。"面试就是公司与应聘者一对一的讨价还价，双方是对等的关系，如果考官认为你将来要做的事情会给公司带来利润，就会录用你。

(6) 你有什么特长或资格吗　可回答：擅长管理（技术、营销、文职、财务、服务），取得计算机、英语或某类技工、电工、司机等资格证书。若刚大学毕业没有什么特长或任职资格，应说："我谈不上什么特长和技能，不过我的身体很好，精力充沛，我想这恐怕比什么都重要。有这样一个条件，我会努力去掌握自己目前还没有掌握的技术。"

(7) 对你而言，生活的意义是什么　可以作如下回答。

① 我想是创造新事物。这是我的追求和乐趣。在生活中，要不断地创新，使自己的精神生活和物质生活不断地丰富，这对于我是最重要的。

② 您的问题过于笼统，真不知道该怎样问答。就现在而言是先找到职业，在今后的工作中，逐渐理解这一问题。我想，在为贵公司的服务中，会真正懂得生活的意义。

(8) 在社会生活中，你认为最重要的是什么　可作如下回答。

① 不使别人为我的生存而感到不安，安分守己，做一位有益于他人、有益于社会的人。

② 正义感。目前社会上主持正义者日益减少，我感到愤怒。我觉得只有人人具有正义感，这个社会才会有希望。

(9) 在你走过的人生道路上，对你影响最大的是谁　可作如下回答。

① 父亲对我的影响很大。我父亲经营一家杂货店，非常勤奋。在竞争激烈的商界，他每天要工作到很晚，工作完后还要上广播大学的课程，这对于我们这些孩子有很大影响。

② 母亲对我的影响很大。母亲一方面要工作，一方面还要照顾家庭，她常年处于疲惫不堪的状态之中，但在我们做子女的面前从未流露出不堪重负的表情。母亲是最伟大的。

③ 还没感觉到，不过，让我佩服的人很多。例如，企业家×××那类人，他的奋斗精神和毅力使我很感动，我想将来也成为那样的人。

(10) 你在选择公司时，最重视什么　可作如下回答。

① 稳定性。企业的发展是否稳定，对于职员们发挥其最大能动性至关重要。如果公司结构不断发生变化，最高经营层对公司发展没有既定目标，经营状况处于波动的组织中，新职员就很难有所作为。

② 能否使职员最大限度地发挥其作用，既可以对下属委以重任，又能够客观地评价。作为一个新职员，我最关心的是能否有所作为。

(11) 你为何要选择我公司这样的中小企业　可以这样回答：我以为，如果到一个大企业去工作，不过只能像一个齿轮那样，按照已规定好的位置和速度转动；而在中小企业中则能更大程度地发挥自己的作用。当然，我并无褒贬大企业的意思，这只不过是自己一个不成熟的见解。

(12) 本公司目前属于不景气的行业，你为何要选择本公司　可回答如下。

① 经营环境的严酷，无论对哪个企业都是一样的。在竞争激烈的今天，贵公司不是被动地等待经营的好转，而是努力开拓新的领域，争取好的成绩，这些对我很具有吸引力，所以我选择贵公司。

② 对于我来说，有勇气接受这个现实。因为贵公司有我所需求的工作，所以我愿意向困难的局面挑战。如果贵公司能录用我，我将尽自己的全部力量，为公司的振兴而努力。

(13) 大学生活对你意味着什么　可回答："成熟。回想起以前，我还只是一个只知道'考试、考试'的孩子，那时唯一的生活目的就是上大学。而现在我已经从这种狭隘的人生视野中解脱出来。在大学中，我遇到了各种类型的人物，参加了各种各样的活动，大学的四年是我从学生转变为一个社会人的重要转换时期。"

（14）你在大学时代进行过哪些勤工俭学活动　可回答如下。

① 主要是当家庭教师，这既使我在经济上有所收益，又教学相长，促进了学习。到现在为止，我已经辅导了 6 个中学生，他们几乎都考上了理想的大学，这也使我有一种成就感。

② 一直在快餐店打工。我认为无论做什么，只要干就会有所收获，就能学到知识。现在我对于接待顾客的礼仪、用语已经很熟悉了，这对我将来的工作，是大有好处的。

（15）你的工作目的是什么　可回答如下。

① 我认为工作是实现自我价值的手段。干活挣钱固然是生活的必要条件，但更重要的是将自己与社会联系在一起，能够在社会中实现个人价值。我想在自己期望的工作中使自己的价值得到实现。

② 通过到贵公司工作，对社会有所贡献，总之，我觉得人不能仅仅为自己活着。

（16）你认为最理想的上级应该是什么样　可回答如下。

① 能够让下属尽可能地发挥自己的能力，善于下放权力，又勇于承担责任，不居功自傲，又有真才实学。我希望在这样的上司领导下工作。

② 不仅是对上司负责，而且能够令下属感到安心愉快，只有在这样上司领导下才能最大地发挥个人的才能。

（17）你认为在与朋友相处时，最重要的是什么　可作如下回答。

① 要互相理解、互相体谅。在朋友苦闷时，给以安慰和劝导；而在他成功顺利时，与他分享生活的快乐。这是朋友所希望的，也是我想做的。

② 信任感，相信对方，也被对方所信任，这是朋友之间最重要的东西。没有信任，就没有朋友。

（18）你希望得到多少工资　大公司多半都有一套薪资制度，求职者欲求高工资必须把握时机，最好是等到公司表示出合作诚意时，再来协调工资。一旦决定聘用你，可以提出自己的工资要求，起码要适中，在工资设定之前，最好的做法是只说出大概的范围，从自己能接受的最低待遇，到希望获得的最高工资，对方一听，就可以决定给你多少了。因此，在争取工资时，要知己知彼，才能百战百胜。

（19）你还有什么问题要问　当被问及这个问题时，千万不要说"不，我没有问题。"通过提问，足以显示你的兴趣，使你有更多的机会巩固自己的形象，并进一步了解这份工作是否适合你，不要询问薪金、福利等，所有提出的问题都应与工作有关。如我的职责是什么？将受何种培训？我怎么才能成为公司的优秀职员？等等。

（五）面试中心理调适的技巧

应聘者的心理素质，对其求职成功与否具有重要的影响。因此，应聘者应加强平时的心理素质培养，同时要积极做好面试前和面试中的心理调适，始终以一种饱满的情绪、平和的心态应对面试。

1. 要保持良好的精神状态，树立自信心

面试前要调整好情绪，克服怯场的心理，使自己有饱满的精神状态，力争最佳的面试效果。与人交往中的胆怯心理、紧张情绪，大都因为缺乏自信，尤其是一些性格内向、自卑感强的同学，往往认为自己不如别人，怕别人看不起，怕丢面子。实际上，并不是自己不行，而是自卑心理在作怪，真正看不起你的是你自己。因此，要克服紧张情绪，必须战胜自卑感。面试前仔细观察面试地点的环境，简单推测主考官要问的问题，做深呼吸，以减少恐惧和焦虑情绪。回答问题时，要鲜明地表达出自己的观点，适当地表现出自己的长处。听不清问题时，一定要说"对不起"，给自己一个缓解紧张情绪的机会。

2. 要摒弃自负心理

特别是女大学生，在面试中切忌利用女生"优势"，故意以相貌、肢体语言等转移主考官的注意力，这样会给人以轻浮的印象并引发厌恶情绪。同时，不要过分炫耀自己的学历、成绩、能力等。事实证明，过分地推销通常达不到预期的效果，反而给人夸大其词的感觉。

3. 要善于揣摩主考官心理

面试也是供需双方心理上的较量。作为应聘者来说，了解对方的心理特征，就能变被动为主动。因此，掌握面试考官的基本心理特征，对提高应聘的成功率是大有好处的。

应聘者应当掌握面试考官的三个基本心理特征。

(1) 最初印象和负面加重倾向　有85%的考官在面试前，已根据应聘资料对应聘者产生了最初的印象。最初印象对面试的过程和结果有着十分重要的作用。了解了考官的这一心理特征，我们就应当认真准备自己的应聘资料，尽可能让自己的缺点和不足被优点和特长所掩盖。

(2) 雇佣压力和暗示　这里所说的雇佣压力，是指考官面临完成招聘任务的压力。考官的雇佣压力对应聘者来说是个机会。当然，应聘者较难知道考官的雇佣压力，但在面试中，考官可能无意识地流露出这种情绪。由于急于完成某岗位的招聘任务，考官可能无意识地用暗示来表现这种情绪，甚至主动引导应聘者正确回答问题。比如，他们会说："在外语上，你应该没有什么问题吧"，"根据你的经历，对某技术问题可能不成问题吧"等。不失时机地把握考官的雇佣压力，及时地接住暗示并沿着这条路走下去，你就可能顺利达到目的。

(3) 赏心悦目　这里所说的赏心悦目不仅是指应聘者的穿着打扮，而更强调的是求职者在应聘时的眼睛、面部表情。善于自然地用眼睛、面部表情，甚至简单的小动作来表现自己情绪的应聘者的成功率，远高于那些目不斜视、笑不露齿的人。

(六) 面试中手势运用的技巧

日常生活交际中，人们都在自觉不自觉地运用手势帮助自己表达意愿。那么，面试中怎样正确地运用手势呢？

1. 表示关注的手势

面试中，一定要对谈话表示关注，要表示出你在聚精会神地听。对方在感到自己的谈话被人关注和理解后，才能愉快专心地听取你的谈话，并对你产生好感。一般表示关注的手势是：双手交合放在嘴前，或把手指搁在耳下；或把双手交叉，身体前倾。

2. 表示开放的手势

这种手势表示你愿意与听者接近并建立联系。它使人感到你的热情与自信，并让人觉得你对所谈问题已是胸有成竹。这种手势的做法是手心向上，两手向前伸出，手要与腹部等高。

3. 表示有把握的手势

如果你想表现出对所述主题的把握，可先将一只手伸向前，掌心向下，然后从左向右做一个大的环绕动作，就好像用手"覆盖"着所要表达的主题。

4. 表示强调的手势

如果想吸引听者的注意力或强调很重要的一点，可把食指和大拇指捏在一起，以示强调。

以上介绍的是面试中的常见的手势，要达到良好的效果，还应注意因时、因地、因人灵活应用。

（七）应对不同面试官的技巧

面试时，如果面试官态度友善，提问还有鼓励和启发性，应试者则较易从容应付。但若面试官态度具有攻击性，或表现出轻视、鄙夷的神态，应该怎么办呢？

1. 面试官带有攻击性

不少面试官故意在某一段时间内，用攻击性的态度对待应试者，提出特别尖锐的问题，有意令应试者感到特别尴尬，借此考验应试者的应变能力及面对不寻常情况时，表现是否得体、胸襟是否开阔等。千万不要以为面试官是在故意刁难自己，马上"翻脸"，应保持风度和礼貌，就问题核心内容阐述自己的观点。动怒不是明智之举，哪怕你只是对其中的一个面试官发怒，也会令其他面试官反感，坐失录用良机。

2. 面试官之间看似矛盾

有的面试官温文尔雅，甚至与带有攻击性的面试官针锋相对，看似彼此矛盾，实则在"演戏"，只不过有的扮演"红脸"，有的扮演"白脸"，意图制造混乱，扰乱应试者心态。遇上这种情况，应试者一定要沉着冷静，不要焦躁不安。应站稳脚跟，以"不变应万变"，根据自己的判断，稳妥表达。

3. 面试官态度散漫

有时面试官会装出一副漫不经心的样子，好像对这次面试不太重视，特别是一些经验丰富的主试者，时常采取自然发展式的面试方法，目的是看应试者是否易受别人干扰。应试者千万不要跳进这种常见的圈套中，以为自己可以一样轻率，随便谈天说地，而应该以认真的态度回答那些看似无关紧要的问题。

4. 面试官过分轻松友善

面试时，一些面试官会故意表现得轻松、亲切而友善，旨在打破应试者的心理底线，说许多潜意识的东西。这时要注意，你只是应试者，应该保持谦虚有礼的态度，给面试者留下沉稳可靠的印象。

5. 面试官临场考查应试者的技能

一些面试官喜欢"攻其不备"，当场测试应试者能否胜任某些职位。以推销员面试为例，可能你刚坐下，面试官就会拿出他们的一个产品，让你当场向他推销。对这种情况，面试者事先应有心理准备，对应聘企业的产品应有所了解，说起来"有理有据"，切忌"信口开河"，吹嘘胡扯，否则只会让面试官对你的能力失去信心。

此外，还有其他一些常规举措，我们用表 6-1 来加以归纳。

表 6-1　应对面试官的一些常规举措

问　题	对　策
主考官"漫不经心"	以一贯认真的态度对待看似无关痛痒的问题
主考官过分亲切友善	谦虚有礼、大方、稳重
主考官口若悬河	寻找机会表明你理解他所谈的意思
主考官"连珠炮"似地提问	先思考，后逐一回答，一时回答不上，如实告诉对方，说明自己将再考虑
主考官表现出厌烦情绪	保持正面的积极的态度

（八）应对各类面试的技巧

不论你参加何种类型的面试，以下的建议可以助你一臂之力。

1. 让对方喜欢你

要展现你与面试官和公司文化的相似之处。你们也许并不完全相同，但你应该找出你们兴趣相同的方面，比如共同喜欢的电影、工作方法、产品等。如果你成功地使面试官看到了你们的共同之处，例如世界观、价值观以及工作方法等，那么你便赢得了他的好感并可能因此获得工作机会。

2. 聆听面试官的话

人们喜欢别人听自己说话胜于自己听别人说话。应该通过总结、复述、回应面试官说的话，使对方喜欢你，而不是仅仅注意你要说什么。

3. 赞美时不要过头

当看到办公室里有好看的东西时，你可以趁机赞美几句以打破见面时的尴尬，但不要说个没完。你应该及时切入正题——工作。

4. 讲话时多做停顿，显得你在思考

这么做能使你显得是那种想好了再说的人。这种做法在面试时是可以的，因为面试者可以看得出你在思考，而且是想好了才回答。而在电话面试和可视会议系统面试时，不要做思考的停顿，否则会出现死气沉沉的缄默。

5. 适当做笔记

随身携带一本小笔记本。在面试官说话时，特别是问完问题之后，或者他在特别强调某件事情时，可以做些记录。做笔记不仅表明你在注意听，而且也表明你对面试者的尊重。

（九）推销自己的技巧

面试中，"推销自己"与"过分推销自己"之间有着非常清楚的界线。成功的求职者不会跨越分界线。

一位各方面条件都不错的应聘者就是因为没有把握好"推销自己"与"过分推销自己"之间的度而被淘汰。她在 90 分钟的面试中，将大部分时间用来细致地描述自己取得的每一次成功。有时，她讲得太深入，致使考官中断了她的讲话。起初，她详尽的回答的确使考官很受感染，但三番五次之后，考官就烦了。

一些求职者在整个面试过程中，往往只顾努力地"推销自己"，而忽略了招聘者的反应。应试者对面试做了充分的准备，对公司和公司的战略也进行了认真的研究，并融合了自己的经历和职业目标。尽管热情很高，但应试者在演示中没有考虑到的一点是：过于"卖力"地自我推销，其结果往往是适得其反。

（十）应对电话面试技巧

很多名企在收到简历之后，为了在面试前做进一步的筛选，往往用打电话的形式进行首轮面试。电话面试的时间一般在 20～30 分钟，用以核实求职者的背景和语言表达能力。对于大学毕业生来说，电话面试不像面对面交流时那样直接，表现余地相对较小，仅能凭声音传达个人信息。应聘者又该如何应对？

1. 电话突然打来怎么办

企业突然来电，往往令你措手不及，也许你正在上课，也许正在运动，也许正在公车上，此时没有任何准备。建议你首先试探看看对方是否可以给你一些准备时间，稍后再进行电话面试，如"对不起，我现在正巧有事，能不能换个时间给你打电话"，千万不要说自己没有准备，否则很有可能让你失去这次机会。一旦赢得时间，最先做的应是马上摊开资料写一份提纲，从容应答。当你能坦然放松地与对方进行电话交谈时，应该将对方单位名称、招聘岗位以及你所感兴趣的职位等弄清楚。

假若对方表示占用时间很短，要你配合的话，也不要紧张，先找个安静的地方坐下，然后理清思路，先做简短的自我介绍，再有条不紊地回答提问。

2. 电话面试会问什么

为确认求职简历的真实性，企业人事部门首先会对简历内容进行确认，看看是否有漏洞，是否有不符合事实的地方。此时，应聘者必须冷静快速地回答问题，回答过程中的任何犹豫都有可能给对方造成说谎的印象。因此，最好将简历放在手边，可以看着内容回答提问。

确认简历内容之后，面试官会针对应聘岗位问些专业技术方面的问题。比如你的专业技能、对应聘职位的看法，有时会问得更细一些。对于这些问题，千万不要慌张，保持镇静，抓住问题要点，尽你所能，如实回答。

回答一些专业问题时，你的答案要尽量显示你对这些专业术语非常熟悉，并能用简短的语言表达清楚，重点突出，不要回答得含糊不清。

任何面试都是双方进行相互观察和了解，而不是面试官单方面"审问"应聘者。面试官会对应聘者提出各种问题，以此来衡量你是否适合本公司，同时应聘者也可以向面试官提出任何你想了解的问题，薪资待遇问题最好不要提及，否则对方会认为你比较功利。

3. 接听电话要冷静

"知己知彼，百战不殆。"想从容面对电话面试，就得先了解电话那头的"对手"是谁。因此，要问清面试官的名字与公司名称，并确定自己的正确性。对应聘公司的信息了解得越多，就越容易应对面试。

① 尽快理解面试官的提问。

② 当面试官了解到你掌握公司的很多信息时，会对应聘者产生好感，面试也会变得轻松起来。如可能，最好提前准备一份你可能遇到的问题的清单。你还需要整理出一份你接受过专业技术培训的列表，这会让你的实力一目了然。

同时，在手边放一些纸和一支笔，记录对方的问题要点，便于回答。记住，接电话的时候如果不说"你好"而只说"喂"，印象分就低了，接下来的结果可想而知。

4. 接听电话要注意语速

在面试过程中不要机械地背诵你所准备的材料。回答问题时语速不必太快，发音吐字要清晰，表述要简洁、直截了当、充满热情，使得谈话有趣而易于进行，语速太快了反而会弄巧成拙。

如果问题没听清楚，要很有礼貌地请面试官重述一次，不要不懂装懂。回答时尽可能表现得有礼貌，不要答非所问。如有必要，甚至还可以要求面试官改用其他方式重述他的问题。

紧张是很自然的，但是要试着让自己慢慢放松。如果你说的太急，面试官会很难听懂你的意思。一旦你感觉到很紧张，而且在说某些话时无法继续下去，最好停下来，深深地吸一口气，然后说："对不起，请让我再来一次。"

记住，尽量保持语调轻松，充满自信。值得一提的是，外资企业的电话面试大多是用英语交流，只要英文不差，听懂对方的问题，回答要力求简单明了。

5. 电话面试结束应该说什么

在电话面试结束时，要感谢面试官给你机会，显示你的个人修养。而且你还要保证面试官有你正确的电话号码，以便在接下来的几个星期里他能找到你。

•••••••••• **案例 10 模拟剧场** ••••••••••

公司名称：××报社

考评面试官：人力资源总监王小姐（Q——question）

应征部门：生活版

应聘职位：记者

应聘者（A——answer）简介：吴晓，男，22 岁，未婚。毕业于××大学新闻专业，曾在《××生活》杂志社实习。

① Q：请你先自我介绍一下自己。

A：我叫吴晓，是××大学新闻专业的本科生……

要点 1：a. 第一印象很重要，要让她记住你；b. 眼神柔和，要有交流，保持微笑。

② Q：请你谈一下你在大学求学期间有没有什么相关的社会活动经验。

A：我学的是新闻专业，在二年级的时候已经开始在《××生活》杂志社实习，与社会接触较多，我们那个部门还在几次的内部评比中拿到了好成绩。我平时也比较喜欢参加学校团体活动和社会实践活动，还参加了学校的"西部阳光行动"活动，在贵州白碧进行下乡实践。

要点 2：a. 回答问题要诚实中肯，切忌浮夸；b. 力争引起对方的共鸣。

③ Q：为什么想到我们单位工作呢？

A：我是在××地方看到贵单位的招聘广告的，通过对贵单位文化信息和职位信息的收集，发现这个职位需要有相关的经验。我有在杂志社的实习经历，做的是和生活版相关的工作；同时，我觉得所学的专业与贵单位的职位要求相符，所以来应聘这个职位。另外我觉得在贵单位工作会有很大的发展空间，而且我对昨天单位网站上发布的要转变经营理念的想法很有兴趣。

要点 3：a. 收集对方情报，多了解对方不会有坏处，了解相关职务内容；b. 充分展示自己的优势。

④ Q：你觉得你有能力胜任这份工作吗？

A：有。我在实习单位的经历使我相信这一点。即使我会有某些经验不足的地方，但我相信只要融入一个优秀的团队，向其他前辈学习，就会改善不足，完成任务。

要点 4：表现出高度的自信心及魄力。

⑤ Q：你有没有自己的职业规划？

A：有。我有自己的理想。有职业规划会更好地实现理想。虽然这个社会有很多事情不可预测，但我还是认为每个人都应该有规划，按照自己的规划一步一步走过来，会更加有成就感。我希望自己能随着单位一同成长。

要点 5：充分表达出自己对工作的热忱和对未来的信心。

⑥ Q：你所期望的待遇我们可能无法满足，你能接受吗？

A：我觉得所提出的期望待遇与现在这个行业的职位薪酬标准是相一致的，当然具体的待遇标准还要由贵单位通过评估我的表现来确定。我愿意在双方达成共识的基础上，在一定时期内按贵公司新进员工待遇标准工作。

要点 6：回答待遇问题的基本原则是保持弹性，不卑不亢。

⑦ Q：你对单位有什么建议吗？

A：虽然我对单位进行了一番研究，毕竟还只是表面上的认识，不能说是了解。所以，如果有机会进入单位，有可能会提出可行的建议。

要点 7：不要在没进入单位以前，对对方提出任何有批评性的建议。

⑧ Q：你有没有什么要问的？

A：有。请允许我询问……

要点 8：a. 切忌回答"没有问题"；b. 传达出争取工作的决心；c. 搞清楚有待了解的部分。

⑨ Q：吴先生，由于时间的关系，我们今天的面试就到此为止。由于还有一部分候选人要进行这一轮面试，所以我们要对所有参加面试的候选人进行全面比较衡量后，才决定合适的人选。有进一步的消息，我们会及时通知你、谢谢你。

A：十分感谢王总抽出宝贵的时间和我面谈，我从中受益匪浅。希望下次有机会再当面请教。再见。

要点 9：礼貌离开，注意细节。离开时，如果公司门口有小纸片等垃圾，不要视而不见地走过，将它捡起扔到垃圾桶。

职场提醒：24 小时内，按照地址给人力资源主管发一份感谢信，表示通过面试更进一步了解××报社的企业文化和高效率，表达自己仍然很想为该单位服务的愿望，也有信心做好相关工作，希望有机会向他多多学习。

要注意的是：我们通过面试模拟剧场将面试过程和面试常见提问浓缩到一起，希望大家通过仔细揣摩模拟剧场中的内容和本书其他部分，想象自己面试时会遇到的问题，建立求职面试礼仪的概念；结合自己的实际情况做好准备，使自己面试成功。

求职礼仪事实上是在求职过程中所表现出的一种由里到外的涵养。外表的礼仪是对招聘单位和招聘人员最起码的尊重，而内在的礼仪更是一名当代大学生所必备的修养。

第三节　笔试的类型与技巧

《庄子》里面有这样的一个故事：一个人散尽了千金家财，远离家乡去学习屠龙术。三年后学成，他极其自豪。但是回到家乡之后却发现世界上根本就没有龙，他的屠龙术也就成了无用之术。

他的错误就在于不知道什么本领有用。我们所掌握的本领需要符合用人单位的要求，所以，在求职之前应该明白社会需要什么样的人才，想要进入的企业要求我们具有什么样的本领，如果不知道这些情况，我们所引以为豪的本领，只会成为用人单位眼中毫无用处的"屠龙术"。

职场提醒：不要期望一开始就有多高的工资和职位等着你。高工资和高职位往往是为那些又勤奋又有才干的人准备的。只要你勤奋，只要你有才干，迟早它会是你的。

一、笔试类型

笔试主要是应用于一些专业技术较强和对录用人员素质要求很高的大型企事业单位招聘

之中，它不仅考察应聘者的文化、专业知识，还考核他们的心理素质、办事效率、工作态度、修养水平、思维方法等素质能力。

笔试类型：专业考试、智力测试和技术测试。

专业考试：这种试题是检验应聘者是否具有担任某一职位应具有的相关专业知识水平。有些还会有英文考试。

智力测试：测试应聘者的分析观察能力、思维反应敏捷度。

技术测试：测试应聘者处理相关问题的速度和效果。

二、解题方法

对于专业知识的测试和技术能力的考察，我们只有在平时增加积累，把基础知识掌握好，在实际运用上下工夫，才能取得好成绩。

对于智力测试，因为它分为很多类型，所以我们可以有一些小技巧。

1. 排除法

把一些无关的答案先予排除，尽可能缩小未知的范围。比如某年北京市公务员考试行政职业能力测验题目：

甲、乙、丙、丁、戊五个学生参加高考，他们成绩之间的关系是：丙没有乙高，戊没有丁高，甲高于乙，而丁不如丙高，则成绩最高的是（　　）

A. 甲　　　　　　　B. 乙　　　　　　　C. 丙　　　　　　　D. 丁

分析：丙没有乙高，丙排除。丁不如丙高，丁排除。只有甲和乙才是可能的答案。

2. 找规律

一般是考察应试者对数字之间的敏感度，通过考察得出数字之间的关系，寻找出规律，做出回答。比如某年北京市公务员考试行政职业能力测验：

4，7，13，25，49，（　　）

A. 80　　　　　　　B. 90　　　　　　　C. 92　　　　　　　D. 97

分析：4 和 7 之间相差 3，7 和 13 之间相差 6，13 和 25 之间相差 12，25 和 49 之间相差 24，看到 3、6、12、24 成等比上升，那么下个数和 49 之间的差应该是 48，那么 48 与 49 之和即为答案。选 D。

3. 递推法

由已知条件层层向下分析，要确保每一步都能准确无误。本着先易后难的原则，最后可以推出符合题目要求的答案。

4. 倒推法

从问题最后的结果开始，一步一步往前推，直到求出问题的答案。有些问题用此法解起来很简单，如用其他方法则很难。

5. 假设法

对给定的问题，先做一个或一些假设，然后根据已给的条件进行分析，如果出现与题目给的条件有矛盾，说明假设错误，可再做一个或另一些假设。如果结果只有两种可能，那么问题就已经解决了。比如有一道经典智力题：

有一个说谎国和一个老实国，说谎国的人只说谎话，老实国的人只说真话。有一天，两个说谎国的人和一个老实国的人走在一起，他们都想进入一个国家，可是这个国家只欢迎老实国的人。哨兵问他们是哪个国家的人，甲说："我是老实国的。"乙说话声音很轻，哨兵没听清楚，便指着乙问丙说："他是哪一国的？你又是哪一国的？"丙说："他说他是老实国的，我也是老实国的。"哨兵只知道其中有一个是老实国的人，却不知道是谁，那么，到底谁是老实国的人呢？

解答：假设乙是老实国的人，他回答一定是老实国的人；如果他是说谎国的人，他的回答也一定是老实国的人。丙如果是说谎国的人，他在转述乙的回答时，必定要说乙是说谎国的人。可是丙却没有这样做，可见他没有说谎。所以，丙是老实国的人。

6. 作图法

根据问题中已知的条件画出图形，标出条件，一目了然，利于解答。例如：

在漆黑的夜里，四位旅行者来到了一座狭窄而且没有护栏的桥边。如果不借助手电筒，大家是无论如何也不敢过桥去的。不幸的是，四个人只带了一只手电筒，而桥窄得只够让两个人同时通过。如果各自单独过桥的话，四人所需要的时间分别是1分钟、2分钟、5分钟、8分钟；如果两人同时过桥，所需要的时间就是走得比较慢的那个人单独行动时所需的时间。问题是，你如何设计一个方案，使过桥的时间最少。

分析：画出图形利于分析。

① 1分钟的和2分钟的先过桥（耗时2分钟）。

② 1分钟的回来（或是2分钟的回来，结果一样）。

③ 5分钟的和8分钟的过桥（耗时8分钟）。

④ 2分钟的回来（耗时2分钟）。

⑤ 1分钟的和2分钟的过桥（共耗时2分钟）。

此时全部过桥，共耗时15分钟。

在笔试过程中需要注意的问题如下。

① 要字体工整，切忌乱涂乱抹。

② 尽量做完所有题目，写得有条理。

③ 掌握主次。

④ 先从头到尾看一遍，了解题型结构和题量大小，看对于自己来说哪些是相对容易的，做到心里有数。

比如在一家外国企业招聘的笔试考试中，第一部分的题目都很难，第二部分是专业基础题较容易，要求在45分钟时间里完成，结果200多人参加的考试里，只有三个人做完，并通过考试。大家很奇怪，因为他们的专业知识并不是很优秀，后来问了他们才知道：第二部分的第一道题前写着：此前的二十道题，只需选做两题。结果很多应试者只想着做题，忘记把题型浏览一遍，只有对把题浏览一遍的三位表示祝贺了。

⑤ 不要在一道题上下太多的工夫。

⑥ 对于论述题先列出提纲再逐条撰写，尽量用（1）、（2）、（3）等标出，不仅会显得有条理，还会使印象分大增。

思考与实践

以小组为单位，组织一场模拟面试，注意运用本章介绍的一些方法。

第七章

掌握就业政策和法规，保护自己的合法权益

【职场寓言】 一头驴子不小心掉进一口枯井里，它的主人绞尽脑汁想要救出它，却未能成功。最后，主人决定放弃，他请来左邻右舍准备一起将驴子埋了，以免除它的痛苦。他们将泥土铲进枯井中，驴子了解到自己的处境后开始叫得很凄惨，但过了一会儿之后就安静了下来。主人往井底一看，大吃一惊：当泥土落在驴子的背部时，它将泥土悉数抖落在井底，然后再站上去。很快，这头驴子便走出了枯井。

在求职中，我们难免落入陷阱，或被人落井下石。这时候我们要做的是：将身上的"泥沙"抖落，然后站到上面去。

职场提醒： 在求职的过程中，同学们要了解我国的就业政策，掌握就业法规，熟知本校毕业生的就业工作程序。要善于识别就业陷阱，防止误入歧途。

第一节　我国现行就业制度

随着经济体制改革的全面展开和政治体制改革的深入发展，我国劳动人事制度的改革也进入了一个新阶段。具体而言，政府机构要转变职能、精简机构、提高效率，推行国家公务员制度；国有企业要实行灵活的用工制度，推广合同用工制，逐步打破不同所有制企业职工的固定身份界限，促进劳动力资源合理配置；事业单位要在国家有关法律规范下，逐步实现自主用人。与此同时，作为劳动人事制度组成部分的高校毕业生分配制度，也全面实行"供需见面，双向选择"，现已实施缴费上学、自主择业的新就业机制。

一、国家公务员制度的建立

进入国家行政管理机关，是不少大学毕业生的就业理想。那么，要想"从政"，首先要全面了解国家公务员制度。

（一）国家公务员制度概念

现代公务员制度是建立在民主政治、法治社会和科学管理基础之上的制度。中国国家公务员制度，是关于政府机关从事公务人员管理的法制化、正规化和标准化的诸种规范性和规定性的总和，是一套完整的国家行政机关工作人员录用、考核、职务任免升降、培训、工资

保险福利、申诉控告、退休以及公务员管理机构和监督等管理行为的规范和准则体系。

(二) 国家公务员制度的基本原则

贯穿国家公务员制度的一系列基本原则如下。

(1) 公平竞争原则　公平竞争原则是国家公务员制度的基本原则之一，贯穿公务员制度的各个重要环节。第一，在法律上确认每个公民具有平等的竞争权。公民都有申请报考公务员的权利，并以同等的机会参加公务员录用考试，以同一标准决定是否被录取。第二，公务员任职条件公开，报考公开，考试成绩公开，录用公开。这种公开的原则，为平等竞争提供了基础和前提。第三，国家通过法律保护公平竞争的环境和公民在竞争中的合法权益。

(2) 功绩制原则　这既是国家公务员制度一项基本原则，也是激励公务员勤奋和创造性工作的重要手段。功绩制原则主要表现在：第一，在坚持四项基本原则的前提下，以工作实绩和贡献作为考核、评价公务员的标准，作为公务员职务升降的重要依据；第二，以工作实绩和贡献的大小，作为公务员享受工资待遇的主要条件，对经考核连续多年确定为优秀的公务员，可以提前晋升级别、越级晋升职务，而在年度考核中不称职的，不得晋升工资，而且还要降职。

(3) 党管干部的原则　党管干部的原则是社会主义国家人事制度中不可动摇的根本原则。实行公务员制度，不是摆脱、削弱或淡化党的领导，而是为了加强和改善党对政府机关干部人事工作的领导。建立和完善国家公务员制度，正是朝着这个方向迈出的重要而切实的一步。因此，公务员制度是党的干部制度在新的历史条件下的自我发展与完善。

(4) 依法管理原则　这是公务员制度的一个基本特征，是实行公务员制度的一个目的，也是人事管理法制化、科学化的一个重要标志。依法管理原则具体体现在两个方面：一方面对公务员管理必须有法律依据，做到以法管理；另一方面，公务员行使权利、履行职责，必须依照法律规定，做到依法行政。总之，公务员制度需要一个规范公务员自身的公务员法律体系和规范公务员行为的行政法律体系，并在此基础上做到有法可依，依法办事，执法必严，违法必究。

(三) 国家公务员制度的主要特点

公务员制度作为上层建筑的一部分，是与一个国家的经济基础和政治制度相联系的。我国国家公务员制度坚持党的基本路线，坚持党管干部原则和德才兼备的用人标准及为人民服务的宗旨。我国公务员不存在西方意义上的"政务官"与"事务官"的划分。与传统的人事管理制度相比较，国家公务员制度具有以下特点。

(1) 体现了分类管理的原则　国家公务员制度只适用于政府机关，这就改变了过去无论什么干部都按一个模式管理的办法。因此，国家公务员制度的建立，不仅标志着具有中国特色的国家行政机关人事管理制度的形成，也标志着我国人事分类管理制度的建立和形成。

(2) 具有科学的激励竞争机制　各级政府机关录用人员，都按照公开、平等、竞争的原则，面向社会，公开考试，严格考核，择优录取。对国家公务员进行严格考核并以考核结果作为依据，按照一定程序对国家公务员进行奖惩、培训、职务晋升、晋级增资以及岗位调整，做到能上能下，优胜劣汰。

(3) 具有正常的新陈代谢机制　国家公务员制度，一方面在人员录用上严格把关，要求国家公务员具备一定的基本素质；另一方面，在建立正常退休制度的同时，实行人员交流制度，部门职务实行聘任制度，以及辞职辞退制度，使国家公务员队伍能进能出，增强了政府机关的生机和活力。

（4）具有勤政廉政的保障机制　勤政廉政作为对国家公务员的一项基本要求，贯穿在国家公务员权利、义务、纪律、录用、晋升、考核、奖惩等各项制度和各个管理环节中。同时国家公务员还实行回避和交流制度，从制度上保证和促进了国家公务员的廉洁奉公。

（5）具有健全的法律法规体系　目前，国家公务员制度除了有总法规《国家公务员暂行条例》之外，还包括36个单项法规和规章，形成了一套较为完整的法规体系。国家公务员日常管理有法可依，逐步走上了法制化管理的轨道。

（四）选调生与公务员的区别

很多考生对公务员与选调生存有疑惑，这两者到底有什么区别呢？都需要具备什么样的资格呢？考试有什么不同吗？

1. 报名条件不同

选调生的报名条件除符合一般国家公务员的报名条件外，还要求是政治素质好、有志于从事党政工作并有发展潜力的优秀学生。主要选调本科生、研究生中的共产党员、优秀学生干部和三好学生。公务员的报名条件详见每年公务员报考公告中的说明，一般要求为大学专科以上学历。

2. 培养目标不同

选调生的培养方向主要是党政领导干部后备人选和县级以上党政机关高素质的工作人员人选；而公务员一般招考的是非领导职务的国家公务人员。

3. 选拔程序不同

选调生的选拔采取本人自愿报名、院校党组织推荐、组织（人事）部门考试考核相结合的办法；而公务员录用考试采取笔试和面试的方式进行，不需要院校党组织推荐。

4. 培养管理的措施不同

选调生到基层工作采取岗位培训、脱产轮训等多种形式，选调生在基层工作期间，至少要脱产培训一次，培训内容主要针对乡镇工作的具体问题；而公务员在工作初期一般都安排任职培训，培训内容主要针对自己本岗位的实际工作。

5. 管理使用有所差别

选调生是省委组织部的后备干部，放到基层锻炼，人事权归省委组织部管辖，委托接收单位考评。调动范围是全省建有党组织的各级党政机关、事业单位、人民社团，可以理解成一种特殊的干部身份。

公务员是针对具体职能的职位，人事权一般归该单位人事机构或上级单位人事机构或人事局、厅管辖。一般只要有人事权的单位都有管辖权。调动范围取决于人事归属单位，在该单位人事管理范围内调动。

6. 发展前景有所差别

选调生的提拔一般采取借调方式，借调满一年可转入借调单位，有公务员岗位编制的不通过公开公务员考试直接提拔，借调单位可以是省级机关或该生所在市级组织部人事范围内。

公务员的提拔是普通职务升迁方式，通过规定的职务序列逐级晋升。个别德才表现和工作实绩特别突出的，可以越一级晋升，但是必须按照规定报有关部门同意。

（五）相关公职类考试报考条件与时间

1. 选调生的报考条件与时间

（1）条件

① 选调对象　选调对象为符合条件的普通高校全日制大学本科以上学历应届毕业生和服务基层项目人员。

选调高校包括 985、211、省重点等高校。上述普通高校的定向生、委托生、独立学院毕业生、专升本毕业生等不在选调范围之内（具体可见省报考简章）。

服务基层项目人员为安徽省有关部门统一组织到基层服务的普通高校毕业生，具体包括省选聘工作办公室选聘的大学生村官、省教育厅招聘的特岗计划教师、省"三支一扶"工作协调管理办公室招聘的"三支一扶"毕业生和省大学生志愿服务西部计划项目管理办公室招募的西部计划志愿者。

② 选调条件　除公务员法规定的基本条件外，还应具备下列资格条件。

a. 报名时为中共党员（含预备党员）。

b. 应届大学本科生 24 周岁以下，硕士研究生 27 周岁以下，博士研究生 30 周岁以下。以 2017 年招生为例，应届大学本科生 1992 年 3 月以后出生，硕士研究生 1989 年 3 月以后出生，博士研究生 1986 年 3 月以后出生才符合条件。

服务基层项目人员年龄相应放宽 3 岁。

c. 应届毕业生报考年份 7 月底前获得相应学历学位证书，其中博士学位证书可于报考年份 12 月底前获得。

服务基层项目人员聘用前获得相应学历学位证书，且聘用手续完备，具有省级毕业生就业主管部门签发的就业报到证。

d. 应届毕业生大学本科或研究生期间担任学生干部一年以上。

服务基层项目人员截至报考年份 9 月服务年限满 2 年以上，年度考核均为称职（合格）以上等次，报名时仍被聘用在项目岗位上。

e. 身体心理健康，符合公务员录用体检标准。

凡在学习工作期间受过处分的，在各级公务员招考中被认定有舞弊等严重违反纪律行为且仍在处理期内的，或有法律法规规定不得录用为公务员情形的，不得选调。

服务基层项目人员在同等条件下，优先选调。

（2）报名

考试采用网络方式报名，报名网站为安徽省人事考试网，报名时间为每年的 3 月底。

2. 公务员的报考条件与时间

（1）条件　报考人员应符合以下条件。

① 具有中华人民共和国国籍。

② 18 周岁以上、35 周岁以下，应届硕士研究生和博士研究生（非在职）人员年龄可放宽到 40 周岁以下。需要注意的是出生日期是按报名时间截止日期来算的，例如 2017 年国考年龄规定是 1980 年 10 月 15 日至 1998 年 10 月 15 日期间出生的人员，应届硕士研究生和博士研究生（非在职）人员则要求是 1975 年 10 月 15 日以后出生的人员。

③ 拥护中华人民共和国宪法。

④ 具有良好的品行。

⑤ 具有正常履行职责的身体条件。

⑥ 具有符合职位要求的工作能力。

⑦ 具有大专以上文化程度。

⑧ 具备中央公务员主管部门规定的拟任职位所要求的其他资格条件。

需要注意的具有以下几种情况的人员是不能报考公务员的：

① 现役军人、在读的非应届毕业生、在职公务员和参照公务员法管理的机关（单位）工作人员，不能报考；

② 因犯罪受过刑事处罚的人员和被开除公职的人员，在各级公务员招考中被认定有舞弊等严重违反录用纪律行为的人员，公务员和参照公务员法管理的机关（单位）工作人员被辞退未满 5 年的，以及法律法规规定不得录用为公务员的其他情形的人员，不得报考。

此外，报考人员不得报考与招录机关人员还有公务员法第六十八条所列情形的职位。

公务员法第六十八条规定："公务员之间有夫妻关系、直系血亲关系、三代以内旁系血亲关系以及近姻亲关系的，不得在同一机关担任双方直接隶属于同一领导人员的职务或者有直接上下级领导关系的职务，也不得在其中一方担任领导职务的机关从事组织、人事、纪检、监察、审计和财务工作。"

需要注意的是非普通高等学历教育的其他国民教育形式（自学考试、成人教育、网络教育、夜大、电大等）毕业生取得毕业证后，符合职位要求的资格条件的，均可以报考，但定向生、委培生原则上不得报考公务员。

安徽省的省考报名条件与国考基本一致，但是也有以下几点区别。

① 由于省考一般在每年的 3 月份报名，对应的出生日期的截止时间就是 3 月份，例如 2017 年省考年龄规定是 1981 年 3 月 22 日至 1999 年 3 月 22 日期间出生，应届硕士研究生和博士研究生（非在职）人员则要求是 1976 年 3 月 22 日以后出生。

② 定向生、委培生报考公务员给出了可以报考的条件，即须由定向或委培单位出具同意报考证明，经所在院校同意后方可报考，并在资格复审时提供同意报考证明材料原件。

③ 对于不能报考人员中增加了截至报名时，录用未满 2 年（含试用期）的公务员和参照公务员法管理单位工作人员，以及未满协议服务期的政法干警招录培养体制改革试点生、艰苦边远乡镇面向本市户籍人员招录等未满协议服务期的公务员和参照公务员法管理单位工作人员等不能报考的规定。

需要注意的是公安院校公安专业应届毕业生，不能报考公安机关（含森林公安）面向社会公开招考的人民警察职位，但可以报考非公安机关人民警察职位。

报考人民警察的招考年龄随职业类别不同要求也不一样，以 2017 年安徽省省考年龄规定为例。

省级及以上公安机关、监狱、强制隔离戒毒管理机关录用人民警察的报考年龄条件按照现行公务员报考年龄规定执行。

市级及以下公安机关录用人民警察的报考年龄条件为：一般不超过 30 周岁（即 1986 年 3 月 22 日以后出生），2017 年应届硕士、博士研究生（非在职）和报考法医职位的，一般不超过 35 周岁（即 1981 年 3 月 22 日以后出生）。

司法行政部门监狱、戒毒所一线干警报考年龄一般不超过 30 周岁（即 1986 年 3 月 22 日以后出生），2017 年应届硕士、博士研究生（非在职）及狱医、心理矫正等特殊职位招考年龄一般不超过 35 周岁（即 1981 年 3 月 22 日以后出生）。

报考公安特警的人员年龄一般不超过 25 周岁（即 1991 年 3 月 22 日以后出生）。

（2）报名时间、方式

① 国考的报名一般是每年的 10 月中旬开始。例如 2017 年的国考报名时间是 2016 年 10 月 15 日 8：00 开始，2016 年 10 月 24 日 18：00 结束。

在上述时间内，报考人员可以在网上提交报名信息，进行报名，报名工作主要在网上进行，不设现场报名。例如 2017 年的报名网站是中央机关及其直属机构 2017 年度考试录用公务员专题网站（http://bm.scs.gov.cn/2017）。

② 省考的报名一般是每年的 3 月底开始。例如 2017 年的安徽省省考报名时间为 2017 年 3 月 22 日 9：00 至 3 月 29 日 24：00。

在上述时间内报考人员可以在网上提交报名信息，进行报名，报名工作主要在网上进行，不设现场报名（涉密等特殊职位除外）。报名网站为安徽省人事考试网（www.apta.gov.cn）。

报考时需特别注意要认真阅读《招考公告》和《招考简章》，了解基本的政策和要求，特别是报考条件，选择与自己条件相符的招录机关和职位

（六）公职类考试科目及注意事项

1. 选调生考试科目

笔试考公共科目，包括行政职业能力测试和申论两科，其中申论科目为 A 类。4 月份中下旬进行笔试，5 月中下旬公布成绩，笔试报考人员可登录安徽省人事考试网查询。

2. 国考考试科目

所有考生均参加行政职业能力测验和申论两科考试。报考有专业测试要求职位的考生，除参加公共科目考试外，还需分别参加对应的《专业知识》科目考试。11 月份中下旬进行笔试，次年 1 月中旬，考生可凭本人身份证号和准考证号登录考录专题网站，查询公共科目笔试成绩、最低合格分数线和进入面试人员名单。

3. 安徽省考科目

笔试公共科目为《行政职业能力测试》和《申论》两科，所有考生均须参加，其中，报考省、市机关和省以下垂直管理单位职位的人员考《申论》A 卷；报考县（市、区）、乡镇（街道）机关职位的人员考《申论》B 卷。报考有专业测试要求职位的考生，除参加公共科目考试外，还须分别参加计算机、法律、财会、外语、公安、军事知识等相关《专业知识》科目考试。

4. 注意事项

① 除了报考人民警察相关职位外是不需要进行体能测评的。报考人民警察职位的，按照有关规定进行体能测评。体能测评人选根据职位招录计划数，依笔试成绩从高到低按 3：1 的比例确定。不足规定比例的按实际人数确定。最后一名如有多名考生笔试成绩相同的，一并确定为体能测评人选。体能测评按照《公安机关录用人民警察体能测评项目和标准（暂行）》执行。监狱、戒毒管理机关的人民警察和人民法院、人民检察院的司法警察职位参照《公安机关录用人民警察体能测评项目和标准（暂行）》进行体能测评。报考有专业要求职位且具有两年以上工作经历的硕士、博士研究生入围人选，免体能测评。

② 国考中对于报考人民警察职位笔试参加《行政职业能力测试》《申论》和《专业知识》三科考试的，笔试成绩按 40％、30％、30％的比例合成笔试综合成绩。安徽省考中，对于参加《行政职业能力测试》《申论》和《专业知识》三科考试的，笔试成绩按 35％、35％、30％的比例合成笔试综合成绩。

③ 笔试通过后用人单位会根据成绩排名情况进行资格复审，然后确定面试名单，进行

面试环节等。录考具体流程如下：

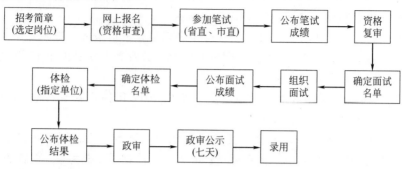

二、劳动合同制的全面实施

我国在 20 世纪 50 年代中后期，为了以有限的资源尽快完成工业化和实现国民经济的发展，在生产发展上采取了集中支配资源、进行重点建设的模式。生产资料由指令性计划统一调拨，资金由国家财政和银行统一筹集、计划使用，在劳动用人制度方面也是实行了劳动力的统包统配。这种统包统配用人制度的基本特征是：国家对企业用工长期实行高度集中统一的指令性计划管理，依靠行政手段直接控制企业的用工数量、用工形式和用工办法，以固定工为主兼以少量临时工为补充，形成了"铁饭碗"的模式。

进入 20 世纪 80 年代，随着经济体制改革的进一步深入，劳动用工制度的改革日益成为一种迫切的需求，受到党和国家高度重视。1983 年 2 月，原劳动人事部发布《关于积极试行劳动合同制度的通知》，提出今后无论全民所有制单位还是区、县以上集体所有制单位，在招收普通工种或技术工种工人的时候，都必须与被招用人员签订劳动合同。这一年，全国 29 个省、自治区、直辖市均开始实行劳动合同制度，到年底，依法签订劳动合同的企业职工达 65 万人。到 1985 年，全国签订劳动合同的企业职工增至 332 万人。经过几年的试点和探索后，国务院于 1986 年 7 月发布了《国营企业实行劳动合同制暂行规定》，规定企业在国家劳动工资计划指标内招用常年性工作岗位上的工人，除国家另有规定外，统一实行劳动合同制度；国家机关、事业单位和社会团体在常年性岗位上的招用的工人，应当比照该规定执行。

1994 年 7 月，第八届全国人民代表大会常务委员会第八次会议审议通过了《中华人民共和国劳动法》，并决定自 1995 年 1 月 1 日起实施。这是我国劳动合同立法工作的重大突破。该法对劳动合同的订立，劳动合同的形式与内容，劳动合同的期限，劳动合同的终止、变更和解除以及无效劳动合同等做出了详尽的规定。为了配合《劳动法》的贯彻实施，劳动部发布了一系列配套的规章制度，如《违反和解除劳动合同的经济补偿办法》《违反〈劳动法〉有关劳动合同规定的赔偿办法》《关于贯彻执行〈中华人民共和国劳动法〉若干问题的意见》《关于实行劳动合同制度若干问题的通知》《关于企业职工流动若干问题的通知》《关于加强劳动合同管理完善劳动合同制度的通知》等，对劳动合同制度实施过程中的有关问题做出了具体规定。

与此同时，随着企业用人自主权的落实和劳动人事制度改革的深入，劳动合同制度的建立工作也取得了很大的进展。"八五"初期，全国实行劳动合同制度的职工约 1236 万人，仅占职工总数的 12.2%。在其后的五年中，以实行全员劳动合同制度为重点的劳动用人制度改革迅速向全国推广，劳动合同制职工人数不断增加。1994 年社会主义市场经济体系的建立，为加快劳动用工制度改革的步伐提供了良好的契机，劳动合同制度开始由试点走向全面实行。1994 年年初，上海、广东、吉林、山东、福建、山西、辽宁等省（直辖市）和全国

200多个市、县全面进行了劳动用工制度的改革，参加改革的职工人数达5500万人，其中实行劳动合同制度的职工达3500万人。

随着1995年《劳动法》的正式实施，国务院对建立劳动合同制度提出了明确要求，各地区、各部门也加快了劳动合同制度的实施步伐。根据2015年的统计，全国企业劳动合同签订率达90%，这标志着我国已经建立起符合社会主义市场经济发展需要的新型劳动用工制度。

2007年6月29日第十届全国人民代表大会常务委员会第二十八次会议通过了《中华人民共和国劳动法》修订版，2012年12月28日又对其进行了修正。

通过订立劳动合同的形式建立劳动关系，从根本上改变了以往计划经济条件下企业劳动用工依靠行政手段分配的管理体制，使企业和劳动者可以在真正平等的基础上实现双向选择，从而使劳动关系双方真正成为平等的主体。这为培育和发展劳动力市场，建立统一、开放、竞争、有序的劳动力市场运行机制创造了条件，适应了社会主义市场经济体制的建立和发展。

三、人才市场的形成

1. 人才流动的概念

所谓人才流动，是指以专业技术人员和管理人员为主体的各类人才根据个人的择业愿望，通过人才流动服务机构登记、交流，从一单位（地区）调整到另一个单位（地区）工作。人才流动中的流动人员主要是指辞职或被辞退的机关工作人员、企事业单位专业技术人员和管理人员，与用人单位解除劳动合同或聘用合同的专业技术人员和管理人员，待业的大中专毕业生，自费出国留学人员，外国企业常驻代表机构的中方雇员，外商投资企业、乡镇企业、区街企业、民营科技企业、私营企业等非国有企业聘用的专业技术人员和管理人员等。人才流动具有社会性、多样性、灵活性等特点，主要形式有辞职、辞退、聘用、兼职等。人才流动，可以改变人事行政隶属关系，如辞职、辞退；也可以不改变人事行政隶属关系，如兼职。无论人才以何种形式流动，都要在有利于国家经济社会发展的前提下进行合理有序的流动。

搞活人才流动，对于促进经济社会发展，促进人事制度改革具有重要意义。党的十五大报告中指出，"人才是科技进步和经济社会发展最重要的资源"。经济社会的发展要依靠科技进步，而科技进步的关键在于掌握科学技术的各类人才，在于最大限度地发挥人才的积极性和创造性。这就要求合理配置人才资源，打破人才的部门所有、单位所有，调整人才分布与人才结构，实现人才在更大范围内的合理流动。在建立社会主义市场经济体制的过程中，只有疏通人才流动的渠道，使人才作为生产要素通过市场进行合理配置，才可以不断实现生产力要素的最佳组合，形成新的生产力，从而促进整个经济社会的发展。在深化劳动人事制度改革的过程中，无论是行政体制改革还是机构改革，无论是推行国家公务员制度，还是进行企事业单位人事制度改革，都需要人才的合理流动。搞活人才流动，对于实现人才的自主择业权和单位的自主用人权，也都具有重要意义。

2. 人才流动的形式与发展

人才流动是改革开放的产物。人才流动工作大体起步于1978年，到目前为止，它的形成与发展可分为四个阶段。

（1）人才流动的萌芽阶段（1978～1983年） 十年动乱结束之后，国家的经济建设和社会发展需要大批各类人才，知识分子的地位逐步提高，并要求发挥更大的作用。在改革形势的推动下，人才流动开始在一些中小城市萌芽。从 1981 年起，无锡、常州、襄樊、沙市、四平五个城市到大城市引进专业技术人员，首开人才招聘的先河。这一时期，国家也通过制定政策，调整使用不当的干部，吸收社会闲散的专业技术人员。

（2）人才流动的活跃阶段（1983～1988 年）　随着国家各项改革的不断发展，人才流动工作开始活跃起来。国务院先后颁布了《关于科技人员合理流动的若干规定》和《关于促进科技人员合理流动的通知》，使人才流动工作通过法规的形式得到肯定，有力地推动了这项工作的开展。国家还放宽了政策，允许兼职、辞职、停薪留职等人才流动形式。政府人事部门建立了人才交流机构，为人才和单位提供服务，为搞活人才流动做了大量工作。

（3）人才流动的平稳发展阶段（1988～1992 年）　这一时期，国家把人才流动工作纳入整个人事管理工作的范围，加强指导。国家进一步放宽放活政策，鼓励专业技术人员走向经济建设的主战场，以人才智力流动等多种形式为经济建设服务。人才交流机构得到了进一步加强，建立人才流动机制的探索不断深入，出台了有关人才招聘、档案工资调整、辞职等一系列规章政策，在人才流动社会化服务方面迈出了较大的步子，推动了人才流动工作的深入发展。

（4）人才市场的培育发展阶段（1992 年至今）　人才流动实践的发展，为人才市场的出现奠定了基础，也提出了要求。1993 年，人事部根据建立社会主义市场经济体制对人才流动工作提出的要求，做出了加快人才市场建设的重大决策，并提出培育和发展人才市场的基本思路。1994 年 8 月，中共中央组织部、人事部联合下发了《加快培育和发展我国人才市场的意见》，提出了培育发展人才市场的指导思想、基本原则和总体目标。国家还相继制定出台了有关人才市场管理、流动人员人事档案管理、人事争议处理等法规规章，规范人才流动和人才市场的发展。目前，人才市场体系初步形成，市场管理不断健全，市场功能不断完善，人才市场机制在促进人才合理流动中已开始发挥作用，探索出一条适合中国国情、与市场经济要求相适应的人才市场发展路子。

第二节　社会主义市场经济体制下毕业生就业制度

一、我国高校毕业生就业制度的改革

中华人民共和国成立后，我国普通高等学校毕业生的就业一直实行国家统一分配制度。这种毕业生就业方式，是与我国的经济体制相适应的。近年来，随着经济体制改革的深入，毕业生就业制度也发生了深刻的变化。

1. 我国普通高等学校毕业生就业的计划形式

（1）计划形式　长期以来，我国是通过两个环节制定毕业生就业计划的，即分配计划和调配计划。首先，各用人单位根据国家发布的当年毕业生资源情况和本单位对专业人才的需要，提出用人需求，经逐级上报，最后汇总，再经过综合平衡，制定出按部门和科类（专业）的全国毕业生分配计划。这样，就有了安排毕业生的总计划，确定了当年毕业生的流向。之后，各部门再自上而下逐级落实毕业生的接收单位，形成系统或部门内接收毕业生的配备计划；最后，国家主管部门再按分配计划（配备计划）将毕业生的就业单位具体落实到各个高等学校，这就形成了学校必须严格执行的用以派遣毕业生的调配计划。

从20世纪50年代到90年代，我们制订毕业生分配计划，基本采取国家统一计划，抽成调剂，分级安排的办法。"文革"前，高校毕业生的分配分为中央统一分配、中央各部门直接分配和各省、市、自治区直接分配三类。全国性重点高等学校的毕业生，由中央统一分配，但酌情给学校所在地区一定留成；一般高校毕业生由培养部门和地区自行分配，但中央酌情抽成。"文革"期间的高校毕业生就业，采取了类似于近年来定向生的分配方式，即通常所说的"哪里来哪里去"，但根据当年需求，国家依然要对各部门和地区进行抽成调剂。"文革"后，国家明确规定，教育部直属院校面向全国统一分配，中央业务部门和地区高校毕业生自行分配，国家一般按10%～20%抽成，用于部门和地区之间的调剂。

随着毕业生就业制度改革的深入，计划形式发生了很大变化，即由过去以数字指标下达的毕业生分配和调配计划，改为由学校经其上级主管部门上报，再由国家教育部下达"名单"计划。实际上，毕业生就业计划是学校执行国家方针、政策的结果反映，是学校推荐和毕业生"双向选择"的汇总表。现在，真正担负以往计划职能的是国家政策和学校规定的"服务范围"。

（2）计划方法　由国家职能部门根据当年的毕业生情况和社会需求统筹安排毕业生的流向，是20世纪50年代后期至80年代中期所实行的计划方法。80年代中期以后，与国家的经济、政治体制改革相适应，毕业生的就业制度和计划方法也随之发生变化。计划不再由国家主管部门自上而下地制定和下达，而是通过学校与单位"供需见面"，由主管部门和学校上下结合共同制定。90年代后，随着供需形势的变化和"双向选择"的普遍实行，拟订毕业生就业计划的工作主要落在学校，因而学校的建议计划成为国家制订毕业生就业计划的基本方法。

2. 我国普通高等学校毕业生就业的管理体制

新中国成立初期（1954年前），毕业生分配工作由中央人事部主管；1955年至1966年，分配计划主要由国家计委负责（1962年后根据周总理意见教育部参与），调配计划由国家教育部负责；"文革"后至1985年基本沿袭了"文革"前的管理体制；1986年起，国家教委接管国家计委的毕业生分配计划工作，此后，全国的高校毕业生就业工作由教育部统管。

3. 我国普通高等学校毕业生就业的调配派遣方式

（1）"确定名单"　在高度集中统一分配情况下，学校确定分配名单是严格执行国家分配计划的过程。在确定调配名单时，要体现择优分配原则，把品学兼优的毕业生分配到国家急需能发挥专长的岗位上；按照学用一致的原则，认真考虑单位的用人要求和毕业生具体情况。禁止用人单位点名要毕业生。调配名单由系一级提出，经学校审查，报省一级调派部门批准。

（2）"双向选择"　随着毕业生就业制度改革的深入，毕业生和用人单位的"双向选择"成为落实国家毕业生分配计划的主要形式，并逐步演变成为制订毕业生就业计划的基本方式。"双向选择"是按照国家的有关方针政策，毕业生在国家规定的服务范围内，与用人单位互相选择。

（3）"自主择业"　"自主择业"到"自主创业"，是毕业生就业制度改革的长远目标，需要经济管理体制、劳动人事制度等各方面条件的保障。

（4）协议书制度　北京地区高等学校于1990年开始，要求分配在北京地区的毕业生与用人单位签订协议书。之后，这一制度在全国范围实行和普及，对于保证毕业生和用人单位双方的权益、减少毕业生的改派发挥了积极的作用。

（5）报到证制度　通过报到证派遣毕业生是我国高校毕业生就业的基本方式，也是落实国家计划和实现宏观调控的保证手段。报到证由国家主管毕业生调派部门统一制订，省一级毕业生调派部门签发，在全国范围内使用。报到证是国家统一招生的普通高校学生毕业后向单位报到的书面证明。根据国家教育规定，毕业生凭报到证和接收单位证明在工作单位所在地落户。

二、高校毕业生就业政策

1. 公费毕业生就业政策

国家教育部的就业政策是：毕业生在国家就业方针政策指导下，依据《普通高等学校毕业生就业工作暂行规定》（以下称《暂行规定》），由学校推荐和指导毕业生在一定范围内就业。在规定时间内，经学校推荐落实工作单位的毕业生，国家负责派遣；未落实工作单位的毕业生，学校可将其档案和户粮关系转至家庭所在地，由当地毕业生就业指导机构帮助推荐就业。

2. 自费毕业生的就业政策

国家对自费毕业生的就业政策是：国家招生计划内招收的自费生（含电大、函授普通专科班）毕业后自主择业，在规定时间内找到单位的由地方主管调配部门开具《报到证》。

3. 师范毕业生就业政策

国家对师范类毕业生的就业政策是：师范类毕业生原则上在教育系统内就业。

4. 委托培养与定向生就业政策

国家教育部规定定向、委培生按合同就业。即定向生派回原定向地区和单位，原则上不得调换地区和单位；委培生按原协议派回原委培单位，不得转换单位。

5. 结业生就业政策

结业生由学校向用人单位推荐或自荐就业，找到工作单位的，可以派遣，但必须在《报到证》上注明"结业生"字样；在规定时间内无单位接收的，由学校将其档案、户粮关系转至家庭所在地（家居农村的保留非农业户口），自谋职业。

已被录用的结业生，在国家财政拨款单位就业的，其工资待遇按照国务院有关文件规定，比国家规定的普通高校毕业生工资标准低一级。

一年内补考及格核发毕业证书者，国家承认其毕业资格，工资待遇从补发毕业证书之日起按毕业生对待。

6. 毕业生二次择业政策

毕业生二次择业政策有两层含义，其一是指二次就业；其二是指二次择业。

二次就业是指截止到毕业生集中派遣时，仍未落实接收单位的毕业生，要派回来源省参加二次就业。派回省市参加二次就业的毕业生，原则上由省里推荐安排就业，毕业生也可继续选择单位，在规定时间内落实工作单位的，省里可以为其办理二次派遣手续。

二次择业是指国家计划内的普通高等学校毕业生（含研究生），自报到之日起一年内有权要求调整工作单位。

国家人事部对二次择业做出明确规定，即符合下列条件之一的高校毕业生，可提出调整工作单位申请：要求到基层单位或老、少、边、穷地区工作的；要求到国家重点建设工程、重大科研项目及国家重点加强部门工作的；确属专业不对口、学用不一致的；主管部门规定的其他原因。调离前的毕业生向其所在单位提出书面申请，并应填写《高等学校毕业生调整工作申请表》；调入前的毕业生须填写《高等学校毕业生调整工作审批表》。以上情况按照所在省省级政府人事部门的规定，办理毕业生调出、调入手续。

经批准调整工作单位的毕业生，执行有关就业政策，免交城市容纳费等费用，其调整前后的见习期合并计算。

7. 第二学士学位毕业生的就业政策

国家规定，在校生攻读第二学士学位，修业期满，获得第二学士学位后，原则上根据国家需要，按第二学士学位推荐就业。这和普通高校招收的本科生的就业基本一样，即一是服从国家需要，二是坚持学以致用。在职人员攻读第二学士学位，修业期满，不论是否获得第二学士学位，均回原单位安排工作。

已获得第二学士学位的毕业生工作后的起点工资与研究生毕业生工资待遇相同。未获得第二学士学位者，仍按本科生对待。

8. 来源于边远省区的毕业生的就业政策

毕业生就业工作中的边远省区是指以下十个省区：内蒙古自治区、黑龙江省、广西壮族自治区、贵州省、云南省、西藏自治区、甘肃省、宁夏回族自治区、青海省、新疆维吾尔自治区。由于历史原因造成这些地区的经济、科技和教育均落后于内地省（市）。要改变这种落后面貌，一靠投入，二靠政策，三靠科技，最关键的是人才的数量和质量。国家对边远省区人才建设非常重视，并制定了很多政策，其中包括这样一项：为满足边远地区经济、科技和教育发展对人才的需要，对来自边远省区的毕业生，若所学专业为本省区（含国务院部委在这些省区的直属单位）所需要的，原则上尽量动员回去就业。这一政策的实施受到边远省区的欢迎。

9. 对自愿支边的内地大学毕业生的就业政策

国家历来鼓励有志毕业生到边远地区工作。自招生制度改革以来，国家对去边远省区工作的毕业生，除了授予荣誉称号等精神鼓励之外，在工作安排和生活待遇方面都制定了一些比较优惠的政策。

① 在工作方面，凡是自愿要求支边的，可以不受计划限制，在适合需要的前提下，可以优先挑选工作地区或工作单位。

② 在待遇方面，除学校要给毕业生一定的物质鼓励外，国家规定至少浮动一级工资，有的省（区）规定浮动两级或两级以上。还有的单位在住房、子女就业、夫妻分居等方面优先予以照顾。

③ 在工作流动方面，对去西藏和青海高原地区的毕业生，在该地区连续工作满八年以上的，如本人申请要求回内地时，由这两个省（区）人事部门联系原籍或其爱人所在地区安排工作，有关省（市）予以接收，将其工作安排好。其他省区，如果工作了一定时间后要回内地工作，边远省区的有关部门会予以放行。

10. 有病、残疾毕业生就业政策规定

对有疾病的毕业生的就业是这样规定的：毕业前夕学校对毕业生进行健康检查，不能正常工作的暂不派遣，让其回家休养；休养期间，可继续享受公费医疗一年，一年以内病愈的，可随下一届毕业生就业；一年内仍未病愈的，不再享受公费医疗，由家庭负责供养，户口关系转至家庭所在地。毕业生报到后发生疾病不能坚持正常工作的，应按在职人员的有关规定处理。

残疾毕业生，是指肢体残疾（不继续恶化），生活能自理、不影响所学专业毕业后所从事的工作者。残疾毕业生，属于国家计划分配，应按其所学专业，由国家统一分配工作；统一分配确有困难的，由毕业生报考时所在省（自治区、直辖市）民政厅（局）负责安排工作。

11. 国家对毕业生见习期的有关规定

见习制度即用人单位对刚刚接收来的毕业生有计划、有组织、有目的地进行考察和了解，进而在思想、业务等方面给予指导和帮助，以合理安排使用毕业生，并使毕业生尽快适应工作需要的制度。

国家对毕业生见习期有如下规定。

① 高等学校本、专科毕业生报到后，原则上都要安排到基层进行见习。见习期为一年。对入学前已从事一年以上有关专业实际工作，经所在单位批准，可免去见习期。有些行业的人才，需要更长时间的实际锻炼，可以在见习期满后自行安排。

② 毕业生在见习期间，不得报考研究生（包括出国留学或进修）。原则上也不得抽调毕业生从事与见习无关的其他工作。

③ 毕业生见习期间，工作单位要按照学用一致的原则，结合今后要从事的工作，有计划地安排他们到基层单位和第一线进行见习。见习岗位的安排，要有利于理论联系实际，有利于与工农群众相结合，有利于思想、作风和能力的锻炼。根据不同专业、不同工作特点和今后对毕业生的培养和使用方向，可以分阶段安排不同的见习岗位，每个阶段要有具体的计划和要求。

④ 毕业生在见习期间，要密切联系群众，深入实际、虚心学习，了解社会，关心改革，参加与所学专业有关的生产劳动、科学实验和技术革新等活动，加强基本业务、技术训练和基层工作的锻炼，熟悉本职工作的"应知应会"，掌握本职工作的规范和职责，全面提高自己的思想、政治、业务素质和独立工作能力。

⑤ 见习期间，要加强毕业生的政治思想教育和管理，结合思想实际和业务实践，着重进行坚持四项基本原则和"四有"教育，不断提高他们的政治素质和业务能力。定期对他们进行考核，内容包括政治思想、道德品质、组织纪律、群众关系、劳动和工作态度、业务水平和实际工作能力等方面。毕业生见习期满后，本人要写出总结，在自我鉴定的基础上，通过民主评议，由基层工作单位做出政治和业务考核鉴定，填写考核鉴定表。鉴定材料载入个人档案。

⑥ 见习期间和见习期满转正后的工资待遇，按国务院有关规定执行。毕业生在见习期间发生疾病不能坚持工作的，应按在职人员病假期间的有关规定处理。病事假累计超过一个月的，见习期顺延。见习期满，应及时办理转正手续，按期为其评定专业技术服务的任职资格，聘任相应的工作职务，确定工作岗位。对达不到见习要求的，经所在单位讨论，报主管职能部门批准，延长见习期半年至一年，并将延长的期限和理由通知本人。延长期结束时，仍达不到要求的，不再延长见习期，另行安排工作，工资待遇按毕业生转正工资标准低一级计，对表现特别不好的，经所在单位领导批准，报主管部门审核同意后，可以辞退。

12. 国家对毕业生定期服务制的有关规定

国务院国发（1985）91 号文件规定："毕业生必须到分配的工作单位经见习合格后，连续服务五年，服务期满后允许流动。"这个规定就是毕业生的定期服务制。目的是使用人单位不仅能得到毕业生，而且还能留住毕业生，以发挥毕业生的作用。同时，毕业生在单位服务一定年限后，可以流动，避免人才的部门所有制。

对去青海、西藏两省（区）的毕业生，认真执行八年轮换办法的规定，即服务满八年之后，可由其家庭或配偶所在地的人事部门安排适当工作。

定向和委培毕业生的服务期，应在定向和委托合同书中规定，但原则上应与国家任务计划招收的学生一样，以五年为宜（不包括见习期），服务期满方可流动。

目前，对自费留学的毕业生也要求先为国家服务六年，也属定期服务制度的一种形式。这一制度的实行是和人事制度的改革有密切关系。有的单位，人事管理放开一些，科技人员可进可出，也就无所谓定期服务问题。如果有的单位人才比较缺乏，人事管理还比较严，这一制度还将继续执行。

13. 对违约毕业生的有关政策规定

目前多数毕业生由学校根据社会需求直接和用人单位见面，或由毕业生本人和用人单位在一定范围内"双向选择"。这些毕业生经供需见面和"双选"后，都要以就业协议书的形式固定下来。国家为维护广大毕业生的利益，要求用人单位维护毕业生就业计划的严肃性，就业计划一经形成，用人单位不得拒收毕业生。否则按违约处理，用人单位缴纳违约金，并给毕业生一定的经济赔偿。同样，也要求毕业生不能违约，随意更换单位。倘若有的毕业生单方面违约，随意更换单位，学校应视情况予以批评和教育，并征求用人单位一方的意见，如果单位同意，应由毕业生向学校和用人单位交纳一定数额的违约金。

14. 对不在规定期限内报到的毕业生的有关规定

毕业生的报到期限为一个月。一旦由于某种特殊原因，如生病、外出遇灾未归，不能按期报到，应采取信件、电话、电报等方式向接收单位把情况说明。如逾期不报到，又未向接收单位请假者则可能产生对方拒绝接收的后果，如果超过三个月仍未去报到的，即按不服从分配处理。

15. 对在集中派遣前仍未落实具体单位的毕业生的有关规定

对在集中派遣前仍未落实具体接收单位的毕业生，要派回生源省参加二次分配。原则上由生源省市推荐安排就业，毕业生也可以继续选择单位，在规定时间内落实工作单位的，可以为其办理二次派遣手续。

16. 对因表现不好在报到后被用人单位退回的毕业生的有关规定

对学习成绩、思想品德表现一贯不好，在校期间受过重大处分的毕业生，经学校推荐仍没有用人单位接收，或因表现恶劣而被用人单位退回的学生，国家不再负责其就业工作。根据《普通高等学校毕业生就业工作暂行规定》中第五十条的规定，在其向学校缴纳全部培养费后，由学校将其档案、户口、粮油关系转回家庭所在地，自谋职业，按社会待业人员处理。

17. 毕业生到军队工作的就业政策

毕业生可以到军队去工作。从 1989 年起，国家不再下达高校毕业生参军指标。在这种情况下，军队所需的有关专业毕业生可直接向有关省市、自治区和高等学校申报、落实。自愿参军的毕业生经学校推荐，可以接受军队有关部门的考核。到军队工作的毕业生必须品学兼优，身体健康并自愿献身于国防事业。

18. 应届毕业生申请自费出国留学的政策

申请自费出国留学的毕业生，需取得正常可靠的经济担保书和入学相关证件，并在学校规定的时间内提出申请（一般在 2 月底之前），经学校审核，并按照有关规定交纳一定培养费后，报市主管部门批准做减员处理，不列入就业计划，不再负责派遣。集中派遣时未办妥签证手续，将其户口、档案关系转至家庭所在地。

19. 毕业生、结业生与肄业生

毕业生是指具有正式学籍的学生，学完教学计划规定的全部课程，考试及格、准予毕业者。毕业生由学校发给毕业证书。

结业生是指具有正式学籍的学生，学完教学计划规定的全部课程，其中有一门以上主要课程（包括毕业论文、毕业设计）不及格者。结业生由学校发给结业证书。在就业后一年内向学校申请补考（补作）一次，及格者换发毕业证书。

肄业生是指具有正式学籍的学生未学完教学计划规定的课程而中途退学（被开除学籍者除外）。肄业生由学校发给肄业证书和学历证明。

三、毕业生就业工作一般程序

1. 毕业生求职择业准备

在此阶段，毕业生要做好两方面的准备工作，一是自我就业心理、就业价值取向的确定，明确求职择业的目标与方向；二是参加学校组织的有关体检、毕业生资格审查、毕业生鉴定及求职推荐函、协议书等求职择业文件的准备。

毕业生鉴定是在学生毕业时要填写国家教育部统一印发的高校毕业生登记表，对每个毕业生做全面鉴定。其内容包括德、智、体三个方面。着重点放在对政治觉悟、思想意识、道德品质以及学习、劳动态度和健康状况等方面做出评语，肯定成绩，指出缺点与不足，明确努力方向。鉴定要实事求是，同本人见面，并允许本人保留不同意见。涉及到政治问题，按国家教育部有关规定处理。

2. 用人单位确定人事计划

主要是根据各类空缺的工作岗位对知识范围和水平、能力等方面的具体要求，确定招收毕业生的人数和基本条件。

3. 信息交流与双向沟通

用人单位通过信息媒介向社会传递就业（需求）信息，毕业生则要及时获取这些信息，并有目的地选出与自己价值取向一致的工作岗位。

毕业生向用人单位了解详细使用意图、工作环境和事业发展前景情况。用人单位则再根据具体要求对毕业生知识、能力、身体、思想品德等素质逐一考查，决定是否录用。

目前，高校毕业生就业信息交流与双向沟通的主要方式是各种形式的供需见面活动。供需见面是高等学校和用人单位为协商落实毕业生就业计划而进行的一系列相互沟通信息的活动，是落实毕业生就业计划的重要方法和手段，也是完善计划就业方式的重要措施。目的是沟通供需信息渠道，加强高等学校的培养环节与用人单位使用环节的有机联系，使毕业生的在校培养更好地适应用人单位的要求，增进高校和用人单位的相互了解，把毕业生输送到国家最需要、最能发挥作用的岗位上，最大限度地做到专业对口、人尽其才。

供需见面的做法是：在国家毕业生就业计划内，在主管部门的组织下，由学校直接向用人单位联系（也可以由用人单位直接向学校联系），向用人单位介绍毕业生分专业、分地区的人数情况及每个专业的培养目标、培养计划及毕业生适宜从事的工作范围等情况；用人单位则根据需要向有关高校提出需要毕业生的专业、人数和使用意图。

目前多数高等学校都广泛采取这一办法落实就业计划。

4. 毕业生与用人单位双向选择

双向选择是毕业生和用人单位相互选择的就业制度，即是以毕业生和用人单位为主体的市场就业制度。这是高等学校毕业生就业制度改革的根本方向和目标，既是教育体制改革的要求，也是人事制度改革的重要组成部分。实行双向选择的目的是：

① 引入竞争机制，调动在校学生学习积极性、主动性和对未来工作的适应性。

② 通过市场检验，增加学校的活力、压力和动力，提高学校主动适应社会的能力。

③ 促使用人单位尊重知识，珍惜人才，关心学校的培养过程，向学校及时反馈有效

信息。

5. 签订协议或签发接收函

毕业生如果被用人单位录用，双方可将各自应承担的义务和责任以具有法律效力的协议书的形式规定下来，也可由用人单位出具同意接收毕业生的正式书面材料，即接收函。落实到中央各部委直属单位，应以用人单位人事部门及部委人事部门盖章为准；落实在生源省、市、自治区所属单位的，以用人单位的人事部门盖章为准；跨省落实就业单位的，必须以接收省、市、自治区、计划单列市的人事部门或主管毕业生就业部门盖章为准，否则无法列入就业计划。

6. 领取毕业生就业派遣报到证

报到证的全称是"普通高等学校毕业生就业派遣报到证"，由国家教育部统一印制，省级高校毕业生就业主管部门单独签发，在全国范围内使用。列入国家就业计划的毕业生才能持有有效的报到证。用人单位以报到证为依据，接收安排毕业生工作，并接转毕业生的人事档案、户口、粮油迁移手续等。报到证只能一人一份，由其他部门印制和签发的报到证无效。毕业生对报到证要妥善保管，不管是什么原因，凡自行涂改、撕毁的报到证一律作废。如报到证遗失，应由毕业生本人提出申请，在当地省级日报上声明作废，然后由学校上报省级主管毕业生调配部门予以补发。

7. 改派

毕业生就业计划是由学校和用人单位洽谈协商之后报经主管部门批准的，而毕业派遣都是按国家计划进行的，计划一经下达，毕业生和用人单位均不得随意变动。但碰到以下几种情况可以申请改派。

（1）错派 发现没有这个用人单位，或用人单位已经撤销的情况，用人单位隶属关系搞错和隶属关系发生了变化的情况。

（2）使用不当 用人单位要了毕业生（尤其是紧缺专业），却安排从事与本专业无关的工作，或严重降格使用。

（3）调配不当 在调配过程中，所作计划中的毕业生所学专业与用人单位要求不一致，或派遣人数与需要人数不一致，或学历层次与用人单位要求不一致等情况。

（4）其他特殊情况

毕业生报到时，碰到以上几种特殊情况需要学校帮助解决的，可先向学校提出书面申请报告，反映情况和要求，由学校调查核实处理。一般情况，只需在地区内或部门内部调整，经原单位的上级主管部门同意即可在本地区和部门内解决。如需跨地区、跨部门调整的，应履行如下手续。

① 原接收单位及其上级主管部门必须出具公函，同意将毕业生退回学校。

② 学校为毕业生重新联系接收单位，或经学校同意，由毕业生自行联系接收单位，新的接收单位应向学校出具正式同意接收的公函。

③ 学校填写申请改派登记表，经主管院领导签字盖章后报请学校所在地毕业生调配部门同意后，再报学校上级主管部门审批，并下达调整改派计划。

④ 学校按照上级下达的调整计划到地方调配部门为毕业生重新办理派遣手续，退还报到证，换发新的报到证，并重新迁转粮户关系等。用人单位按调整计划接收改派的毕业生。

毕业生没有正当理由不得向用人单位提出退回学校的要求，凡是因个人无理要求被退回的，学校不再负责分配工作。

调整改派的时间为毕业当年九月底前，逾期不再受理。

案例 11 试用期陷阱

小刘大四时找到一家公司实习，实习期间工作十分勤奋。实习结束后，公司让他继续在这里工作，并且告诉他可以在他毕业以后正式签约，而在他未毕业之前的工作按试用期看待，工资也按试用期工资支付。由于有公司正式签约的承诺，小刘工作更加认真。可是临近毕业了，公司再也没有提出签约事宜，小刘多次询问也没有答案。在毕业前的 1 个月，小刘过了试用期 3 个月，公司找了个含糊的理由，表示不能与他正式签约。

分析： 求职心切，是求职者共有的心态。无论如何一定要做好事先的调查，收集所应聘单位的信息，了解其历年招聘情况，以及有没有利用试用期来榨取廉价劳动力的事情。总之，要通过多方调查，才能减少上当受骗的机会，真正找到合适的工作。

对策：

① 收集招聘单位的信息，了解其招聘程序、用人标准以及单位历年招收员工的情况。通过了解该单位历年的招聘情况，可知其用人方式。若了解到该单位在试用期后少有留下员工，则可避免跳入类似陷阱。

② 了解国家劳动保护法的相关条款。劳动保护法的相关条款中关于试用期的待遇、薪酬和签约方式有明确规定。了解这些规定可以保护自己在试用期内的合法权益。毕业生在寻找第一份工作时，应该和有录取意向的单位签订就业协议书。按照正常程序，该协议书需校方见证有效，这样也进一步防止了高职学生受"陷阱公司"的迫害。

第三节 实习就业直通车

高等职业教育是以就业为导向、以能力为本位的教育。根据国家教育部的有关规定，高职学生必须有半年以上的实践锻炼时间。为此，许多高职院校采取了实习就业直通车的形式，将学生的实习和就业结合起来，学生实习单位可能就是就业单位，学生的实习就是预就业，以此加强实践性教学。

实习就业直通车是指高职院校与企业建立的，完整系统地组织学生到企业进行的实习、实践和培训等活动。学生与企业进行"零距离"接触，可以加深企业单位与学生之间的相互了解，企业可以直接建立自己的后备人才库，准确、经济、高效地找到对本企业文化有强烈认同感、熟悉企业文化的优秀毕业生，实现学生毕业实习与就业的无缝对接。

学校与企业搭建实习就业直通车，有利于学生能力的提高，有利于教育与市场的结合，有利于各种资源的综合利用，有利于学生就业。

一、毕业综合实习的目的

实习期是指高职学生在校期间，到企业单位的具体岗位上参与生产实践工作的过程。毕业综合实习目的可以归纳为以下几个方面。

1. 培养学生的综合适应能力及独立工作能力

通过实习，学生广泛接触社会、了解社会，以便在未来的职业生涯中更好地适应社会，获得社会的认可。在顶岗实习过程中，学生如果要独立胜任一份工作，需要尽职尽责，遇到问题要能够独立解决，尤其是遇到突发事件，更需要较强的应变能力。

2. 拓宽学生的知识面，提高学生专业实践技能与职业能力

实习生经正规化培训后上岗，使理论与实践相结合，专业实践技能可以得到进一步强化。实习生在实习过程中职业道德明显增强，创业意识及成才意识油然而生。

3. 增强学生的团队意识及团结协作能力

现代企业强调企业作为整体的重要性，提倡岗位之间、部门之间或公司成员之间不断增进交流与协作，培养群体精神。和谐的团队是企业无往不胜的利器，是立于市场竞争激流中的磐石。通过实习，学生学会与他人共事的能力，团队意识将进一步增强。

4. 树立学生的劳动观念，培养良好的劳动习惯

实习使学生能独立处理问题，动手能力增强。紧张的实习生活也有助于培养学生良好的劳动习惯。

5. 磨炼学生的意志品质，提高其思想素质

实习单位以员工的标准来要求实习生，学生必须独自处理工作与生活中遇到的问题，不能依赖别人；还需要正确面对工作与生活中的挫折，自我调节好工作压力和生活节奏。

二、高职学生进行毕业实习重要性和必要性

我们从以下四个层面分析高职学生进行实习的重要性和必要性。

1. 国家政策层面上的要求

《国务院关于大力发展职业教育的决定》（国发［2005］35号）明确指出，把发展职业教育作为经济社会发展的重要基础和教育工作的战略重点。大力推行工学结合、校企合作的培养模式，与企业紧密联系，加强学生的生产实习和社会实践，改革以学校和课堂为中心的传统人才培养模式。中等职业学校在校学生最后一年要到企业等用人单位顶岗实习，高等职业院校学生实习实训时间不少于半年。逐步建立企业接收职业院校学生实习的制度。实习期间，企业要与学校共同组织好学生的相关专业理论教学和技能实训工作，做好学生实习中的劳动保护、安全等工作，为顶岗实习的学生支付合理报酬。

2. 企业需求层面上的分析

在市场经济社会环境下，企业总是从自己的成本最小化和利润最大化来考虑问题的。用人单位"来之能战、战之能胜"的要求往往影响高职学生的成功就业。用人单位招聘具有一定工作经验的员工可节省培训成本；而招聘初出茅庐的应届大学毕业生，不仅没有经验，而且往往不够"专"，要让他们在企业中发挥作用，很可能要经历很长的等待期。但大学教育的普及，已经使得大学从原来的精英教育变为社会化教育，企业也不愿意为劳动力花费更多的金钱和精力。

对用人单位来说，"实习就业"为他们提供了精益求精地挑选适用人才的机会。现在企业的竞争实质上就是人才的竞争，在毕业生实习就业过程中，企业可以更好地发掘实习者是否有潜力胜任工作，选择真正有用的人才。而且实习就业还可以降低用人风险：由于应届毕业生的稳定性不高，企业花大力气培养成熟一个人才又跳槽走了，企业要承担不小的培训成本；而将招聘实习生作为招聘正式员工的"前沿阵地"，企业可以更好地了解被聘员工的素质，降低公司的用人风险和成本。

3. 学校实现培养目标的途径

高等职业技术教育的目标是培养工作在生产、管理、技术、服务第一线的应用性人才。生产实习是职业学校教学的重要组成部分，是职业教育区别于普通类学校教育的一个显著特征，是职业学校完整的教育教学体系中的一个不可或缺的重要组成部分和不可替代的重要环

节。它是与今后的职业生活最直接联系的，学生在生产实习过程中将完成从学习到就业的过渡，因此生产实习是培养技能型人才，实现培养目标的主要途径。它不仅是校内教学的延续，而且是校内教学的总结和提高。可以说，没有生产实习，就没有职业教育。职业技术学校要提高教育教学质量，首先要提高生产实习管理的质量。生产实习教育教学的成功与否，直接关系到整个职业教育的成功与否，关系到学校的兴衰及学生的前途，也间接地影响到社会主义现代化建设。

学校安排教学实习，在于通过理论与实际的结合、学校与社会的沟通，进一步提高学生的思想觉悟，尤其是观察、分析和解决问题的实际工作能力，以便把学生培养成为能够主动适应社会主义现代化建设需要的高素质的复合型人才。

4. 学生自身顺利就业的需求

毕业生找不到工作最主要的原因就是缺乏工作经验，学生在校通过系统学习专业理论知识，拥有比前辈更新的知识背景、结构，有着更新的理念和观念。但多处于纸上谈兵阶段，没有实战经验。工作经验的积累对于一个在校学生来说几乎是不可能完成的任务，这个矛盾不解决，毕业生就业问题也难以得到解决。从某种意义上来讲，问题的根源不是学生缺乏工作经验，而是缺乏获得积累工作经验的机会，那么进入企业进行生产实习，正是这种难得的积累工作经验的机会。

当今的中国高职学生正面临历史性的难关，岗位供求关系的压力在未来四五年内都不可能有效缓解，必须要找出合适、科学的方法应对，而提前实习是突破就业重围的一个良方。毕业生完全可以通过"实习就业"积累经验，找到工作。"实习就业"也降低了进入企业的门槛，为高职毕业生们向就业单位提供一个展示自己的机会。高职毕业生要想从企业那里获得一份工作，首先要将自己的实力展示出来。实习就是一个展示自己的机会。

三、学生实习前应做的准备

高职学生从课堂走向实习岗位，从学校走向社会，从校园人演化成企业人，需要从哪几个方面来做必要的准备呢？

（一）企业需要具备什么样素质和能力的员工

我们从个人"硬技能"（hard skills）和"软技能"（soft skills）这两方面的能力来进行讨论。

1. "硬技能"

硬技能是指为在某专业或某领域从事工作应当具备的必要能力。比如电子工程、计算机、软件、土木建筑等理工科的理论知识和实践动手能力；外语类专业的实际翻译水平、口语水平。用俗语来说，这些都是过硬的"真本事"。这些硬技能在应聘与自己专业相关的职位时，往往起着决定性的作用。很多公司对专业知识本身的掌握和应用非常看重，有些甚至对有无相关工作经验也有要求。

举一个简单的例子。一个经济类的学生可以对计算机非常感兴趣，但是，如果经济本专业没有下工夫的话，他不如干脆去计算机系好了。不然去应聘经济类的工作时拿不出实力，而计算机能力又比不过计算机系出来的人，这样的"样样通"不见得受企业欢迎。

大学给了我们一个学习的大舞台，其中核心的内容就是培养我们的专业修养。我们要把握住丰富自己专业知识的机会，从专业出发扩展自己的各项技能。

2. "软技能"

软技能是指某职位必需的专业知识或技能外，求职者能为企业带来额外附加利益的能力。有不少企业对专业限制并不严格，比起专业知识本身，他们更看重应聘者的学习能力、沟通能力、人际交往能力和团队协作能力，甚至性格、兴趣爱好等其他因素。

要想提升自己的软技能竞争力，可以从以下几个方面入手：学习非自己专业的知识或技能，并取得一定能被认可的证明，比如辅修专业；多参加社会实践、志愿者服务、实习；多与人接触，提高自己的沟通能力、人际交往能力和协作能力。

一般来说，学习软技能也绝非一蹴而就，因此在求职之前其实就该注重培养。

现在应该很清楚了，公司需要的人既应该有扎实的专业基础，又该具备富有竞争力的其他综合素质。

(二) 充分认识和了解自己

毕业实习是学生与社会及工作岗位"零距离"的紧密接触，那么初次进入社会，初次面对职场，高职学生们有必要按照职业生涯规划理论加强对自身的认识与了解，其中最重要的是明确自我人生目标，即给自我人生定位。自我定位，规划人生，就是明确"我能干什么"、"我想干什么"、"我该怎么干"等问题，使理想可操作化，为介入社会提供明确方向。

1. 明确自身优势

要知道个体是有差异的，我们就是要找出自己与众不同的地方并发扬光大。定位，就是给自己亮出一个独特的招牌，让自己的才华更好地展示。因此，对自己的认识一定要全面、客观、深刻，绝不回避缺点和短处，也不忽略你的优势，你所拥有的能力与潜力。

(1) 我学习了什么 即在学校期间，我从学习的专业中获取些什么收益；参加过什么社会实践活动，提高和升华了哪方面的知识。专业也许在未来的工作中并不起多大作用，但在一定程度上决定自身的职业方向，因而尽自己最大努力学好专业课程是前提条件之一。不可否认知识在人生历程中的重要作用，特别是在知识经济日益受到重视的今天，拥有丰富的专业知识会得到满意的结果。

(2) 我曾经做过什么 即自己已有的人生经历和体验。如在学校期间担当的学生干部，曾经参加的社会实践活动，取得的成就及经验的积累，获得过的奖励等。经历是个人最宝贵的财富，往往可以从侧面反映出一个人的素质、潜力状况。对任何人来说，经历往往比知识更为重要，因为许多事情只有经历过，才可能有深刻体会。判断一个人的才能，只有在实践的时候才会真正发现其长处与不足。这种自我评估包括准确评价自己的技能、专长、经历方面的优势。当然，准职场新人的经历可能会欠缺，但是技能、专长一定要心中有数。要从自己的优势出发，以己之长立足社会。

俗语说"当事者迷，旁观者清"，想要有自知之明也不容易。如果没有旁人指点，很多人可能会为自己得出兴趣很多但鲜有专长的结论。相比其他人，你的专长、优势可能不那么明显，但是将自身跟自身比较，你就会发现，在那么多爱好、擅长的事情中，自己总有一两项是比较突出的。特长、专长都是相对的。

有了对自己的技能、专长的客观评价，你就容易明白自己的兴趣点是什么，搞清楚自己将来想要从事什么职业、适合从事什么职业、具有何种职业能力及职业倾向。根据兴趣、能力确定自己从事的行职业。即使冷门的行业，如果职位比较好，你的薪资、社会地位、成就感等也一样可以得到满足。

2. 发现自身不足

（1）性格的弱点　人无法避免与生俱来的弱点，必须正视并尽量减少其对自己的影响。譬如，一个独立性强的人会很难与他人默契合作；而一个优柔寡断的人难以担当组织管理者的重任。卡耐基曾说："人性的弱点并不可怕，关键要有正确的认识，认真对待，尽量寻找弥补、克服的方法，使自我趋于完善。"因此要安下心来，多跟别人好好聊聊，尤其是与自己相熟的如父母、同学、朋友等交谈。看看别人眼中的你是什么样子，与你的预想是否一致，找出其中的偏差，这将有助于自我提高。

（2）经验与经历中所欠缺的方面　"人无完人，金无足赤"，由于经历的不同，环境的局限，每个人都无法避免一些经验上的欠缺，这并不可怕，可怕的是自己还没有认识到或认识到而不懂装懂。正确的态度是：认真对待，善于发现，并努力克服和提高。

通过以上自我分析认识，明确了自己的能力，看清了优势和劣势，解决了"我能干什么"的问题。我们只有从自身实际出发，顺应社会潮流，有的放矢，才能马到成功。

（三）树立正确的实习态度，更新就业理念

实习既不是为了混到实习报告上的那个章，也不是为了能从中获得多少经济报酬。实习的唯一目的，就是提升自己的工作"有效经验值"。

实习时必须放平心态，增强工作的积极主动性，切忌把"实习"简单等同于"学习"。对刚从学校出来的社会新手来说，要重新学习，重新定位，放下自己的个性，努力让周围的人接纳你、欣赏你；要培养自己的向心力和凝聚力，在单位中保持主人翁责任感，学会顾全大局，强调团队精神；在实际工作中少一点浪漫和任性，多一点实际和干练，少说多干，切忌夸夸其谈；要经得起挫折和困难的考验。

有些学生对实习期望很高，希望公司委以重任，以证明自己的能力。对此，企业认为，实习生还处在经验积累的初级阶段，无法通过短时间的实习掌握各种必备的技能；而企业各个岗位都有严格的责任要求，各种系统也需依照相应流程来操作。因此，企业会根据学生的实际能力安排与之基本匹配的工作。

如果高职学生抱着很高的期望进入企业实习，很可能产生较大的心理落差。企业招实习生，主要是希望他们踏实肯干，同时也会观察他们是否与企业文化相吻合。企业招聘不会将"爱表现"作为标准，而是按照岗位类型来选择合适的人才。利用实习，多了解企业文化、行业信息，完善职业规划，才是学生应当树立的正确态度。

实习本是为积累工作经验，不要太看中金钱的多少或岗位的轻重。高职学生在实习时，工作性质最好能与日后的工作目标相一致。一则可以为将来积累有用的工作经验，二则有可能实现"实习—毕业—工作"三级跳。

相对于学校而言，社会还是有很多的不同。在学校里，学习、生活、交际都是围绕自己转，是一种单纯而有保障的生活。这样的生活与现实社会自然存在一定的距离。社会本来就是人与人的集合，没有人能在社会上孤立生存和发展。任何一位高职学生走向社会后必须先拥有一份工作，因为一个人只有在工作的状态下才能改变自己，从心理上适应即将进入社会这一转变，才有希望寻找更适合自己生存的空间。

实习期间是实现校园人演化成企业人的绝佳机会。一方面，我们已经切实走上工作岗位，与社会和企业"零距离"接触；另一方面，又能够及时得到学校老师的指导和帮助。因此，通过一年或一年半的时间可以顺利完成自我角色转换，并做好就业心理准备。

"实习就业"是学生们向就业单位提供一个展示自己的机会，也为用人单位提供了精益

求精挑选适用人才的机会。因此，实习就是就业。学生在选择实习单位时一定要注意"量体裁衣"，可以选择比较年轻的中小企业。因为实力雄厚、条件优越的名牌大企业大多走出了艰苦的创业阶段，进入了守业、开拓的鼎盛时期，他们已不太看重那种没有工作经验、需要伴随着企业的成长而不断成长的初出茅庐的毕业生，而更需要实践经验丰富、具有丰富的企业文化素质和专业经验的一步到位的专门人才；相反，那些比较年轻的中小企业，正处在刚刚起步或者发展的初级阶段，还没有形成浓厚的企业文化和强有力的竞争力，这样的企业更需要积极热情、朝气蓬勃、勇于上进的大学毕业生来打天下。所以，对于没有工作经验的大学毕业生来说，选择这种年轻的中小企业，从长远来看，可能更有利于自己快速成长。

学生在实习期间，就应该对将来的就业有心理准备，并且不断更新就业理念。

四、毕业综合实习管理

1. 毕业综合实习组织管理

各个学校的管理模式不一样。下面以三峡电力职业学院的管理模式说明实习就业直通车的管理，供大家了解相关事宜。

毕业综合实习一般实行院、系两级管理。教务处、教学实习办公室负责毕业实习工作的联系协调、规划制订、质量监控、检查评估及重大问题的处理。系部根据专业培养目标，组织制订实习大纲和实习计划，编写实习任务书，负责各专业毕业实习的组织实施和管理工作。实习指导教师按照实习大纲要求，定期巡回指导学生实习，负责实习过程中的安全、纪律执行情况；定期向实习单位和系部汇报学生实习情况，争取实习单位的指导和帮助；及时处理学生实习中遇到的困难和问题，督促学生完成实习任务；指导学生认真填写实习手册并批阅实习报告；毕业实习结束，会同实习单位评定学生实习成绩，并上报各系部。

毕业综合实习根据专业特点和实习单位实际，由学院统一安排，采取集中与分散相结合的模式。即可以以班级为单位或将班级分为若干小组集中安排，也可以分散进行。对已签订毕业生就业协议书的学生，毕业实习原则上安排在接收单位实习。

2. 毕业综合实习的纪律管理

学生不得无故不参加毕业实习。确有特殊情况，必须经系部同意，并报学校批准，且事后必须补修。实习期间自觉接受实习指导教师的指导，认真履行实习岗位职责，完成毕业实习任务。自觉遵守实习单位劳动纪律，不迟到、不早退、不脱岗，有事必须请假。认真填写实习日志，按时完成实习报告，参加毕业实习答辩。

3. 毕业综合实习考核和成绩评定

按照实习大纲要求，学生必须完成实习任务，填写《毕业生综合实习手册》，并提交实习报告，才能参加实习考核，实习考核采取实习答辩的形式。根据具体情况，实习答辩一般安排在实习单位进行，也可以在学校进行。

实习成绩按优秀、良好、及格和不及格四级记分制评定。

有下列情况之一者，成绩为不及格：

① 未达到实习大纲规定的基本要求；

② 实习答辩时不能回答主要问题或有原则性错误；

③ 未参加实习时间超过全部实习时间三分之一以上者；

④ 实习中有违纪行为，经教育不改者。

总之，实习就业直通车是高职加强实践教学，提高学生动手实践能力并缩短学生与社会距离的一种创新。实践情况表明，这一方法有利于企业了解认识高职教育和高职毕业学生、选到合适的员工；也有利于学生更好地提高自己的社会实践能力、将理论应用于实践，充分展示高职学生的特色和能力，找到合适的工作。因此，高职毕业生更应该积极投入毕业前的就业实习中，努力提高综合素质，为顺利就业打下良好的基础。

第四节　求职者的劳动权益

毕业生进入职场，将面临与学校截然不同的环境。由于目前存在着就业难的客观现实，某些用人单位动则摆出一副居高临下的架势，或随意处置双方的法律关系，或不合理地加大工作指标、压低劳动报酬，甚至不给劳动者缴纳"四金"。因此，学习与掌握相关法律法规，依法维护自身权益，成为每一位大学毕业生今后畅行职场的必修课。

一、如何签订劳动合同

我国的劳动法规定，劳动合同应该是以书面形式订立，但是目前仍然有许多的用人单位逃避约束，以各种各样的借口不与劳动者订立书面劳动合同。对此，有关专家对劳动者提出两条建议：与其任人宰割，不如趁早远离这样的单位；已经形成事实劳动关系的，劳动者可依法向劳动保障行政部门举报。

1. 劳动合同的必备条款

《劳动法》第十七条规定，劳动合同应当以书面形式订立，并应具备九个方面的条款。

（一）用人单位的名称、住所和法定代表人或者主要负责人；

（二）劳动者的姓名、住址和居民身份证或者其他有效身份证件号码；

（三）劳动合同期限；

（四）工作内容和工作地点；

（五）工作时间和休息休假；

（六）劳动报酬；

（七）社会保险；

（八）劳动保护、劳动条件和职业危害防护；

（九）法律、法规规定应当纳入劳动合同的其他事项。

劳动合同除前款规定的必备条款外，用人单位与劳动者可以约定试用期、培训、保守秘密、补充保险和福利待遇等其他事项。

以上九个条款是劳动合同生效的法定要件，但是劳动合同的无效不等同于劳动关系的无效。即使劳动合同在形式上存在缺陷，但是只要有劳动关系存在，劳动者的合法权益仍然受保护。

2. 注意事项

（1）签约单位的合法性　在签订劳动合同时，应仔细察看企业是否经过工商部门登记以及企业注册的有效期限。否则，所签订的劳动合同是一份无效合同。

（2）劳动合同应依法订立　只有主体合法、内容合法、形式合法、程序合法的劳动合同才能产生法律效力。不合法的劳动合同，属于无效合同，不受法律承认和保护。

（3）合同双方地位的平等性　在劳动合同订立的过程中，劳动者与企业之间的法律地位是平等的。只有做到地位平等，才能使所订立的劳动合同具有公正性。

（4）合同的订立必须采取书面形式 劳动合同都有一定的期限，而且劳动关系非常复杂，涉及诸多内容。采取书面形式使权利义务明确具体，有利于合同的履行。一旦发生争议，也有据可查，便于争议的解决。

（5）合同的具体性 劳动合同字句要准确、清楚、完整、明白易懂，不能用缩写、替代或含糊的文字表达，否则就可能在劳动执行过程中产生误解或曲解，从而带来不必要的争议，给用人单位和劳动者双方造成损失，也为合同争议的处理带来困难。

另外还有特殊的法定必备条款，这是法律要求某种或者某几种劳动合同必备的条款，有的劳动合同由于自身的特殊性，立法之中特别要求除了规定一般的法定必备条款之外，还必须规定一定的特有条款。例如，根据我国《中外合资经营企业劳动管理规定》和《私营企业劳动管理暂行规定》的规定，中外合资企业劳动合同和私营企业劳动合同中应包括工时和休假条款。

根据《关于贯彻执行〈中华人民共和国劳动法〉若干问题的意见》第四条规定，用人单位在与劳动者签订劳动合同时，不得以任何形式向劳动者收取定金、保证金或抵押金。违反规定的，应由公安部门和劳动行政部门责令用人单位立即退还劳动者本人。另需指出的是，社会保险在我国属法定保险，因而未被列入合同必备条款。

二、试用期如何约定

（1）试用期 顾名思义就是劳动关系的试验阶段，但绝非是用人单位对劳动者的单方试用。试用期是用人单位和劳动者为了相互了解，相互约定的考察期。在这段期间内，用人单位考察员工的工作能力，员工也考察用人单位的情况，是双方互相试用的过程。

试用期作为劳动关系的特殊阶段，也是劳动纠纷的高发区。《劳动法》第二十一条规定："劳动合同可以约定试用期。试用期最长不得超过六个月。"具体来说就是，劳动合同期限不满六个月的，不设试用期；劳动合同期限在六个月到一年的，试用期最长不超过一个月；劳动合同期限在一年至三年的，试用期最长不得超过三个月；劳动合同期限在三年以上的，试用期最长不得超过六个月。

（2）有理由退工 依照《劳动法》第二十五条规定，在试用期内，用人单位有证据证明劳动者不符合录用条件时，方可单方解除劳动合同。也就是说，用人单位承担的是完全的举证责任。

（3）无理由走 依照《劳动法》第三十二条规定，劳动者在试用期内只要"通知"单位就可以解除劳动合同，无须提供任何理由。

（4）试用期合同无效 根据《关于贯彻执行〈中华人民共和国劳动法〉若干问题的意见》的规定：劳动者被用人单位录用后，双方可以在劳动合同中约定试用期，试用期应包括在劳动合同期限内。这就是说，试用期不是劳动合同中的法定条款，可以约定也可以不约定。而如果约定试用期，则只能在劳动合同中约定，劳动合同是试用期存在的前提条件。不允许只签订试用期合同，而不签订劳动合同。但"试用期"合同的无效，并不导致劳动法对劳动者的保护失效。

三、最低工资及劳动时间如何规定？

人力资源和社会保障部发布的《最低工资规定》指出，在正常情况下，用人单位应支付给劳动者的工资，除去劳动者延长工作时间的所得工资，在夜班、高温、井下、有毒等特殊条件下享受的津贴，以及法律、法规和国家规定的劳动者享受的福利待遇（包括个人缴纳的养老、医疗、失业保险费和住房公积金；伙食补贴、上下班交通费补贴、住房补贴等法律法规和国家规定的劳动者福利待遇等）外，不得低于当地最低工资标准。对于违反规定的，劳动保障部门将责令用人单位按所欠工资的 1～5 倍支付劳动者赔偿金。最低工资标准一般考虑城镇居民生活费用支出、职工个人缴纳社会保险费、住房公积金、职工平均工资、失业率，经济发展水平等因素。

《劳动法》还规定："劳动者每日工作时间不得超过 8 小时，平均每周工作时间不超过 44 小时。"如果用人单位因生产经营需要，经与工会和劳动者协商后可以延长工作时间，一般每日不超过 1 小时，"因特殊原因需要延长工作时间的，在保障劳动者身体健康的条件下延长工作时间每日不超过 3 小时，但是每月不超过 36 小时"。也就是说，对企业违反法律、法规强迫劳动者延长工作时间的，劳动者有权拒绝。

四、签约时应注意哪些问题？

目前，高校使用的就业协议书是由教育部高校学生司统一制订的，由学校、毕业生、用人单位三方共同签署后生效。它具有一定的广泛性和权威性，是学校制订就业方案、用人单位申请用人指标的主要依据，对签约的三方都有约束力。有些用人单位从自身工作考虑也制订了条款不一的就业协议或就业合同，有的是由学校、毕业生和用人单位共同签署，有的则只有用人单位和毕业生双方，没有学校意见栏。由于现在就业形势严峻，许多毕业生在签订教育部协议书的同时还要被迫签订条件苛刻的合同，而它们之间有时是相互矛盾的。因此，有必要提醒毕业生注意以下问题。

① 签约是非常严肃的事情，也是一个法律行为，因此签约前的了解洽谈十分重要。毕业生应详细了解用人单位的情况，一般包括单位的规模、效益、管理制度等，单位的隶属也很重要。国家机关、事业单位、国有企业一般都有人事接收权，民营企业、外资企业则需要经过人事局或人才交流中心的审批才能招收职工，协议书上应签署他们的意见才能有效。毕业生还应对不同地方人事主管部门的特殊规定有所了解，除协议书外，如北京市非本地生源进京还应经过市人事局大学生处的审批，上海市、广东省、福建省等也有类似的规定。

② 签约的一般程序为：毕业生持用人单位的接收函到院系领取教育部就业协议书，先由毕业生、院系在协议书上签署意见后交用人单位，由用人单位签署意见后再交给学校，学校签字后协议书生效。

③ 一般到用人单位报到后毕业生和用人单位要签订劳动合同书，因此在签约前了解合同书的内容是十分必要的，尤其重要的是合同书的工作年限和待遇。毕业生应向招聘人员索要样本或复印件，以免报到后发生纠纷，遭受很大损失。

④ 为避免到用人单位报到后发生纠纷，签约前达成的收入、住房和保险等福利待遇最好在协议书中写明。如果报考了研究生或准备出国，应事先向用人单位讲明，并写在协议书中。有些毕业生向用人单位隐瞒这些情况，这是不可取的，也会带来许多麻烦。

最后，也是非常重要的，遇到问题而犹豫不决时，应及时向学校主管就业的老师询问，征求他们和父母的意见，经过深思熟虑后方可签约。

五、毕业生报到时用人单位拒绝接收怎么办？

国家规定："经过协商落实和国家毕业生分配主管部门审批的毕业生分配计划必须认真执行，未经高校和用人单位双方复议并报地方主管部门批准，学校不得随意改派毕业生，用人单位不得退回毕业生。"当遇到用人单位拒绝接收时，毕业生应主动向用人单位说明情况，不要与对方争吵，更不要贸然返校，应及时与学校取得联系，由学校分清责任，按有关规定妥善处理。

若属因学校工作失误造成计划不落实，误派毕业生的，应由学校负责提出调整意见报批。由于用人单位发生重大变化（如撤并、破产、倒闭等），无接收能力的，应及时与学校协商，合理调整。若是用人单位对毕业生提出难以达到的不符合政策规定的过高要求，则不能作为退人理由。属于毕业生本人身体有病而提出退回的，若是学生在校期间就有传染病史、精神病史，用人单位不知道，待毕业生报到时才被发现的，应允许提出退回；若是报到后才患病的，应按在职人员病假的有关规定处理。

六、发生劳动争议如何处理

1. 协商解决

劳动争议发生后，当事人就争议事项进行商量，使双方消除矛盾，找出解决争议的方法。不愿协商或者协商不成的，当事人可以并有权申请调解或仲裁。

2. 企业调解

劳动争议发生后，当事人可以向本单位劳动争议调解委员会申请调解，企业调解达成协议的，制作调解书，双方当事人应自觉履行（此协议不具有法律约束力）；如果从当事人申请之日起30日内未达成协议，则视为调解不成。当事人可以在规定的期限60～90日内，向劳动争议仲裁委员会申请仲裁。另外，当事人不愿调解或调解达成协议后反悔的，也可直接向仲裁委员会申请仲裁。

3. 劳动仲裁

劳动争议一般由所在行政区域内的劳动争议仲裁委员会受理，当发生争议的单位与职工不在同一劳动争议仲裁委员会管辖地区时，由职工当事人工资关系所在地的劳动争议仲裁委员会处理。如果当事人任何一方对裁决不服，则应在收到裁决书15日内向当地人民法院起诉，期满不起诉的，裁决书即发生法律效力，当事人对发生法律效力的调解书和裁决书应当依照规定的期限履行。

4. 法院判决

当事人任何不服裁决向人民法院起诉的，法院将按照民事诉讼法的有关程序进行。首先对双方当事人进行民事调解，如果双方当事人就劳动争议达成协议，法院将制定民事调解书，调解书一经送达当事人立即生效，与判决书具有同等法律效力。如果调解不成，法院应当在规定的时间内做出书面判决。原被告任何一方对判决不服的，可在法定期限（自收到判决书起15日）内向上级人民法院提起上诉。

案例 12

毕业生小高看到一则招聘广告上写着"单位每月提供住房补贴300元"，她对这个承诺很满意，便与该公司签订了劳动合同。但后来，她发现工资单里并没有这300元的住房补贴。她向单位主管部门提出申诉，回复是该补贴已取消了，而且她与单位签订的合同上也没有约定单位要支付她该补贴。小高有口难言。

分析： 毕业生如要招聘单位兑现招聘广告中的承诺，最好将这些承诺写入双方的劳动合同条款中，用劳动法的约束力来督促用人单位履行承诺。在订立合同时，应该看清楚单位所承诺的条件有没有写进去。

第五节 人才流动

一、人才流动服务机构

人才流动服务机构是指在人才流动过程中，为人才择业和单位用人提供社会化服务的中介组织。近几年，我国的人才流动服务机构发展很快，正在形成一个覆盖全社会的服务网络。从名称上看，人才流动服务机构一般都冠以"××人才交流中心"、"××人才交流服务中心"、"××人才市场"、"××人才交流开发中心"等，名称尚不统一，但都是为人才流动提供社会化服务的单位。

我国的人才流动服务机构可分为三种：第一种是政府人事部门所属的人才流动服务机构，面向社会提供服务；第二种是由行业或部门创办的人才流动服务机构，主要是为本行业、本部门或本系统的人才流动服务；第三种是民间自筹资金开办的人才流动服务机构，包括各种"猎头公司"、私营的人才职业介绍公司等。其中，由政府人事部门培育发展起来的人才市场又可分为三类：第一类是区域性人才市场，是由国家人事部与有关地方共同组建的"立足一地、辐射周边、服务全国"的人才市场，目前已完成总体布局，如中国沈阳人才市场、中国北方人才市场（天津）、中国上海人才市场、中国武汉人才市场、中国成都人才市场、中国南方人才市场（广州）和中国西安人才市场等；第二类是专业性人才市场，是专门为某一专业或某一类人才以及需要这些人才的用人单位服务的人才市场，国家人事部与有关地方和部门共建了中国唐山企业家人才市场、中国化工人才市场、中国中原毕业生人才市场、中国宁波乡镇企业人才市场、中国江汉平原农村人才市场等，一些省市根据当地经济发展需要，也在本省内组建了不同类型的专业性人才市场；第三类是基础性人才市场，是除区域性和专业性人才市场以外由政府人事部门培育发展起来的人才市场，目前全国各省、地（市）和95％以上的县市都建立了基础性人才市场。

二、人才流动社会化服务

人才流动服务机构在搞活人才流动的过程中，积极为人才和用人单位创造"双向选择"的条件，提供大量的社会化服务。其服务内容主要有以下几个方面：

① 建立人才供求信息库，收集、整理、储存和发布人才供求信息，为各类人才及用人单位提供信息咨询服务；

② 进行流动人员的求职登记，通过举办交流大会等多种形式开展人才交流活动，帮助交流成功的双方签订合同，办理合同鉴证等有关手续；

③ 开展人才择业、转岗的技术、技能培训，提供就业指导；

④ 以管理流动人员人事档案为核心，办理流动人员档案工资调整、因私出国政审、专业技术职务评审、大中专毕业生定期转正、初级专业技术职务认定以及接转流动人员党（团）组织关系等；

⑤ 组织人才的智力流动，为人才的兼职、技术开发、技术服务等提供社会化服务；

⑥ 为回国留学人员提供择业服务，开展国际人才交流；

⑦ 为外商投资企业、乡镇企业、区街企业、民营科技企业、私营企业等非国有企业提供人才招聘和管理的社会化服务。

近两年，各地人才流动服务机构在广泛开展上述业务的同时，还根据人才流动的需要，积极探索和创新人事管理制度，开展了人事代理、人才测评和人事争议仲裁工作。人事代理是一种新型的人事管理方式，是指人才流动服务机构通过签订代理合同接受个人或用人单位的委托，为其提供全方位、一条龙的人事业务的代理服务。人才测评是指通过建立科学的人才能力测评体系，对人才的心理素质、求职倾向、知识技能和发展潜能等进行客观、公正的测试、考核和评价，为人才择业和单位用人提供依据。人事争议仲裁是处理个人与用人单位之间人事争议的有效途径，下面将做专门介绍，此不赘述。

对于不同服务对象的不同需求，人才流动服务机构也提供一些不同的、有针对性的社会化服务。比如，大中专毕业生是流动人员大军中的一个特殊群体，需要解决初次就业问题。为此，各级政府人事部门所属的人才流动服务机构通过定期或不定期地举办毕业生人才交流会、发布人才供求信息、开展就业指导与咨询、开展人才培训工作等，积极为毕业生求职就业创造条件。

1993年，国家颁发了《中国教育改革和发展纲要》，指出要改革高等学校毕业生"统包统配"和"包当干部"的就业制度，实行少数毕业生由国家安排就业，多数由学生"自主择业"的就业制度。随着社会主义市场经济体制的建立和劳动人事制度的改革，除对师范学科和某些艰苦行业、边远地区的毕业生实行在一定范围内定向就业外，大部分毕业生实行在国家方针政策指导下，通过人才劳务市场，采取"自主择业"的就业办法。与此相配套，建立人才需求信息、就业咨询指导、职业介绍等社会中介组织，为毕业生就业提供服务。

1994年，国务院又下发了《关于〈中国教育改革和发展纲要〉的实施意见》，进一步提出要积极推进高等学校和中等专业学校、技工学校的毕业生就业制度改革，逐步实行大多数毕业生自主择业的制度。即除委托、定向培养生和自费生外，实行在国家宏观指导下，学校与用人单位供需见面和一定范围内双向选择的制度；在人才市场、劳动力市场比较完善，全面实行缴费上学制度之后，除享受国家和单位专项或定向奖学金的学生按合同就业外，其余学生在国家政策指导下进入劳动力市场自主择业。为了贯彻落实《中国教育改革和发展纲要》及其实施意见，人事部门积极发挥职能优势，充分发挥人才市场机制的作用，大力推进以毕业生为重点的市场主体到位，落实毕业生的自主择业权，为毕业生自主择业创造条件。

1996年2月，人事部组建了国家级的专业性人才市场——中国中原毕业生人才市场（现为中原人才网），该市场以为经济建设和社会发展服务、为毕业生服务、为用人单位服务为宗旨，主要职能包括：

① 建立和完善面向全国各大中专院校和用人单位的毕业生信息库和信息网络，及时准确地收集、整理、储存、发布全国毕业生人才供求信息；

② 开展不同范围、不同类型的毕业生双向选择和供需见面活动，对毕业生双向选择协议进行鉴证；

③ 开展毕业生需求预测、毕业生人事委托代理、毕业生素质测评、毕业生择业培训工作，进行毕业生待业试点工作；

④ 开展毕业生就业政策及就业服务等方面的宣传和咨询，调解和仲裁毕业生流动争议；

⑤ 组织跨地区毕业生的引进和输送，为各地利用本市场开展国内外人才交流提供服务。

中原毕业生人才市场建立以来，立足河南，辐射中原，服务全国，在促进毕业生人才的合理流动、合理使用、合理配置等方面，发挥了积极作用。

现在各种应届生求职网很多，如应届生求职网等。

三、人事代理制度

推行人事代理制度，是建立与社会主义市场经济相适应的人事管理体制，实现人事管理服务的社会化，更好地为经济建设服务的客观需要。

人事代理是指各级行政部门所属的人才流动服务机构或者人事代理机构，受代理对象的委托，根据国家、省、市人事政策法规，运用社会化服务方式和现代科学手段，为诸如三资企业、私营企业、股份制企业、民办科研机构等无主管单位以及不具备人事管理权限的单位要求委托人事代理的其他企事业单位，自费出国、以辞职等方式流动后尚未落实单位的专业技术人员和管理人员，提供档案保管或有关人事方面的服务工作。它是一种人事管理与人员使用分离的新型人事管理方式。

委托人事代理可分为单位委托人事代理和个人委托人事代理两种类型。单位包括事业单位、国有企业、集体企业、个体企业、私营企业、股份制企业、外商投资企业等。个人包括被辞退、退职、解聘、下岗、解除劳动合同的原机关工作人员、企事业单位专业技术人员和管理人员，毕业后暂未落实单位或自谋职业的大中专毕业生（含"五大"毕业生）、毕业研究生，户粮、人事关系在外地被借调在本地工作的专业技术人员和管理人员，因私出国、自费留学需要人事代理的人员，自我安置的军队转业军官，非国有企业和境外、外地驻本地代表机构录（聘）用的专业技术人员、管理人员，其他需要人事关系委托管理的专业技术人员和管理人员。

单位委托人事代理，各级人才服务机构可提供人事政策咨询、人事档案保管、聘用（任）合同鉴证、代办养老保险、失业保险、代办户籍粮油关系迁移和档案工作定级（晋升）手续，代为申报专业技术职称资格等人事代理服务。

个人委托人事代理，各级人才服务机构可集体正式接收的，由其委托代理的人才流动机构凭接收单位人事主管部门的接收函件办理其人事关系及档案的转递手续；被其他单位重新聘用的委托人事代理人员，及时变更人事代理手续。

目前，各地都根据本地实际情况开展了范围内容各有不同的人事代理服务。一般来说，毕业生与当地人才服务中心签订委托代理合同后，可以得到以下代理服务：

① 人事档案保管；

② 鉴证聘用合同及负责办理代理单位接收的应届大中专毕业生见习期转正手续；

③ 按有关规定代办养老保险并计算工龄；

④ 接受人事关系、党团组织关系及户粮关系的挂靠；

⑤ 按国家政策规定代办档案工资定级、调资手续；

⑥ 代办专业技术职务任职资格初定、申报手续；

⑦ 办理人才流动手续；

⑧ 办理挂靠人员考研、出国、出境的政审（签署意见）；

⑨ 协助推荐尚未落实就业单位的代理人员就业；

⑩ 商定的其他人事代理事项。

"海阔凭鱼跃，天高任鸟飞。"随着人事代理制度的进一步发展，社会将会为毕业生提供更为宽松的就业环境。人事代理是社会主义市场经济的产物，它能解决以往用人制度无法解决的问题。推行人事代理制度，可以逐步覆盖各种所有制的企事业单位，使人才由"单位部门所有"转变为"社会共有"，为人才自主择业、单位自主用人创造了条件。代理项目涉及人员的招聘、档案代管、职称申报等，消除了人才的思想顾虑，便利了人才的自由流动。人事代理制度通过对人才"进、管、出"各个环节提供成龙配套的服务，化解了"企业办社会"的包袱，有利于提高企业的效益。同时，人才服务中心通过组织专家组，还可为委托代理的企业提供诸如"人事诊断、人才规划、人才测评"等人事人才服务，从而化解用人风险，更合理地配置人力资源，提高人才使用效率。实行人事代理，对用人单位来说，既可以根据需要选到合适的人才，又可以解决一些过去难以解决的问题，对各类人员来说，既增大了择业的空间，拓宽了就业渠道，又解决了后顾之忧。

人事代理制度还改变了以往大中专毕业生单一的就业模式。未就业的毕业生在人才服务中心办理了人事代理手续后，便可办理户口、粮油关系落户手续，办理手续之日即为参加工作时间之始，以后若被用人单位接收，人才服务中心将负责办理行政关系接转手续、工龄连续计算。同时，将所有委托人事代理的大中专毕业生情况编入人才信息库，便于用人单位充分选择。有的地方还规定，委托人事代理的大中专毕业生在一至两年内，享受原毕业生就业待遇。

案例13　黑中介陷阱

小于到一家职业介绍所找工作。在职业介绍所里，一个中年妇女详细地询问了他的经历、特长及对工作的要求后，让他填了一张招聘表，收取了100元手续费，便请他回家等消息，并保证说能让他找到一份满意的工作。可是他等了一个多月也没有任何消息，打电话咨询也总是电话占线，当他再次登门找到那一家职业介绍所时，发现已是人去楼空。

分析：正规的职业介绍机构都有合法证照，也有监督电话。而且对于一切服务项目和收费标准都明码标价。收费时也会出示由税务部门监制的发票，且发票上所写收费条目与实际服务项目相符。

求职时要擦亮眼睛，要选择正规的职业介绍机构。求职者在遇到这种中介公司时应该举报、投诉，以免更多的人受骗。

第六节　就业协议

一、签订就业协议应注意的事项

1. 就业协议书

就业协议书一般由国家教育部或各省、市、自治区就业主管部门统一制订，是明确毕业生、用人单位和学校在毕业生就业工作中权利和义务的书面表现形式，也是学校编制就业计划和毕业生派遣的依据。其内容主要体现毕业生情况和意见、用人单位情况和意见及学校意见，其协议约定仅指学生在毕业后到用人单位去工作的一份书面合同。毕业生与用人单位达成就业意向后，必须签订就业协议书，因为要凭协议书转人事档案、户口等关系。毕业生就业协议的内容主要是毕业生如实介绍自身情况，并表示愿意到用人单位就业，用人单位表示愿意接收毕业生，学校同意推荐毕业生并列入就业计划进行派遣，并不涉及毕业生到用人单位后所享有的权利义务。

案例14

毕业生小宋通过招聘进入了一家公司，当他提出要与公司签订就业协议书时，公司表示不与他签订任何书面协议，也不签订劳动合同。小宋觉得公司给出的薪水不错，就同意了公司的做法。

分析： 就业协议书关系到毕业生的档案、户籍等关系是否能转入工作所在地。这些关系又涉及了毕业生以后的一些权益，如升迁、社会保险等一系列问题。所以，如果不能与单位签订协议书，对以后的发展是不利的。

对策： 毕业生应主动要求单位解决这些问题，并可通过当地的人才交流中心协助办理人事档案、户口等关系的接收。

就业协议书和劳动合同的区别：
➤ 签订内容不同。
➤ 签订时间不同。
➤ 签订目的不同。
➤ 签订主体不同。

2. 就业协议书和劳动合同异同

毕业生无论是否与用人单位签署过就业协议，在到用人单位工作时，都应当（必须）与用人单位签署有效的劳动合同，规定双方的权利与义务，以保护自己的合法权益。

案例 15　签协议陷阱

小徐是应届大学毕业生，毕业前与一家单位签订了就业协议书，并规定了违约金。当小徐拿着毕业证到该单位报到时，用人单位依约录用了他却不与他签订劳动合同，单位主管说，就业协议就是劳动合同。

分析： 就业协议只是关于高职学生毕业后就职去向的一个约定。如果该高职学生不去定向用人单位报到，就要按约定支付违约金，但是高职学生到该单位报到后，这个协议就自动作废，用人单位应该与高职学生重新签订劳动合同。

对策： 如果用人单位不愿签订劳动合同，高职学生可以依据法规提出辞职。

3. 毕业生就业协议书的签订步骤

① 毕业生与用人单位双方签订就业协议书。

② 毕业生（或用人单位）将双方签好的就业协议书送到学校就业指导中心审核、鉴证。

③ 凡填写不符合要求和规定的，以及"蓝表"要求所附材料不齐备的，要求毕业生（用人单位）补齐后，学校就业指导中心再予以审核和鉴证登记。

④ 就业协议一般为三份（部分省市为四份），用人单位、学生、学校各一份（如果就业协议书为四份，第四份一般由学校或用人单位保存备查）。

4. 签订就业协议应注意的事项

按《普通高等学校毕业生就业工作暂时规定》的要求，为维护国家就业计划的严肃性，明确毕业生、用人单位、学校三方在毕业生就业工作中的权利和义务，毕业生、用人单位、学校三方在签订就业协议时，应注意如下事项。

① 毕业生应按国家规定就业，向用人单位如实介绍自己的情况，了解单位的使用意图，表明自己的就业意见，在规定的时间内到用人单位报到。若遇到特殊情况不能按时报到，需征得用人单位同意。

② 用人单位要如实介绍本单位的情况，明确对毕业生的要求及使用意图，做好各项接

受工作。凡取得毕业资格的毕业生，用人单位不得以学习成绩为由提出违约。未取得毕业资格的结业生，本协议无效。

③ 学校要如实向用人单位介绍毕业生的情况，做好推荐工作。用人单位同意录用后，经学校审核列入建议就业计划，报省就业主管部门批准，学校负责办理派遣手续。

④ 学校应在学生毕业前安排体检，不合格者不派遣，本协议自行取消，由学校通知用人单位。如用人单位对毕业生身体条件有特殊要求，原则上应在签订协议前进行单独体检，否则，以学校体检为准。

⑤ 毕业生和用人单位如有其他约定，应在备注栏明确，并视为本协议的一部分。毕业生与用人单位以口头形式的约定，学校不予承认。

⑥ 就业协议书一式三份，毕业生、用人单位、学校、各执一份，复印无效。

⑦ 请妥善保管协议书，原则上遗失不补。

小贴士

1. 就业协议书已由用人单位、毕业生双方签字盖章，学校尚未鉴证，此时想违约，是否要缴纳违约金？

毕业生是签约主体一方，应有签约责任意识。就业协议书经单位、毕业生签字盖章后生效；如果违约，违约方必须支付给另一方违约金。学校仅对就业协议书做鉴证，并列入就业方案上报教育部，有些单位将盖章后的协议书四联交学生带到学校就业办公室鉴证，这是对毕业生的一种信任，此时，毕业生违约仍应征询原单位意见，并承担违约责任（缴纳违约金）。

2. 我已同单位违约了，如何重新领取就业协议书？

凭原就业单位同意解除就业关系的证明、原就业协议书、报到证、新就业单位的录用函和协议书申购表到学校就业指导中心办理违约手续，领取新的就业协议书。

3. 已签订的就业协议书何时送学校鉴证？

就业协议书一般在双方签字盖章后 10 个工作日之内送学校鉴证。

二、常见热点问题解答

1. 填写推荐表或自荐表应注意的事项

在毕业生就业过程中，推荐表是毕业生直接与用人单位面谈的重要媒介之一，往往在推荐就业中起着很大作用，因此不可马虎。

第一，应注意字迹整洁，文句通顺，切忌涂抹，态度诚恳，实事求是。

第二，简要写清自己基本情况，包括姓名、年龄、性别、政治情况、来源地区及家庭地址等。

第三，详细准确地写清所学专业和专业适应范围，并恰如其分地介绍自己在校表现和能力水平，既不夸张也不谦卑，最好能附上历年来的学习成绩及组织评语。

第四，受过何种奖励和处分。如受过处分应主动说明原因，着重讲讲认识态度和改正决心，切不可隐瞒。主动讲明说明你态度诚恳，能取得用人单位谅解和信任，不会影响就业。反之，隐瞒的事实被通过档案了解到后，用人单位会认为你不诚实。

第五，最后表达你自己想得到职位的迫切心情，并表明今后的工作态度。

2. 签订就业协议时要学会妙用备注栏

就业协议书有备注栏，毕业生可在备注栏中填入补充条款，该条款也具有法律意义。备注是为毕业生、用人单位、学校三方共同约定的其他条款所设计的。三方在签订就业协议书时，如有一些其他的事项或特殊约定，应当在就业协议书的备注栏中写明。其内容可为"如本人考上研究生，凭录取通知书，该协议效力终止"，也可为协议期内工资多少，违约时是否缴纳违约金等容易产生纠纷的条款。一般就业协议签订在前，劳动合同订立在后，如果毕业生与用人单位就工资待遇、住房等有事先约定，亦可在就业协议备注条款中予以注明，日后订立劳动合同对此内容应予认可。

在备注中，毕业生与用人单位约定的条款如果不涉及学校的有关规定，不违反政策，并只在毕业生与用人单位之间约定，学校是不予干涉的。

特别需要注意的是，毕业生与用人单位约定的备注条款，必须要有毕业生和用人单位双方的签字，否则当发生争议时，备注条款很难发生作用。而且毕业生一旦与用人单位签订劳动合同后，就业协议书的使命就完成了，其效力也自动消失。

3. 就业协议书与劳动合同有什么不同

就业协议仅仅是确立了毕业生和用人单位之间劳动关系，劳动合同更进一步确立了双方的权利和义务。

就业协议书与劳动合同的区别如下。

① 主体不同。就业协议书是三方主体，涉及培养院校、毕业生、用人单位。劳动合同是双方合同，只涉及学生和用人单位。

② 内容不同。就业协议书主要表明毕业生就业和单位接收毕业生的意向。劳动合同主要涉及具体的工作岗位、待遇、工作时间等权利和义务。

③ 时间不同。一般就业协议书的签订先于劳动合同。

④ 就业协议书也是劳动合同的一种形式，在协议书的备注栏中明确劳资双方的权利与义务，则协议书与劳动合同具有同样的法律效应。

4. "就业报到证"的作用及重要性

《全国普通高等学校毕业生就业报到证》（简称就业报到证）分上（简称报到证，蓝色）、下（简称通知书，白色）两联，内容完全一致，是由各省（市、区）教育厅高等学校毕业生就业指导中心根据就业协议书等材料核发的毕业生就业报到的凭证。报到证由毕业生本人手执到用人单位报到，通知书由档案室老师负责将其装入毕业生档案。报到证的作用如下：

① 是教育主管部门正式派遣毕业生的凭证。

② 是毕业生到用人单位报到的凭证。

③ 是用人单位接收毕业生的重要文字证明。

④ 是任何一个合法的人才中心、档案管理机构接收毕业生档案的证明。

⑤ 是用人单位给毕业生落户、接管档案的重要依据。

⑥ 是毕业生的身份证明。就业报到证是正规院校全日制毕业生的重要标志，成人教育等教育形式的毕业生没有报到证。

⑦ 毕业生持报到证报到后，转正定级、工龄计算、职称评定等才能起算。

5. 如何办理毁约/解约手续

毕业生经用人单位同意接收时，应签订《全国普通高等学校毕业生就业协议书》。因特殊原因需解除协议者，必须征得签约各方的书面同意并报学校批准，协议方告解除。毕业生与用人单位之间如另有约定（如违约责任），签订就业协议时应在"备注"栏中说明。

毕业生在办理毁约/解约手续时应该按照以上要求，携带：

① 原协议书；

② 原单位书面退函（退函中应注明解约原因，如情况特殊，传真退函也可，但传真件

上应该公章清楚、字迹清晰）；

③ 到原单位的《就业报到证》和《户口迁移证》（如已派遣，该证必须携带）。

6. 办理调整就业去向的手续

毕业生因特殊原因需要调整就业去向的，须携带以下材料申请办理：

① 原就业单位的退函；

② 新单位出具的接受函或新签订的《就业协议书》；

③ 原《就业报到证》；

④ 户口迁移证明。

办理程序：毕业生将上述材料交给学校，由学校通过省高校毕业生就业信息管理系统制成软盘，并出具毕业学校就业主管部门同意调整就业去向的书面报告，上报省毕业生分配办公室审核批准后，方可办理有关手续。

7. 报到证遗失补办手续

报到证是毕业生到接收单位报到和办理户口手续的凭证。报到证遗失后按如下程序办理补办手续。

① 毕业生毕业当年将报到证遗失的，须由毕业生本人写出书面检查并向所在学校提出补办申请。毕业生所在学校就业主管部门证明属实后，可为其补办报到证，报到证备注栏内须注明"原证遗失，系补办"字样。

② 毕业生在毕业后若干年发现档案中无报到证的，可以补办遗失证明。办理手续是：单位出具遗失证明，经原毕业学校就业主管部门核实后加盖公章，然后到省毕业生分配办公室办理有关部门手续。

8. 毕业生档案和户口办理手续

① 毕业生档案、户口只能在校保管两年，逾期不予管理。

② 学生毕业时，保卫处按照省毕业生分配办公室签发的就业方案办理户口迁移手续。毕业生凭毕业证（原件）到院保卫处领取户口迁移证，到教务处学籍组领取档案（正式签约需要邮寄的，在教务处备案后由学校统一邮寄）。

③ 如本人不能到校领取，必须由代办人拿上需要领取户口、档案的学生的毕业证（原件）和代办人的身份证，方能代替办理。

④ 若毕业生工作单位变动办理户口改派手续的，凭原户口迁移证和毕业生报到证到院保卫处办理。

⑤ 户口迁移证不能涂改、转借，持证人到达迁移地后，必须按规定时间将户口迁移证交给户口登记机关，申报户口办理落户手续。

9. 毕业生到用人单位报到应注意的问题

俗话说："良好的开端，成功的一半。"对于一个经过笔试、面试等重重考验，最终被用人单位录用的毕业生来说，走好职业生活的头几步是十分重要的。要想在职业生涯中取得成功，一个良好的开端不仅可以给我们战胜困难的勇气，而且可以使我们少走弯路。下面就一些到用人单位报到应注意的问题向同学们提出一些建议。

（1）合法签订劳动合同。当你走进工作单位大门之后，第一件事就是依据劳动法规与单位签订劳动合同书或干部聘用书。为保障招聘者和应聘者双方的合法权益，确定双方劳务关系，必须履行正式的、具体的法定手续。即不能搞合同或协议书之外的口头君子协定，也不能使协议书过于粗线条、原则化。合同和协议的条款除符合国家法规外，应该明确、具体、可行。

（2）见习期要认真学习。高等学校毕业生实行见习期的目的，是继续加强对毕业生的培养教育，进一步提高毕业生的政治、业务素质和从事实际工作的能力，使毕业生尽快地适应经济建设和社会发展的要求；同时，使用人部门（单位）全面了解、考察毕业生，以便合理地安排使用毕业生，充分调动毕业生的积极性，更好地为社会主义现代化建设服务。见习过程中要密切与群众的关系，增进对单位的了解，主动学习各种基本的生产技术和实践知识，并充分地表现自己的才能和特长，以争取用人单位合理地安排自己将来的工作岗位。

（3）给人良好的第一印象。第一印象是由人的思想、情感、爱好、倾向、才能、相貌等多方面印象形成的。不过，你可以从以下几个方面去做：注重仪表服饰，服从聘用单位的安排，重视言谈举止，正确地对待别人的评价，努力建立和谐的人际关系，大胆实践，立志成才。

附录 7-1 普通高等学校毕业生就业工作暂行规定

（国家教育委员会 1997 年 3 月 24 日颁发）

第一章 总 则

第一条 为做好普通高等学校（含研究生培养单位）毕业生（含毕业研究生）就业工作，更好地为经济建设和社会服务，维护毕业生和用人单位的合法权益，根据国家的有关法律和政策，制定本规定。

第二条 普通高等学校毕业生凡取得毕业资格的，在国家就业方针、政策指导下，按有关规定就业。

第三条 毕业生是国家按计划培养的专门人才，各级主管毕业生就业部门，高等学校和用人单位应共同做好毕业生就业工作。毕业生有执行国家就业方针、政策和根据需要为国家服务的义务。必要时，国家采取行政手段，安置毕业生就业。

第四条 毕业生就业工作要贯彻统筹安排、合理使用、加强重点、兼顾一般和面向基层，充实生产、科研、教学第一线的方针。在保证国家需要的前提下，贯彻学以致用、人尽其才的原则。国家采取措施，鼓励和引导毕业生到边远地区、艰苦行业和其他国家急需人才的地方去工作。

第五条 国家教委归口管理全国毕业生就业工作，国务院其他部委（以下简称部委）和各省、自治区、直辖市（以下简称地方）负责本部门、本地方毕业生就业工作。

第二章 职 责 分 工

第六条 国家教委的主要职责：

1. 制定全国毕业生就业工作的法规和政策，部署全国毕业生就业工作；

2. 组织研究并指导实施全中国毕业生就业制度改革；

3. 收集和发布全国毕业生供需信息，组织指导和管理毕业生就业供需见面、双向选择活动；

4. 编制全国普通高等学校毕业生就业计划，制订国家教委直属高校毕业生就业计划和委、地方所属高校抽调计划；

5. 负责全国毕业生就业计划协调工作，管理全国毕业生调配工作；

6. 指导、检查毕业生就业工作，授权各省、自治区、直辖市调配部门派遣本地区高校毕业生；

7. 组织开展毕业教育、就业指导和人员培训工作；

8. 开展毕业生就业工作的科学研究和宣传工作；

9. 检查毕业生的使用情况。

第七条 国务院有关部委主管部门的主要职责：

1. 根据国家的有关方针、政策和国家教委的统一部署，提出本部门毕业生就业的具体工作意见；

2. 及时向国家教委报送所属院校毕业生就业计划和本部委需求信息；

3. 组织协调所属院校的毕业生供需信息交流活动；

4. 制订并组织实施所属院校的毕业生就业计划；

5. 组织开展所属院校毕业教育、就业指导工作；

6. 负责本部门毕业生的接收工作，了解和掌握毕业生的使用情况；

7. 开展有关毕业生就业工作改革的研究和宣传工作。

第八条 省、自治区、直辖市主管部门的主要职责：

1. 根据国家的有关方针、政策和国家教委的统一部署，提出本省、自治区、直辖市毕业生就业的具体工作意见；

2. 负责本地区毕业生的资源统计工作，并按时报送国家教委；

3. 收集本地区毕业生的需求信息并及时报送国家教委；

4. 制订本地区所属院校毕业生的就业计划并及时报送国家教委；

5. 组织管理本地区毕业生就业供需见面和双向选择活动；

6. 受国家教委委托组织实施本地区高校毕业生的资格审查，交负责毕业生的调配派遣和接收工作；

7. 组织开展毕业教育、就业指导工作；

8. 检查、监督本地区用人单位和高等学校的毕业生就业工作；

9. 开展毕业生就业制度改革的研究和宣传工作；

10. 完成国家教委交办的其他工作。

第九条 高等学校的主要职责：

1. 根据国就业方针政策和规定以及学校主管部门的工作意见，制定本学校工作细则；

2. 负责本校毕业生的资格审查工作，及时向主管部门和地方调配部门报送毕业生资源情况；

3. 收集需求信息，开展毕业生就业供需见面和双向选择活动，负责毕业生推荐工作；

4. 按照主管部门的要求提出毕业生就业建议计划；

5. 开展毕业教育和就业指导工作；

6. 负责办理毕业生的离校手续；

7. 开展与毕业生就业有关的调查研究工作；

8. 完成主管部门交办的其他工作。

第十条 用人单位的主要职责：

1. 及时向主管部门报送毕业生需求计划，向有关高等学校提供需求信息；

2. 参加供需见面和双向选择活动，如实介绍本单位情况，积极招聘毕业生；

3. 按照国家下达的就业计划接收、安排毕业生；

4. 负责毕业生见习期间的管理工作；

5. 向有关部门和学校反馈毕业生的使用情况。

第三章 毕业生就业工作程序

第十一条 全国高等学校毕业生就业工作程序和时间安排由国家教委统一部署，各部委和地方应按照统一部署具体指导所属院校毕业生的就业工作。

第十二条 毕业生就业工作程序分为就业指导、收集发布信息、供需见面及双向选择、制订就业计划、进行毕业生资格审查、派遣、调整、接收等阶段。

第十三条 毕业生就业工作一般从毕业生在校的最后一学年开始。

第十四条 用人单位一般应在每年11月至12月向主管部门及有关高校提出下一年度毕业生需求计划，11月至次年5月与毕业生签订录用协议。

第十五条 毕业生的就业活动不得影响学校正常的教学秩序和学生的学习。毕业生联系工作时间应安排在1月至5月，春季毕业研究生可适当提前。

第四章 毕业生就业指导与毕业生鉴定

第十六条 毕业生就业指导是高校教学工作的一个重要组成部分，是帮助毕业生了解国家的就业方针政策，树立正确的择业观念，保障毕业生顺利就业的有效手段。

第十七条 毕业生就业指导重点进行人生观、价值观、择业观和职业道德教育，突出毕业生就业政策的宣传。

第十八条 毕业生就业指导要理论联系实际，注重实效，可采用授课、报告、讲座、咨询等多种形式。

第十九条 毕业生就业指导要与毕业教育相结合，教育毕业生以国家利益为重，正确处理国家利益与个人发展的关系，自觉服务国家需要，到基层去，到艰苦的地方去，走与实践相结合的成才之路。

第二十条 高等学校要按照国家教委《普通高等学校学生管理规定》、《高等学校学生行为准则（试行）》和《研究生学籍管理规定》的要求，实事求是地对毕业生做出组织鉴定。

第二十一条 毕业鉴定主要包括毕业生在校期间德、智、体等各方面的基本情况，这些基本情况要按照档案管理的有关规定，认真核对无误后归档。档案材料应在毕业生派遣两周内寄送毕业生报到单位。

<h3 style="text-align:center">第五章 供需见面和双向选择活动</h3>

第二十二条 供需见面和双向选择活动是落实毕业生就业计划的重要方式。各部委、各地方主管毕业生就业工作部门负责管理和举办本部门、本地区的毕业生就业供需见面和双向选择活动，其他部门不得举办以毕业生就业为主的洽谈会或招聘会。举办省级上述活动要报国家教委备案、跨省区、跨部门的有关活动须报国家教委审批。

第二十三条 有条件的高等学校要举办或校际联办毕业生供需见面和双向选择活动。高等学校在毕业生供需见面和双向选择活动中起主导作用。

第二十四条 经供需见面和双向选择后，毕业生、用人单位和高等学校应当签订毕业生就业协议书，作为制定就业计划和派遣的依据。未经学校同意，毕业生擅自签订的协议无效。

第二十五条 供需见面和双向选择活动要在国家就业方针、政策指导下，有组织、有计划、有步骤地进行，时间应安排在节假日。

第二十六条 供需见面和双向选择活动，不得以赢利为目的向学生收费，不得影响学校正常的教学秩序和学生的学习。

<h3 style="text-align:center">第六章 就业计划的制订</h3>

第二十七条 国家教委直属学校毕业生面向全国就业，其他部委所属学校毕业生主要面向本系统、本行业就业、地方所属学校主要面向本地区就业。根据招生"并轨"改革的进程，有关部委和各省、自治区、直辖市可根据本部门、本地区的实际情况确定所属高校毕业生的就业范围。

第二十八条 制订就业计划的原则：

1. 遵循国家有关毕业生就业的方针、政策和规定；

2. 依据国民经济和社会发展的需要；

3. 优先保证国防、军工、国有大中型企业、重点科研和教学单位的需要；

4. 来源于边远省区的本、专科毕业生，只要边远省区急需的，原则上回来源省区就业；

5. 师范类毕业生原则上在教育系统内就业；

6. 定向生、委培生按合同就业；

7. 实行招生"并轨"改革学校的毕业生在国家就业政策指导下，在一定范围内自主择业；

8. 毕业研究生在国家规定的服务范围内就业；

9. 其他类型毕业生按国家有关规定就业。

第二十九条 本、专科毕业生就业计划每年编制一次，毕业研究生就业计划分为春季和暑期两次编制。就业计划按部委、地方和高校各自的职责分工经上下结合，充分协商形成；有关部委和地方负责审核、汇总所属学校毕业生就业建议计划，并按时报送国家教委；国家教委审核、编制全国普通高等学校毕业生就业计划。

第三十条 毕业生就业计划经国家教委审核下达后，各部委、地方、高等学校和用人单位必须严格执行。

<h3 style="text-align:center">第七章 调配、派遣工作</h3>

第三十一条 地方主管毕业生调配部门和高等学校按照国家下达的就业计划派遣毕业生。派遣毕业生统一使用《全国普通高等学校毕业生就业派遣报到证》和《全国毕业生研究生就业派遣报到证》（以下简称《报到证》），《报到证》由国家教委授权地方主管毕业生就业调配部门审核签发，特殊情况可由国家教委直

接签发。

第三十二条　国家招生计划内招收的自费生（含电大、函授等普通专科班）毕业后自主择业，在规定时间内找到单位的由地方主管调配部门开具《报到证》。

第三十三条　对于华侨和来自港澳台地区的毕业生愿意留大陆工作的，学校可根据国家有关规定提供必要的帮助。

第三十四条　免试推荐和考取硕士、博士研究生的毕业生，在学校就业计划上报后提出不再攻读的，应回家庭所在地就业。

第三十五条　符合国家规定申请自费留学的毕业生，要在学校规定的期限内提出申请并按规定偿还教育培养费，经批准后，学校不再负责其就业。派遣时未获准出境的，学校可将其档案、户粮关系转至家庭所在地自谋职业。

第三十六条　对残疾毕业生学校应帮助其就业，确有困难的，按有关规定由生源所在地民政部门安置。

第三十七条　学校应在派遣前认真负责地对毕业生进行健康检查，不能坚持正常工作的，让其回家休养。一年内治愈的（须经学校指定县级以上医院证明能坚持正常工作的）可以随下一届毕业生就业；一年后仍未治愈或无用人单位接收的，户粮关系和档案材料转至家庭所在地，按社会待业人员办理。

第三十八条　结业生由学校向用人单位推荐或自荐，找到工作单位的，可以派遣，但必须在《报到证》上注明"结业生"字样；在规定时间内无接收单位的，由学校将其档案、户粮关系转至家庭所在地（家居农村的保留非农业户口），自谋职业。

第三十九条　全国普通高等学校要在七月一日后派遣毕业生（春季毕业研究生例外）。

第四十条　在派遣过程中出现特殊情况需要调整改派的，按下列原则办理：

1. 在本省、自治区、直辖市辖区内用人单位之间调整的，由地方主管毕业生调配部门审批并办理改派手续；

2. 跨部委、跨省（自治区、直辖市）调整的，由学校主管部门审核同意后，统一报国家教委审批并下达调整计划，学校所在地方主管毕业生调配部门按照调整计划办理改派手续；

3. 毕业生调整改派须在一年内办理，逾期不再办理有关调整改派手续。毕业生就业后的调整按在职人员有关规定办理。

第八章　接收工作及毕业生待遇

第四十一条　毕业生持《报到证》到工作单位报到，用人单位凭《报到证》予以办理接收手续和户粮关系。凡纳入国家就业计划的毕业生，地方政府不得征收其城市增容费。

第四十二条　毕业生报到后，用人单位应根据工作需要和毕业生所学专业及时安排工作岗位。

第四十三条　按国家计划派遣的毕业生，用人单位不得拒绝接收或退回学校。

第四十四条　毕业生报到后，发生疾病不能坚持正常工作的，按在职人员有关规定处理，不得把上岗后发生疾病的毕业生退回学校。

第四十五条　毕业生就业后，其工资标准和福利待遇按国家有关规定执行，工龄从报到之日计算。

第四十六条　到非公有制单位就业的毕业生，其档案按国家有关规定进行管理，工资待遇由毕业生与用人单位协商确定，但工资标准原则上应不低于国家规定。

第九章　违反规定的处理

第四十七条　有以下情形之一的部委、地方和学校就业部门，要通报批评，情节严重的，建议主管部门对有关责任人员给予行政处分：

1. 不按要求和时间报送生源、需求计划的；

2. 不按国家的有关规定派遣毕业生的；

3. 其他违反毕业生就业工作规定的。

第四十八条　对违反就业协议或不履行定向、委托培养合同的用人单位、毕业生、高等学校按协议书或合同的有关条款办理，并依法承担赔偿责任。

第四十九条　对擅自拒收、截留按国家计算派遣毕业生的用人单位，由其主管部门责令改正，并对有关负责人员给予行政处分。

第五十条 有下列情形之一的毕业生，由学校报地方主管毕业生调配部门批准，不再负责其就业。在其向学校缴纳全部培养费和奖（助）学金后，由学校将其户粮关系和档案转至家庭所在地，按社会待业人员处理：

1. 不顾国家需要，坚持个人无理要求，经多方教育仍拒不改正的；
2. 自派遣之日起，无正当理由超过三个月不去就业单位报到的；
3. 报到后，拒不服从安排或无理要求用人单位退回的；
4. 其他违反毕业生就业规定的。

第五十一条 对利用职权干涉毕业生就业工作或在毕业生就业工作中徇私舞弊的工作人员，由主管部门或同级纪检、监察部门依法处理；情节严重、构成犯罪的，依法追究其刑事责任。

第十章 附 则

第五十二条 本规定中普通高等学校毕业生系指按照国家普通高等学校招生计划和研究生招生计划招收的具有学籍、取得毕业资格的本、专科生（含招生并轨招收的学生和招生并轨前招收的国家任务生、定向生、委培生、自费生及电大、函授普通专科班学生）和硕士、博士研究生（含统分生、定向生、委培生、自筹经费生）。

第五十三条 各有关部委和地方可根据本规定制定实施细则并报国家教委备案。

第五十四条 本规定由国家教育委员会负责解释。

第五十五条 本规定自发布之日起执行。

附录 7-2　中华人民共和国劳动合同法

（2007 年 6 月 29 日第十届全国人民代表大会常务委员会第二十八次会议通过）

目 录

第一章 总 则

第一条 为了完善劳动合同制度，明确劳动合同双方当事人的权利和义务，保护劳动者的合法权益，构建和发展和谐稳定的劳动关系，制定本法。

第二条 中华人民共和国境内的企业、个体经济组织、民办非企业单位等组织（以下称用人单位）与劳动者建立劳动关系，订立、履行、变更、解除或者终止劳动合同，适用本法。

国家机关、事业单位、社会团体和与其建立劳动关系的劳动者，订立、履行、变更、解除或者终止劳动合同，依照本法执行。

第三条 订立劳动合同，应当遵循合法、公平、平等自愿、协商一致、诚实信用的原则。

依法订立的劳动合同具有约束力，用人单位与劳动者应当履行劳动合同约定的义务。

第四条 用人单位应当依法建立和完善劳动规章制度，保障劳动者享有劳动权利、履行劳动义务。

用人单位在制定、修改或者决定有关劳动报酬、工作时间、休息休假、劳动安全卫生、保险福利、职工培训、劳动纪律以及劳动定额管理等直接涉及劳动者切身利益的规章制度或者重大事项时，应当经职工代表大会或者全体职工讨论，提出方案和意见，与工会或者职工代表平等协商确定。

在规章制度和重大事项决定实施过程中，工会或者职工认为不适当的，有权向用人单位提出，通过协商予以修改完善。

用人单位应当将直接涉及劳动者切身利益的规章制度和重大事项决定公示，或者告知劳动者。

第五条 县级以上人民政府劳动行政部门会同工会和企业方面代表，建立健全协调劳动关系三方机制，共同研究解决有关劳动关系的重大问题。

第六条 工会应当帮助、指导劳动者与用人单位依法订立和履行劳动合同，并与用人单位建立集体协商机制，维护劳动者的合法权益。

第二章 劳动合同的订立

第七条 用人单位自用工之日起即与劳动者建立劳动关系。用人单位应当建立职工名册备查。

第八条 用人单位招用劳动者时，应当如实告知劳动者工作内容、工作条件、工作地点、职业危害、安全生产状况、劳动报酬，以及劳动者要求了解的其他情况；用人单位有权了解劳动者与劳动合同直接相关的基本情况，劳动者应当如实说明。

第九条 用人单位招用劳动者，不得扣押劳动者的居民身份证和其他证件，不得要求劳动者提供担保或者以其他名义向劳动者收取财物。

第十条 建立劳动关系，应当订立书面劳动合同。

已建立劳动关系，未同时订立书面劳动合同的，应当自用工之日起一个月内订立书面劳动合同。

用人单位与劳动者在用工前订立劳动合同的，劳动关系自用工之日起建立。

第十一条 用人单位未在用工的同时订立书面劳动合同，与劳动者约定的劳动报酬不明确的，新招用的劳动者的劳动报酬按照集体合同规定的标准执行；没有集体合同或者集体合同未规定的，实行同工同酬。

第十二条 劳动合同分为固定期限劳动合同、无固定期限劳动合同和以完成一定工作任务为期限的劳动合同。

第十三条 固定期限劳动合同，是指用人单位与劳动者约定合同终止时间的劳动合同。

用人单位与劳动者协商一致，可以订立固定期限劳动合同。

第十四条 无固定期限劳动合同，是指用人单位与劳动者约定无确定终止时间的劳动合同。

用人单位与劳动者协商一致，可以订立无固定期限劳动合同。有下列情形之一，劳动者提出或者同意续订、订立劳动合同的，除劳动者提出订立固定期限劳动合同外，应当订立无固定期限劳动合同：

（一）劳动者在该用人单位连续工作满十年的；

（二）用人单位初次实行劳动合同制度或者国有企业改制重新订立劳动合同时，劳动者在该用人单位连续工作满十年且距法定退休年龄不足十年的；

（三）连续订立二次固定期限劳动合同，且劳动者没有本法第三十九条和第四十条第一项、第二项规定的情形，续订劳动合同的。

用人单位自用工之日起满一年不与劳动者订立书面劳动合同的，视为用人单位与劳动者已订立无固定期限劳动合同。

第十五条 以完成一定工作任务为期限的劳动合同，是指用人单位与劳动者约定以某项工作的完成为合同期限的劳动合同。

用人单位与劳动者协商一致，可以订立以完成一定工作任务为期限的劳动合同。

第十六条 劳动合同由用人单位与劳动者协商一致，并经用人单位与劳动者在劳动合同文本上签字或者盖章生效。

劳动合同文本由用人单位和劳动者各执一份。

第十七条 劳动合同应当具备以下条款：

（一）用人单位的名称、住所和法定代表人或者主要负责人；

（二）劳动者的姓名、住址和居民身份证或者其他有效身份证件号码；

（三）劳动合同期限；

（四）工作内容和工作地点；

（五）工作时间和休息休假；

（六）劳动报酬；

（七）社会保险；

（八）劳动保护、劳动条件和职业危害防护；

（九）法律、法规规定应当纳入劳动合同的其他事项。

劳动合同除前款规定的必备条款外，用人单位与劳动者可以约定试用期、培训、保守秘密、补充保险和福利待遇等其他事项。

第十八条 劳动合同对劳动报酬和劳动条件等标准约定不明确，引发争议的，用人单位与劳动者可以重新协商；协商不成的，适用集体合同规定；没有集体合同或者集体合同未规定劳动报酬的，实行同工同酬；没有集体合同或者集体合同未规定劳动条件等标准的，适用国家有关规定。

第十九条 劳动合同期限三个月以上不满一年的，试用期不得超过一个月；劳动合同期限一年以上不满三年的，试用期不得超过二个月；三年以上固定期限和无固定期限的劳动合同，试用期不得超过六个月。

同一用人单位与同一劳动者只能约定一次试用期。

以完成一定工作任务为期限的劳动合同或者劳动合同期限不满三个月的，不得约定试用期。

试用期包含在劳动合同期限内。劳动合同仅约定试用期的，试用期不成立，该期限为劳动合同期限。

第二十条 劳动者在试用期的工资不得低于本单位相同岗位最低档工资或者劳动合同约定工资的百分之八十，并不得低于用人单位所在地的最低工资标准。

第二十一条 在试用期中，除劳动者有本法第三十九条和第四十条第一项、第二项规定的情形外，用人单位不得解除劳动合同。用人单位在试用期解除劳动合同的，应当向劳动者说明理由。

第二十二条 用人单位为劳动者提供专项培训费用，对其进行专业技术培训的，可以与该劳动者订立协议，约定服务期。

劳动者违反服务期约定的，应当按照约定向用人单位支付违约金。违约金的数额不得超过用人单位提供的培训费用。用人单位要求劳动者支付的违约金不得超过服务期尚未履行部分所应分摊的培训费用。

用人单位与劳动者约定服务期的，不影响按照正常的工资调整机制提高劳动者在服务期期间的劳动报酬。

第二十三条 用人单位与劳动者可以在劳动合同中约定保守用人单位的商业秘密和与知识产权相关的保密事项。

对负有保密义务的劳动者，用人单位可以在劳动合同或者保密协议中与劳动者约定竞业限制条款，并约定在解除或者终止劳动合同后，在竞业限制期限内按月给予劳动者经济补偿。劳动者违反竞业限制约定的，应当按照约定向用人单位支付违约金。

第二十四条 竞业限制的人员限于用人单位的高级管理人员、高级技术人员和其他负有保密义务的人员。竞业限制的范围、地域、期限由用人单位与劳动者约定，竞业限制的约定不得违反法律、法规的规定。

在解除或者终止劳动合同后，前款规定的人员到与本单位生产或者经营同类产品、从事同类业务的有竞争关系的其他用人单位，或者自己开业生产或者经营同类产品、从事同类业务的竞业限制期限，不得超过二年。

第二十五条 除本法第二十二条和第二十三条规定的情形外，用人单位不得与劳动者约定由劳动者承担违约金。

第二十六条 下列劳动合同无效或者部分无效：

（一）以欺诈、胁迫的手段或者乘人之危，使对方在违背真实意思的情况下订立或者变更劳动合同的；

（二）用人单位免除自己的法定责任、排除劳动者权利的；

（三）违反法律、行政法规强制性规定的。

对劳动合同的无效或者部分无效有争议的，由劳动争议仲裁机构或者人民法院确认。

第二十七条 劳动合同部分无效，不影响其他部分效力的，其他部分仍然有效。

第二十八条 劳动合同被确认无效，劳动者已付出劳动的，用人单位应当向劳动者支付劳动报酬。劳动报酬的数额，参照本单位相同或者相近岗位劳动者的劳动报酬确定。

第三章 劳动合同的履行和变更

第二十九条 用人单位与劳动者应当按照劳动合同的约定，全面履行各自的义务。

第三十条 用人单位应当按照劳动合同约定和国家规定，向劳动者及时足额支付劳动报酬。

用人单位拖欠或者未足额支付劳动报酬的，劳动者可以依法向当地人民法院申请支付令，人民法院应当依法发出支付令。

第三十一条 用人单位应当严格执行劳动定额标准，不得强迫或者变相强迫劳动者加班。用人单位安排加班的，应当按照国家有关规定向劳动者支付加班费。

第三十二条 劳动者拒绝用人单位管理人员违章指挥、强令冒险作业的，不视为违反劳动合同。

劳动者对危害生命安全和身体健康的劳动条件，有权对用人单位提出批评、检举和控告。

第三十三条 用人单位变更名称、法定代表人、主要负责人或者投资人等事项，不影响劳动合同的履行。

第三十四条 用人单位发生合并或者分立等情况，原劳动合同继续有效，劳动合同由承继其权利和义务的用人单位继续履行。

第三十五条 用人单位与劳动者协商一致，可以变更劳动合同约定的内容。变更劳动合同，应当采用书面形式。

变更后的劳动合同文本由用人单位和劳动者各执一份。

第四章 劳动合同的解除和终止

第三十六条 用人单位与劳动者协商一致，可以解除劳动合同。

第三十七条 劳动者提前三十日以书面形式通知用人单位，可以解除劳动合同。劳动者在试用期内提前三日通知用人单位，可以解除劳动合同。

第三十八条 用人单位有下列情形之一的，劳动者可以解除劳动合同：

（一）未按照劳动合同约定提供劳动保护或者劳动条件的；

（二）未及时足额支付劳动报酬的；

（三）未依法为劳动者缴纳社会保险费的；

（四）用人单位的规章制度违反法律、法规的规定，损害劳动者权益的；

（五）因本法第二十六条第一款规定的情形致使劳动合同无效的；

（六）法律、行政法规规定劳动者可以解除劳动合同的其他情形。

用人单位以暴力、威胁或者非法限制人身自由的手段强迫劳动者劳动的，或者用人单位违章指挥、强令冒险作业危及劳动者人身安全的，劳动者可以立即解除劳动合同，不需事先告知用人单位。

第三十九条 劳动者有下列情形之一的，用人单位可以解除劳动合同：

（一）在试用期间被证明不符合录用条件的；

（二）严重违反用人单位的规章制度的；

（三）严重失职，营私舞弊，给用人单位造成重大损害的；

（四）劳动者同时与其他用人单位建立劳动关系，对完成本单位的工作任务造成严重影响，或者经用人单位提出，拒不改正的；

（五）因本法第二十六条第一款第一项规定的情形致使劳动合同无效的；

（六）被依法追究刑事责任的。

第四十条 有下列情形之一的，用人单位提前三十日以书面形式通知劳动者本人或者额外支付劳动者一个月工资后，可以解除劳动合同：

（一）劳动者患病或者非因工负伤，在规定的医疗期满后不能从事原工作，也不能从事由用人单位另行安排的工作的；

（二）劳动者不能胜任工作，经过培训或者调整工作岗位，仍不能胜任工作的；

（三）劳动合同订立时所依据的客观情况发生重大变化，致使劳动合同无法履行，经用人单位与劳动者协商，未能就变更劳动合同内容达成协议的。

第四十一条 有下列情形之一，需要裁减人员二十人以上或者裁减不足二十人但占企业职工总数百分之十以上的，用人单位提前三十日向工会或者全体职工说明情况，听取工会或者职工的意见后，裁减人员方案经向劳动行政部门报告，可以裁减人员：

（一）依照企业破产法规定进行重整的；

（二）生产经营发生严重困难的；

（三）企业转产、重大技术革新或者经营方式调整，经变更劳动合同后，仍需裁减人员的；

（四）其他因劳动合同订立时所依据的客观经济情况发生重大变化，致使劳动合同无法履行的。

裁减人员时，应当优先留用下列人员：

（一）与本单位订立较长期限的固定期限劳动合同的；

（二）与本单位订立无固定期限劳动合同的；

（三）家庭无其他就业人员，有需要扶养的老人或者未成年人的。

用人单位依照本条第一款规定裁减人员，在六个月内重新招用人员的，应当通知被裁减的人员，并在同等条件下优先招用被裁减的人员。

第四十二条 劳动者有下列情形之一的，用人单位不得依照本法第四十条、第四十一条的规定解除劳动合同：

（一）从事接触职业病危害作业的劳动者未进行离岗前职业健康检查，或者疑似职业病病人在诊断或者医学观察期间的；

（二）在本单位患职业病或者因工负伤并被确认丧失或者部分丧失劳动能力的；

（三）患病或者非因工负伤，在规定的医疗期内的；

（四）女职工在孕期、产期、哺乳期的；

（五）在本单位连续工作满十五年，且距法定退休年龄不足五年的；

（六）法律、行政法规规定的其他情形。

第四十三条 用人单位单方解除劳动合同，应当事先将理由通知工会。用人单位违反法律、行政法规规定或者劳动合同约定的，工会有权要求用人单位纠正。用人单位应当研究工会的意见，并将处理结果书面通知工会。

第四十四条 有下列情形之一的，劳动合同终止：

（一）劳动合同期满的；

（二）劳动者开始依法享受基本养老保险待遇的；

（三）劳动者死亡，或者被人民法院宣告死亡或者宣告失踪的；

（四）用人单位被依法宣告破产的；

（五）用人单位被吊销营业执照、责令关闭、撤销或者用人单位决定提前解散的；

（六）法律、行政法规规定的其他情形。

第四十五条 劳动合同期满，有本法第四十二条规定情形之一的，劳动合同应当续延至相应的情形消失时终止。但是，本法第四十二条第二项规定丧失或者部分丧失劳动能力劳动者的劳动合同的终止，按照国家有关工伤保险的规定执行。

第四十六条 有下列情形之一的，用人单位应当向劳动者支付经济补偿：

（一）劳动者依照本法第三十八条规定解除劳动合同的；

（二）用人单位依照本法第三十六条规定向劳动者提出解除劳动合同并与劳动者协商一致解除劳动合同的；

（三）用人单位依照本法第四十条规定解除劳动合同的；

（四）用人单位依照本法第四十一条第一款规定解除劳动合同的；

（五）除用人单位维持或者提高劳动合同约定条件续订劳动合同，劳动者不同意续订的情形外，依照本法第四十四条第一项规定终止固定期限劳动合同的；

（六）依照本法第四十四条第四项、第五项规定终止劳动合同的；

（七）法律、行政法规规定的其他情形。

第四十七条　经济补偿按劳动者在本单位工作的年限，每满一年支付一个月工资的标准向劳动者支付。六个月以上不满一年的，按一年计算；不满六个月的，向劳动者支付半个月工资的经济补偿。

劳动者月工资高于用人单位所在直辖市、设区的市级人民政府公布的本地区上年度职工月平均工资三倍的，向其支付经济补偿的标准按职工月平均工资三倍的数额支付，向其支付经济补偿的年限最高不超过十二年。

本条所称月工资是指劳动者在劳动合同解除或者终止前十二个月的平均工资。

第四十八条　用人单位违反本法规定解除或者终止劳动合同，劳动者要求继续履行劳动合同的，用人单位应当继续履行；劳动者不要求继续履行劳动合同或者劳动合同已经不能继续履行的，用人单位应当依照本法第八十七条规定支付赔偿金。

第四十九条　国家采取措施，建立健全劳动者社会保险关系跨地区转移接续制度。

第五十条　用人单位应当在解除或者终止劳动合同时出具解除或者终止劳动合同的证明，并在十五日内为劳动者办理档案和社会保险关系转移手续。

劳动者应当按照双方约定，办理工作交接。用人单位依照本法有关规定应当向劳动者支付经济补偿的，在办结工作交接时支付。

用人单位对已经解除或者终止的劳动合同的文本，至少保存二年备查。

第五章　特别规定
第一节　集体合同

第五十一条　企业职工一方与用人单位通过平等协商，可以就劳动报酬、工作时间、休息休假、劳动安全卫生、保险福利等事项订立集体合同。集体合同草案应当提交职工代表大会或者全体职工讨论通过。

集体合同由工会代表企业职工一方与用人单位订立；尚未建立工会的用人单位，由上级工会指导劳动者推举的代表与用人单位订立。

第五十二条　企业职工一方与用人单位可以订立劳动安全卫生、女职工权益保护、工资调整机制等专项集体合同。

第五十三条　在县级以下区域内，建筑业、采矿业、餐饮服务业等行业可以由工会与企业方面代表订立行业性集体合同，或者订立区域性集体合同。

第五十四条　集体合同订立后，应当报送劳动行政部门；劳动行政部门自收到集体合同文本之日起十五日内未提出异议的，集体合同即行生效。

依法订立的集体合同对用人单位和劳动者具有约束力。行业性、区域性集体合同对当地本行业、本区域的用人单位和劳动者具有约束力。

第五十五条　集体合同中劳动报酬和劳动条件等标准不得低于当地人民政府规定的最低标准；用人单位与劳动者订立的劳动合同中劳动报酬和劳动条件等标准不得低于集体合同规定的标准。

第五十六条　用人单位违反集体合同，侵犯职工劳动权益的，工会可以依法要求用人单位承担责任；因履行集体合同发生争议，经协商解决不成的，工会可以依法申请仲裁、提起诉讼。

第二节　劳务派遣

第五十七条　劳务派遣单位应当依照公司法的有关规定设立，注册资本不得少于五十万元。

第五十八条　劳务派遣单位是本法所称用人单位，应当履行用人单位对劳动者的义务。劳务派遣单位与被派遣劳动者订立的劳动合同，除应当载明本法第十七条规定的事项外，还应当载明被派遣劳动者的用工单位以及派遣期限、工作岗位等情况。

劳务派遣单位应当与被派遣劳动者订立二年以上的固定期限劳动合同，按月支付劳动报酬；被派遣劳动者在无工作期间，劳务派遣单位应当按照所在地人民政府规定的最低工资标准，向其按月支付报酬。

第五十九条　劳务派遣单位派遣劳动者应当与接受以劳务派遣形式用工的单位（以下称用工单位）订立劳务派遣协议。劳务派遣协议应当约定派遣岗位和人员数量、派遣期限、劳动报酬和社会保险费的数额与支付方式以及违反协议的责任。

用工单位应当根据工作岗位的实际需要与劳务派遣单位确定派遣期限，不得将连续用工期限分割订立数个短期劳务派遣协议。

第六十条　劳务派遣单位应当将劳务派遣协议的内容告知被派遣劳动者。

劳务派遣单位不得克扣用工单位按照劳务派遣协议支付给被派遣劳动者的劳动报酬。

劳务派遣单位和用工单位不得向被派遣劳动者收取费用。

第六十一条　劳务派遣单位跨地区派遣劳动者的，被派遣劳动者享有的劳动报酬和劳动条件，按照用工单位所在地的标准执行。

第六十二条　用工单位应当履行下列义务：

（一）执行国家劳动标准，提供相应的劳动条件和劳动保护；

（二）告知被派遣劳动者的工作要求和劳动报酬；

（三）支付加班费、绩效奖金，提供与工作岗位相关的福利待遇；

（四）对在岗被派遣劳动者进行工作岗位所必需的培训；

（五）连续用工的，实行正常的工资调整机制。

用工单位不得将被派遣劳动者再派遣到其他用人单位。

第六十三条　被派遣劳动者享有与用工单位的劳动者同工同酬的权利。用工单位无同类岗位劳动者的，参照用工单位所在地相同或者相近岗位劳动者的劳动报酬确定。

第六十四条　被派遣劳动者有权在劳务派遣单位或者用工单位依法参加或者组织工会，维护自身的合法权益。

第六十五条　被派遣劳动者可以依照本法第三十六条、第三十八条的规定与劳务派遣单位解除劳动合同。

被派遣劳动者有本法第三十九条和第四十条第一项、第二项规定情形的，用工单位可以将劳动者退回劳务派遣单位，劳务派遣单位依照本法有关规定，可以与劳动者解除劳动合同。

第六十六条　劳务派遣一般在临时性、辅助性或者替代性的工作岗位上实施。

第六十七条　用人单位不得设立劳务派遣单位向本单位或者所属单位派遣劳动者。

第三节　非全日制用工

第六十八条　非全日制用工，是指以小时计酬为主，劳动者在同一用人单位一般平均每日工作时间不超过四小时，每周工作时间累计不超过二十四小时的用工形式。

第六十九条　非全日制用工双方当事人可以订立口头协议。

从事非全日制用工的劳动者可以与一个或者一个以上用人单位订立劳动合同；但是，后订立的劳动合同不得影响先订立的劳动合同的履行。

第七十条　非全日制用工双方当事人不得约定试用期。

第七十一条　非全日制用工双方当事人任何一方都可以随时通知对方终止用工。终止用工，用人单位不向劳动者支付经济补偿。

第七十二条　非全日制用工小时计酬标准不得低于用人单位所在地人民政府规定的最低小时工资标准。

非全日制用工劳动报酬结算支付周期最长不得超过十五日。

第六章　监　督　检　查

第七十三条　国务院劳动行政部门负责全国劳动合同制度实施的监督管理。

县级以上地方人民政府劳动行政部门负责本行政区域内劳动合同制度实施的监督管理。

县级以上各级人民政府劳动行政部门在劳动合同制度实施的监督管理工作中，应当听取工会、企业方面代表以及有关行业主管部门的意见。

第七十四条　县级以上地方人民政府劳动行政部门依法对下列实施劳动合同制度的情况进行监督检查：

（一）用人单位制定直接涉及劳动者切身利益的规章制度及其执行的情况；

（二）用人单位与劳动者订立和解除劳动合同的情况；

（三）劳务派遣单位和用工单位遵守劳务派遣有关规定的情况；

（四）用人单位遵守国家关于劳动者工作时间和休息休假规定的情况；

（五）用人单位支付劳动合同约定的劳动报酬和执行最低工资标准的情况；

（六）用人单位参加各项社会保险和缴纳社会保险费的情况；

（七）法律、法规规定的其他劳动监察事项。

第七十五条　县级以上地方人民政府劳动行政部门实施监督检查时，有权查阅与劳动合同、集体合同有关的材料，有权对劳动场所进行实地检查，用人单位和劳动者都应当如实提供有关情况和材料。

劳动行政部门的工作人员进行监督检查，应当出示证件，依法行使职权，文明执法。

第七十六条　县级以上人民政府建设、卫生、安全生产监督管理等有关主管部门在各自职责范围内，对用人单位执行劳动合同制度的情况进行监督管理。

第七十七条　劳动者合法权益受到侵害的，有权要求有关部门依法处理，或者依法申请仲裁、提起诉讼。

第七十八条　工会依法维护劳动者的合法权益，对用人单位履行劳动合同、集体合同的情况进行监督。用人单位违反劳动法律、法规和劳动合同、集体合同的，工会有权提出意见或者要求纠正；劳动者申请仲裁、提起诉讼的，工会依法给予支持和帮助。

第七十九条　任何组织或者个人对违反本法的行为都有权举报，县级以上人民政府劳动行政部门应当及时核实、处理，并对举报有功人员给予奖励。

第七章　法　律　责　任

第八十条　用人单位直接涉及劳动者切身利益的规章制度违反法律、法规规定的，由劳动行政部门责令改正，给予警告；给劳动者造成损害的，应当承担赔偿责任。

第八十一条　用人单位提供的劳动合同文本未载明本法规定的劳动合同必备条款或者用人单位未将劳动合同文本交付劳动者的，由劳动行政部门责令改正；给劳动者造成损害的，应当承担赔偿责任。

第八十二条　用人单位自用工之日起超过一个月不满一年未与劳动者订立书面劳动合同的，应当向劳动者每月支付二倍的工资。

用人单位违反本法规定不与劳动者订立无固定期限劳动合同的，自应当订立无固定期限劳动合同之日起向劳动者每月支付二倍的工资。

第八十三条　用人单位违反本法规定与劳动者约定试用期的，由劳动行政部门责令改正；违法约定的试用期已经履行的，由用人单位以劳动者试用期满月工资为标准，按已经履行的超过法定试用期的期间向劳动者支付赔偿金。

第八十四条　用人单位违反本法规定，扣押劳动者居民身份证等证件的，由劳动行政部门责令限期退还劳动者本人，并依照有关法律规定给予处罚。

用人单位违反本法规定，以担保或者其他名义向劳动者收取财物的，由劳动行政部门责令限期退还劳动者本人，并以每人五百元以上二千元以下的标准处以罚款；给劳动者造成损害的，应当承担赔偿责任。

劳动者依法解除或者终止劳动合同，用人单位扣押劳动者档案或者其他物品的，依照前款规定处罚。

第八十五条　用人单位有下列情形之一的，由劳动行政部门责令限期支付劳动报酬、加班费或者经济补偿；劳动报酬低于当地最低工资标准的，应当支付其差额部分；逾期不支付的，责令用人单位按应付金额百分之五十以上百分之一百以下的标准向劳动者加付赔偿金：

（一）未按照劳动合同的约定或者国家规定及时足额支付劳动者劳动报酬的；

（二）低于当地最低工资标准支付劳动者工资的；

（三）安排加班不支付加班费的；

（四）解除或者终止劳动合同，未依照本法规定向劳动者支付经济补偿的。

第八十六条　劳动合同依照本法第二十六条规定被确认无效，给对方造成损害的，有过错的一方应当承担赔偿责任。

第八十七条　用人单位违反本法规定解除或者终止劳动合同的，应当依照本法第四十七条规定的经济补偿标准的二倍向劳动者支付赔偿金。

第八十八条　用人单位有下列情形之一的，依法给予行政处罚；构成犯罪的，依法追究刑事责任；给劳动者造成损害的，应当承担赔偿责任：

（一）以暴力、威胁或者非法限制人身自由的手段强迫劳动的；

（二）违章指挥或者强令冒险作业危及劳动者人身安全的；

（三）侮辱、体罚、殴打、非法搜查或者拘禁劳动者的；

（四）劳动条件恶劣、环境污染严重，给劳动者身心健康造成严重损害的。

第八十九条　用人单位违反本法规定未向劳动者出具解除或者终止劳动合同的书面证明，由劳动行政部门责令改正；给劳动者造成损害的，应当承担赔偿责任。

第九十条　劳动者违反本法规定解除劳动合同，或者违反劳动合同中约定的保密义务或者竞业限制，给用人单位造成损失的，应当承担赔偿责任。

第九十一条　用人单位招用与其他用人单位尚未解除或者终止劳动合同的劳动者，给其他用人单位造成损失的，应当承担连带赔偿责任。

第九十二条　劳务派遣单位违反本法规定的，由劳动行政部门和其他有关主管部门责令改正；情节严重的，以每人一千元以上五千元以下的标准处以罚款，并由工商行政管理部门吊销营业执照；给被派遣劳动者造成损害的，劳务派遣单位与用工单位承担连带赔偿责任。

第九十三条　对不具备合法经营资格的用人单位的违法犯罪行为，依法追究法律责任；劳动者已经付出劳动的，该单位或者其出资人应当依照本法有关规定向劳动者支付劳动报酬、经济补偿、赔偿金；给劳动者造成损害的，应当承担赔偿责任。

第九十四条　个人承包经营违反本法规定招用劳动者，给劳动者造成损害的，发包的组织与个人承包经营者承担连带赔偿责任。

第九十五条　劳动行政部门和其他有关主管部门及其工作人员玩忽职守、不履行法定职责，或者违法行使职权，给劳动者或者用人单位造成损害的，应当承担赔偿责任；对直接负责的主管人员和其他直接责任人员，依法给予行政处分；构成犯罪的，依法追究刑事责任。

第八章　附　则

第九十六条　事业单位与实行聘用制的工作人员订立、履行、变更、解除或者终止劳动合同，法律、行政法规或者国务院另有规定的，依照其规定；未作规定的，依照本法有关规定执行。

第九十七条　本法施行前已依法订立且在本法施行之日存续的劳动合同，继续履行；本法第十四条第二款第三项规定连续订立固定期限劳动合同的次数，自本法施行后续订固定期限劳动合同时开始计算。

本法施行前已建立劳动关系，尚未订立书面劳动合同的，应当自本法施行之日起一个月内订立。

本法施行之日存续的劳动合同在本法施行后解除或者终止，依照本法第四十六条规定应当支付经济补偿的，经济补偿年限自本法施行之日起计算；本法施行前按照当时有关规定，用人单位应当向劳动者支付经济补偿的，按照当时有关规定执行。

第九十八条　本法自 2008 年 1 月 1 日起施行。

附录 7-3　劳动力市场管理规定

第一章　总　则

第一条　为保护劳动者和用人单位的合法权益，发展和规范劳动力市场，促进就业，根据劳动法和有关法律法规，制定本规定。

第二条　劳动者求职与就业、用人单位招用人员、各类职业介绍机构从事职业介绍活动，适用本规定。

第三条　各级劳动保障行政部门应当积极组织开展公共就业服务，促进发展多种类型职业介绍机构，为劳动者就业和用人单位招用人员服务。

任何组织和个人对违反本规定的行为有权检举和控告。

第四条　县级以上地方劳动保障行政部门主管本行政区域内的劳动力市场管理工作。

县级以上地方劳动保障行政部门可委托其所属的就业服务机构，具体办理本行政区域内的劳动力市场管理有关事务。

第二章　求职与就业

第五条　劳动者年满16周岁，有劳动能力且有就业愿望，符合法律规定条件，可凭本人身份证件和接受教育、培训的相关证明，通过职业介绍机构介绍或直接联系用人单位等渠道求职。

劳动者就业前，应当接受必要的职业教育或职业培训。城镇初高中毕业生就业前应参加劳动预备制培训。

第六条　在法定劳动年龄内，有劳动能力且有就业要求的城镇失业人员，应当进行失业登记。进行失业登记时，没有就业经历的失业人员，须持本人身份证件和证明原身份的有关证明；有就业经历的失业人员，还须持原单位出具的终止或者解除劳动关系的证明。

失业人员凭失业登记证明享受公共就业服务、就业扶持政策或按规定申领失业保险金。失业登记的具体程序和失业登记证明的样式，由省级劳动保障行政部门统一规定。

第三章　招　用　人　员

第七条　用人单位招用人员，应当面向社会、公开招收、公平竞争、择优录用。

第八条　用人单位可以通过下列途径自主招用人员：

（一）委托职业介绍机构；

（二）参加劳动力交流洽谈活动；

（三）通过大众传播媒介刊播招用信息；

（四）利用互联网进行网上招聘；

（五）法律、法规规定的其他途径。

第九条　用人单位委托职业介绍机构招用人员时，应当出示单位介绍信、营业执照（副本）或其他法人登记文件、招用人员简章和经办人身份证件。

招用人员简章应包括用人单位基本情况、招用人数、职业工种、岗位要求、录用条件、劳动报酬、福利待遇、劳动保护等内容。

用人单位通过报刊、广播、电视等大众传播媒介发布招用人员广告，经当地劳动保障行政部门审核后，按国家有关规定办理。

用人单位应当接受当地劳动保障行政部门组织的空岗调查，并主动报告空岗情况。

第十条　禁止用人单位招用人员时有下列行为：

（一）提供虚假招聘信息；

（二）招用无合法证件的人员；

（三）向求职者收取招聘费用；

（四）向被录用人员收取保证金或抵押金；

（五）扣押被录用人员的身份证等证件；

（六）以招用人员为名牟取不正当利益或进行其他违法活动。

第十一条　用人单位在招用职工时，除国家规定不适合从事的工种或者岗位外，不得以性别、民族、种族、宗教信仰为由拒绝录用或者提高录用标准。

第十二条　用人单位招用国家规定须持证上岗的技术工种人员，应按照《招用技术工种从业人员规定》执行。

第十三条　用人单位跨省招用人员和招用外籍人员、港澳台人员，依照国家有关规定办理。

第十四条　用人单位招用人员后，应当自录用之日起30日内，到当地劳动保障行政部门办理录用备案手续，并为被录用人员办理就业登记。

用人单位与职工终止或者解除劳动关系后，应当于7日内到当地劳动保障行政部门办理备案手续。

录用备案、就业登记和终止或解除劳动关系备案的具体办法，由省级劳动保障行政部门统一规定。

第四章　职　业　介　绍

第十五条　职业介绍机构分为非营利性职业介绍机构和营利性职业介绍机构。其中，非营利性职业介绍机构包括公共职业介绍机构和其他非营利性职业介绍机构。

本规定所称公共职业介绍机构，是指各级劳动保障行政部门举办，承担公共就业服务职能的公益性服务机构。公共职业介绍机构使用全国统一标识。

本规定所称其他非营利性职业介绍机构，是指由劳动保障行政部门以外的其他政府部门、企事业单位、社会团体和其他社会力量举办，从事非营利性职业介绍活动的服务机构。

本规定所称营利性职业介绍机构，是指由法人、其他组织和公民个人举办，从事营利性职业介绍活动的服务机构。

第十六条　开办职业介绍机构应当具备下列条件：

（一）有明确的业务范围、机构章程和管理制度；

（二）有开展业务必备的固定场所、办公设施和一定数量的开办资金；

（三）有一定数量具备相应职业资格的专职工作人员；

（四）法律、法规规定的其他条件。

开办非营利性职业介绍机构的，应当在机构章程和管理制度中体现其非营利宗旨。

第十七条　职业介绍实行行政许可制度。开办职业介绍机构或其他机构开展职业介绍活动，须经劳动保障行政部门批准。

劳动保障行政部门接到开办职业介绍机构或其他机构开展职业介绍活动的申请后，应当自接到申请之日起30日内审理完毕。对符合条件的，应予以批准；不予以批准的，应当说明理由。

各类职业介绍机构的审批权限和程序以及具体开办条件，由省级劳动保障行政部门统一规定。

劳动保障行政部门对经批准开办的职业介绍机构实行年度审验。

第十八条　开办非营利性职业介绍机构，须持劳动保障行政部门的批准文件，根据国家有关规定到相应的登记管理机关进行登记。属于事业单位的，应到机构编制管理机关办理事业单位登记或备案；属于民办非企业单位的，应到民政部门办理民办非企业单位登记。

开办营利性职业介绍机构，须持劳动保障行政部门的批准文件，到工商行政管理机关办理企业登记注册。

第十九条　职业介绍机构设立分支机构以及变更或者终止的，应到原审批部门和登记管理机关核准办理有关手续。

第二十条　职业介绍机构可以从事下列业务：

（一）为求职者介绍用人单位；

（二）为用人单位和居民家庭推荐求职者；

（三）开展职业指导、咨询服务；

（四）收集和发布职业供求信息；

（五）根据国家有关规定，从事互联网职业信息服务；

（六）经劳动保障行政部门批准，组织职业招聘洽谈会；

（七）具备相应资格的，从事劳动力跨省流动就业中介服务；

（八）经劳动保障行政部门核准的其他服务项目。

第二十一条　禁止职业介绍机构有下列行为：

（一）超出核准的业务范围经营；

（二）提供虚假信息；

（三）超标准收费；

（四）介绍求职者从事法律、法规禁止从事的职业；

（五）为无合法证照的用人单位或者无合法身份证件的求职者进行职业介绍服务活动；

（六）以暴力、胁迫、欺诈等方式进行职业介绍活动；

（七）伪造、涂改、转让批准文件；

（八）以职业介绍为名牟取不正当利益或进行其他违法活动。

第二十二条　职业介绍机构工作人员实行持职业资格证书上岗制度。

第二十三条　公共职业介绍机构和其他非营利性职业介绍机构的有偿服务项目，其收费标准实行政府指导价，由省级劳动保障行政部门提出建议，报同级价格主管部门确定。

营利性职业介绍机构的收费标准，参照国家有关规定自主确定，并接受当地物价部门监督。

第二十四条 职业介绍机构应当在服务场所明示合法证照、批准证书、服务项目、收费标准、监督机关名称和监督电话等，并应接受劳动保障行政部门及其他有关部门的监督检查。

职业介绍机构应当按规定据实填报统计报表。

第二十五条 设立外商投资职业介绍机构以及职业介绍机构从事境外就业中介服务的，应当按照有关规定办理手续。

第五章 公共就业服务

第二十六条 本规定所称公共就业服务，是指由各级劳动保障部门提供的公益性就业服务，包括职业介绍、职业指导、就业训练、社区就业岗位开发服务和其他服务内容。

第二十七条 直辖市和设区的市劳动保障行政部门应统筹管理本行政区域内公共职业介绍机构和公共就业服务工作。

第二十八条 公共职业介绍机构应当免费提供以下服务：

（一）向求职者和用人单位提供劳动保障政策法规咨询服务；

（二）向失业人员和特殊服务对象提供职业指导和职业介绍；

（三）推荐需要培训的失业人员和特殊服务对象参加免费或部分免费的培训；

（四）在服务场所公开发布当地岗位空缺信息、职业供求分析信息、劳动力市场工资指导价位信息和职业培训信息；

（五）办理失业登记，就业登记，录用和终止、解除劳动关系备案等项事务；

（六）劳动保障行政部门指定的其他有关服务。

第二十九条 本规定所称特殊服务对象是指下列人员：

（一）残疾人；

（二）享受当地最低生活保障待遇的人员；

（三）退出现役的军人和随军家属；

（四）当地政府规定的其他就业困难人员或需特别照顾的人员。

第三十条 公共职业介绍机构经县级以上劳动保障行政部门批准，可以接受劳动者和用人单位的委托，从事劳动保障事务代理业务。

在有条件的城市，劳动保障行政部门应当依托市、区公共职业介绍机构，建立综合性服务场所，集中为用人单位和劳动者提供服务。

第三十一条 公共职业介绍机构应当逐步实行计算机管理与服务，并实现各城市内就业服务、失业保险、就业培训信息的计算机联网。

省、自治区、直辖市和设区的市劳动保障行政部门，应当按照劳动保障部提出的统一规划和技术标准，分期分级建设劳动力市场信息网（就业服务和失业保险信息网）。其中，设区的市设立劳动力市场信息网网络中心，省、自治区设立劳动力市场信息网省级监测中心，劳动保障部设立劳动力市场信息网全国监测中心。网络中心和监测中心按有关规定管理和运行。

第三十二条 劳动保障行政部门应当鼓励和支持发展多种类型的职业培训机构，并定期提出计划，组织培训机构向失业人员和特殊服务对象提供免费或部分免费的培训。

第三十三条 公共职业介绍机构提供减免费服务所需费用，劳动力市场信息网络建设和运行维护费用，以及对失业人员免费培训的补贴费用，按有关规定从各级财政安排的就业经费中列支。

对失业人员领取失业保险金期间接受职业培训、职业介绍的补贴，按有关规定从失业保险基金中支出。

各级劳动保障行政部门应根据财政部门的预算编制要求，编制本级就业经费年度预算，报同级财政部门审批后执行。

第六章 罚 则

第三十四条 用人单位违反本规定第十条规定的，由劳动保障行政部门责令改正，并可处以 1000 元以下罚款；对当事人造成损害的，应承担赔偿责任。

第三十五条 用人单位违反本规定第十四条规定，未按期办理备案手续的，由劳动保障行政部门责令限期改正；逾期不改正的，处以 1000 元以下罚款。

第三十六条 违反本规定第十七条、第十八条规定，未经批准设立职业介绍机构或未经批准从事职业介绍活动的，由劳动保障行政部门责令停止职业介绍活动，并可处以 10000 元以下罚款；有违法所得的，可处以不超过违法所得 3 倍的罚款，但最高不得超过 30000 元。

第三十七条 职业介绍机构违反本规定第二十一条规定的，由劳动保障行政部门责令改正，并可处以 10000 元以下罚款；有违法所得的，可处以不超过违法所得 3 倍的罚款，但最高不得超过 30000 元；情节严重的，提请工商部门吊销其营业执照，或提请原登记管理机关办理撤销登记；对当事人造成损害的，应承担赔偿责任。

第三十八条 职业介绍机构违反本规定第二十四条规定，未明示合法证照、批准证书、监督电话的，由劳动保障行政部门责令改正，并可处以 1000 元以下的罚款；未明示收费标准的，由劳动保障行政部门提请价格主管部门依据国家有关规定处罚。

第七章 附 则

第三十九条 省、自治区、直辖市劳动保障行政部门应根据本规定第二十八条所列免费服务项目和本地经费落实情况，规定免费服务的实施步骤，报劳动保障部备案。

第四十条 省、自治区、直辖市劳动保障行政部门可以根据本规定制定实施细则。

第四十一条 本规定自发布之日起施行。原劳动部 1995 年 9 月 12 日颁布的《就业登记规定》和 1995 年 11 月 9 日颁布的《职业介绍规定》同时废止。

[第十一届全国人民代表大会常务委员会第三十次会议决定对《中华人民共和国劳动合同法》作如下修订（略）]

附录 7-4 人才市场管理规定

（2001 年 9 月 11 日人事部、国家工商行政管理总局令第 1 号发布，2005 年 3 月 22 日根据《人事部、国家工商行政管理总局关于修改〈人才市场管理规定〉的决定》修正）

第一章 总 则

第一条 为了建立和完善机制健全、运行规范、服务周到、指导监督有力的人才市场体系，优化人才资源配置，规范人才市场活动，维护人才、用人单位和人才中介服务机构的合法权益，根据有关法律、法规，制定本规定。

第二条 本规定所称的人才市场管理，是指对人才中介服务机构从事人才中介服务、用人单位招聘和个人应聘以及与之相关活动的管理。

人才市场服务的对象是指各类用人单位和具有中专以上学历或取得专业技术资格的人员，以及其他从事专业技术或管理工作的人员。

第三条 人才市场活动应当遵守国家的法律、法规及政策规定，坚持公开、平等、竞争、择优的原则，实行单位自主用人，个人自主择业。

第四条 县级以上政府人事行政部门是人才市场的综合管理部门，县级以上工商行政管理部门在职责范围内依法监督管理人才市场。

第二章 人才中介服务机构

第五条 本规定所称人才中介服务机构是指为用人单位和人才提供中介服务及其他相关服务的专营或兼营的组织。

人才中介服务机构的设置应当符合经济和社会发展的需要，根据人才市场发展的要求，统筹规划，合理布局。

第六条 设立人才中介服务机构应具备下列条件：

（一）有与开展人才中介业务相适应的场所、设施，注册资本（金）不得少于 10 万元；

（二）有 5 名以上大专以上学历、取得人才中介服务资格证书的专职工作人员；

（三）有健全可行的工作章程和制度；

（四）有独立承担民事责任的能力；

（五）具备相关法律、法规规定的其他条件。

第七条　设立人才中介服务机构，可以通过信函、电报、电传、传真、电子数据交换和电子邮件等方式向政府人事行政部门提出申请，并按本规定第六条的要求提交有关证明材料。其中设立固定人才交流场所的，须做专门的说明。

未经政府人事行政部门批准，不得设立人才中介服务机构。

第八条　设立人才中介服务机构应当依据管理权限由县级以上政府人事行政部门（以下简称审批机关）审批。

国务院各部委、直属机构及其直属在京事业单位和在京中央直管企业、全国性社团申请设立人才中介服务机构，由人事部审批。中央在地方所属单位申请设立人才中介服务机构，由所在地的省级政府人事行政部门审批。

人才中介服务机构设立分支机构的，应当在征得原审批机关的书面同意后，由分支机构所在地政府人事行政部门审批。

政府人事行政部门应当建立完善人才中介服务机构许可制度，并在行政机关网站公布审批程序、期限和需要提交的全部材料的目录，以及批准设立的人才中介服务机构的名录等信息。

第九条　审批机关应当在接到设立人才中介服务机构申请报告之日起二十日内审核完毕，二十日内不能作出决定的，经本行政机关负责人批准，可以延长十日，并应当将延长期限的理由告知申请人。

批准同意的，发给《人才中介服务许可证》（以下简称许可证），并应当在作出决定之日起十日内向申请人颁发、送达许可证，不同意的应当书面通知申请人，并说明理由。

第十条　互联网信息服务提供者专营或兼营人才信息网络中介服务的，必须申领许可证。

第十一条　开展人才中介或者相关业务的外国公司、企业和其他经济组织在中国境内从事人才中介服务活动的，必须与中国的人才中介服务机构合资经营。设立中外合资人才中介机构应当符合国家中外合资企业法律法规的规定，由拟设机构所在地省级政府人事行政部门审批，颁发许可证，并报人事部备案，同时按有关规定办理其他手续。

香港特别行政区、澳门特别行政区、台湾地区的投资者在内地设立合资人才中介机构，参照前款执行。法律法规另有规定的，依照其规定执行。

第十二条　经批准获得许可证的人才中介服务机构，应当按照有关规定，属事业单位的到机构编制管理部门办理登记手续，属企业的到工商行政管理部门办理登记注册手续。

其中到工商行政管理部门办理登记注册的，其机构名称应当在申领许可证前，由工商行政管理部门预先核准。

第十三条　人才中介服务机构可以从事下列业务：

（一）人才供求信息的收集、整理、储存、发布和咨询服务；

（二）人才信息网络服务；

（三）人才推荐；

（四）人才招聘；

（五）人才培训；

（六）人才测评；

（七）法规、规章规定的其他有关业务。

审批机关可以根据人才中介服务机构所在地区或行业的经济、社会发展需要以及人才中介服务机构自身的设备条件、人员和管理情况等，批准其开展一项或多项业务。

第十四条　人才中介服务机构应当依法开展经营业务活动，不得超越许可证核准的业务范围经营；不得采取不正当竞争手段从事中介活动；不得提供虚假信息或作虚假承诺。

第十五条　人才中介服务机构应当公开服务内容和工作程序，公布收费项目和标准。收费项目和标准，应当符合国家和省、自治区、直辖市的有关规定。

第十六条　审批机关负责对其批准成立的人才中介服务机构依法进行检查或抽查，并可以查阅或者要求其报送有关材料。人才中介服务机构应接受检查，并如实提供有关情况和材料。审批机关应公布检查结果。

第十七条　人才中介服务机构有改变名称、住所、经营范围、法定代表人以及停业、终止等情形的，应当按原审批程序办理变更或者注销登记手续。

第十八条　人才中介服务机构可以建立行业组织，协调行业内部活动，促进公平竞争，提高服务质量，规范职业道德，维护行业成员的合法权益。

第三章　人事代理

第十九条　人才中介服务机构可在规定业务范围内接受用人单位和个人委托，从事各类人事代理服务。

第二十条　开展以下人事代理业务必须经过政府人事行政部门的授权：

（一）流动人员人事档案管理；

（二）因私出国政审；

（三）在规定的范围内申报或组织评审专业技术职务任职资格；

（四）转正定级和工龄核定；

（五）大中专毕业生接收手续；

（六）其他需经授权的人事代理事项。

第二十一条　人事代理方式可由单位集体委托代理，也可由个人委托代理；可多项委托代理，也可单项委托代理；可单位全员委托代理，也可部分人员委托代理。

第二十二条　单位办理委托人事代理，须向代理机构提交有效证件以及委托书，确定委托代理项目。经代理机构审定后，由代理机构与委托单位签订人事代理合同书，明确双方的权利和义务，确立人事代理关系。

个人委托办理人事代理，根据委托者的不同情况，须向代理机构提交有关证件复印件以及与代理有关的证明材料。经代理机构审定后，由代理机构与个人签订人事代理合同书，确立人事代理关系。

第四章　招聘与应聘

第二十三条　举办人才交流会应当按照管理权限经县以上政府人事行政部门批准。其中举办全省（自治区、直辖市）范围内的人才交流会，须经所在地省级政府人事行政部门批准；举办名称冠以"中国"、"全国"等称谓的人才交流会，由人事部或其授权的省级人事行政部门批准。未经批准，任何单位和个人不得举办人才交流会。

第二十四条　人才交流会应当由具备国家和当地政府规定条件的人才中介服务机构举办。举办者应当对参加人才交流会的招聘单位进行资格审查，对招聘中的各项活动进行管理。

第二十五条　用人单位可以通过委托人才中介服务机构、参加人才交流会、在公共媒体和互联网发布信息以及其他合法方式招聘人才。

第二十六条　用人单位公开招聘人才，应当出具有关部门批准其设立的文件或营业执照（副本），并如实公布拟聘用人员的数量、岗位和条件。

用人单位在招聘人才时，不得以民族、宗教信仰为由拒绝聘用或者提高聘用标准；除国家规定的不适合妇女工作的岗位外，不得以性别为由拒绝招聘妇女或提高对妇女的招聘条件。

第二十七条　用人单位招聘人才，不得以任何名义向应聘者收取费用，不得有欺诈行为或采取其他方式谋取非法利益。

第二十八条　人才中介服务机构通过各种形式、在各种媒体（含互联网）为用人单位发布人才招聘广告，不得超出许可业务范围。广告发布者不得为超出许可业务范围或无许可证的中介服务机构发布人才招聘广告。

第二十九条　用人单位不得招聘下列人员：

（一）正在承担国家、省重点工程、科研项目的技术和管理的主要人员，未经单位或主管部门同意的；

（二）由国家统一派出而又未满轮换年限的赴新疆、西藏工作的人员；

（三）正在从事涉及国家安全或重要机密工作的人员；

（四）有违法违纪嫌疑正在依法接受审查尚未结案的人员；

（五）法律、法规规定暂时不能流动的其他特殊岗位的人员。

第三十条　人才应聘可以通过人才中介服务机构、人才信息网络、人才交流会或直接与用人单位联系等形式进行。应聘时出具的证件以及履历等相关材料，必须真实、有效。

第三十一条 应聘人才离开原单位，应当按照国家的有关政策规定，遵守与原单位签订的合同或协议，不得擅自离职。

通过辞职或调动方式离开原单位的，应当按照国家的有关辞职、调动的规定办理手续。

第三十二条 对于符合国家人才流动政策规定的应聘人才，所在单位应当及时办理有关手续，按照国家有关规定为应聘人才提供证明文件以及相关材料，不得在国家规定之外另行设置限制条件。

应聘人才凡经单位出资培训的，如个人与单位订有合同，培训费问题按合同规定办理；没有合同的，单位可以适当收取培训费，收取标准按培训后回单位服务的年限，按每年递减 20％的比例计算。

第三十三条 应聘人才在应聘时和离开原单位后，不得带走原单位的技术资料和设备器材等，不得侵犯原单位的知识产权、商业秘密及其他合法权益。

第三十四条 用人单位与应聘人才确定聘用关系后，应当在平等自愿、协商一致的基础上，依法签订聘用合同或劳动合同。

第五章 罚 则

第三十五条 违反本规定，未经政府人事行政部门批准擅自设立人才中介服务机构或从事人才中介服务活动的，由县级以上政府人事行政部门责令停办，并处 10000 元以下罚款；有违法所得的，可处以不超过违法所得 3 倍的罚款，但最高不得超过 30000 元。

违反本规定，未经政府人事行政部门批准擅自设立中外合资人才中介机构的，由省级以上政府人事行政部门按照前款规定予以处罚。

第三十六条 人才中介服务机构违反本规定，擅自扩大许可业务范围、不依法接受检查或提供虚假材料，不按规定办理许可证变更等手续的，由县级以上政府人事行政部门予以警告，可并处 10000 元以下罚款；情节严重的，责令停业整顿，有违法所得的，没收违法所得，并可处以不超过违法所得 3 倍的罚款，但最高不得超过 30000 元。

第三十七条 违反本规定，未经政府人事行政部门授权从事人事代理业务的或者未经批准擅自组织举办人才交流会的，由县级以上政府人事行政部门责令立即停办，并处 10000 元以下罚款；有违法所得的，可处以不超过违法所得 3 倍的罚款，但最高不得超过 30000 元；情节严重的，并责令停业整顿。

第三十八条 人才中介服务机构违反本规定，超出许可业务范围接受代理业务的，由县级以上政府人事行政部门予以警告，限期改正，并处 10000 元以下罚款。

第三十九条 用人单位违反本规定，以民族、性别、宗教信仰为由拒绝聘用或者提高聘用标准的，招聘不得招聘人员的，以及向应聘者收取费用或采取欺诈等手段谋取非法利益的，由县级以上政府人事行政部门责令改正；情节严重的，并处 10000 元以下罚款。

第四十条 个人违反本规定给原单位造成损失的，应当承担赔偿责任。

第四十一条 用人单位、人才中介服务机构、广告发布者发布虚假人才招聘广告的，由工商行政管理部门依照《广告法》第三十七条处罚。

人才中介服务机构超出许可业务范围发布广告、广告发布者为超出许可业务范围或无许可证的中介服务机构发布广告的，由工商行政管理部门处以 10000 元以下罚款；有违法所得的，可处以不超过违法所得 3 倍的罚款，但最高不得超过 30000 元。

第四十二条 人才中介活动违反工商行政管理规定的，由工商行政管理部门依照有关规定予以查处。

第六章 附 则

第四十三条 本规定由人事部、国家工商行政管理总局负责解释。

第四十四条 本规定自 2001 年 10 月 1 日起施行。1996 年 1 月 29 日人事部发布的《人才市场管理暂行规定》（人发〔1996〕11 号）同时废止。

附录 7-5 安徽省 2017 年选拔选调生公告

为引导和鼓励优秀高校毕业生到基层一线锻炼成长，培养党政领导干部后备人选，同时为县级以上党政机关培养高素质的工作人员，根据公务员法、公务员录用以及选调生、大学生村官工作有关规定，省委组织部、省委教育工委、省人力资源社会保障厅、省公务员局决定，组织实施安徽省2017年选调优秀高校毕业生到基层培养锻炼工作。现将有关事项公告如下：

一、选调对象和计划

（一）选调对象

选调对象为符合条件的普通高校全日制大学本科以上学历应届毕业生和服务基层项目人员。

选调高校包括"高校一"、"高校二"和"高校三"（附件1）。上述普通高校的定向生、委托生、独立学院毕业生、专升本毕业生等不在选调范围之内。

服务基层项目人员为安徽省有关部门统一组织到基层服务的普通高校毕业生，具体包括省选聘工作办公室选聘的大学生村官、省教育厅招聘的特岗计划教师、省"三支一扶"工作协调管理办公室招聘的"三支一扶"毕业生和省大学生志愿服务西部计划项目管理办公室招募的西部计划志愿者。

（二）选调计划

根据全省干部队伍建设实际，计划选调600名。

二、选调条件

除公务员法规定的基本条件外，还应具备下列资格条件：

（一）报名时为中共党员（含预备党员）。

（二）应届大学本科生24周岁以下（1992年3月以后出生），硕士研究生27周岁以下（1989年3月以后出生），博士研究生30周岁以下（1986年3月以后出生）。

服务基层项目人员年龄相应放宽3岁。

（三）应届毕业生2017年7月底前获得相应学历学位证书，其中博士学位证书可于2017年12月底前获得。

服务基层项目人员聘用前获得相应学历学位证书，且聘用手续完备，具有省级毕业生就业主管部门签发的就业报到证。

（四）应届毕业生大学本科或研究生期间担任学生干部一年以上。

服务基层项目人员截至2017年9月服务年限满2年以上，年度考核均为称职（合格）以上等次，报名时仍被聘用在项目岗位上。

（五）身体心理健康，符合公务员录用体检标准。

凡在学习工作期间受过处分的，在各级公务员招考中被认定有舞弊等严重违反纪律行为且仍在处理期内的，或有法律法规规定不得录用为公务员情形的，不得选调。

服务基层项目人员在同等条件下，优先选调。

三、报名

本次考试采用网络方式报名，报名网站为安徽省人事考试网，报名时间为2017年3月25日9：00至3月30日24：00。

（一）招录职位查询

安徽省2017年选调生具体招录职位及资格要求、招考计划和接收计划等详见《安徽省2017年选调生职位招考表》（附件2）、《安徽省2017年选调生职位接收表》（附件3）。其他有关政策和信息陆续在安徽先锋网上发布。

（二）报考申请提交

报考人员应仔细阅读报考指南并签订诚信承诺书，按照要求填写报名登记表，上传本人电子照片（近期免冠正面证件彩色照片，照片底色为淡蓝色，JPG格式，尺寸为295×413像素，大小为20～100Kb）。

每位报考人员限报一个职位，报名与考试时使用的身份证必须一致。

报考人员提交的申请材料应当真实、准确、完整、规范。提供虚假报考信息的，一经查实，即取消报考资格。对伪造、变造有关证件、材料、信息，骗取考试资格的，将按照有关规定给予处理。

（三）审查情况查询

报考人员应于报名后至3月31日16：00前登录安徽省人事考试网查询资格审查情况。通过审查的，不能改报其他职位；尚未审查或未通过审查的，可在3月31日16：00前改报其他职位。

资格审查贯穿整个选拔过程，省选调生主管部门实行全程监督。

（四）缴费确认报名

通过资格审查的报考人员，应于4月5日18:00前登录安徽省人事考试网，通过第三方支付平台（易宝）缴纳笔试考务费用。逾期未缴费的，视为自动放弃报考资格。报名缴费确认后，请于4月19日至4月21日从该网站自行下载打印准考证。

农村特困家庭和城市低保家庭的报考人员，可以享受减免考务费用的政策。这部分人员报名后，先上网缴纳笔试考务费用，然后于4月22日至4月25日到考点所在的市人力资源和社会保障局（公务员局）办理费用减免手续。办理减免手续时，农村绝对贫困家庭的报考人员应提供家庭所在的县（市、区）扶贫机构出具的特困证明和特困家庭基本情况档案卡（复印件），城市最低生活保障家庭的报考人员应提供家庭所在的县（市、区）民政部门出具的享受最低生活保障的证明和低保证（复印件）。上述人员还要同时提供能够证明其与家庭所属关系的相关证明材料（如户口簿等）。

四、笔试

（一）笔试科目和内容

笔试考公共科目，包括行政职业能力测试和申论两科，其中申论科目为A类。

本次考试不指定考试辅导用书，不举办也不委托任何机构举办考试辅导培训班。

（二）笔试时间和地点

笔试时间为4月22日，具体安排为：

上午 09:00—11:00 行政职业能力测试

下午 14:00—16:30 申论A

本次考试在安徽省16个省辖市设置考场，笔试考点由报考人员在报名时自主选择。报考人员应按照准考证上确定的时间和地点参加考试，并同时携带准考证和身份证入场，缺少证件的不得入场。

（三）笔试成绩公布

笔试成绩于5月中下旬公布，报考人员可登录安徽省人事考试网查询。省选调生主管部门统一划定笔试合格分数线。考生有一科无成绩的，取消进入下一环节资格。

五、面试

（一）面试人选确定

省选调生主管部门根据规定的面试比例（附件3），从笔试合格人员中按照笔试成绩从高到低的顺序确定各职位参加面试的人选。最后一名有多名考生笔试成绩相同的，一并确定为面试人选。

职位笔试合格人数与招考计划数的比例达不到规定的最低面试比例的，相应调整职位招考计划数。"高校一"职位调减的招考计划数，调增到"高校二"同类职位上；"高校二"职位调减的招考计划数，调增到"高校三"同类职位上；"高校三"职位调减的招考计划数，不再调增到其他招考职位。

（二）面试资格复审

参加资格复审时，报考人员应提供相关证明材料。应届毕业生提供报考资格审查表、党籍证明、学生干部任职证明、学历学位证明、身份证复印件等相关证明材料；服务基层项目人员提供报考资格审查表、党籍证明、学历学位证书原件复印件、项目经历证明、身份证原件复印件等相关证明材料。报考资格审查表从安徽省人事考试网报名系统下载打印，党籍证明、学生干部任职证明、学历学位证明、项目经历证明参考式样见报考指南附件。

省内高校应届毕业生将相关证明材料报送所在高校党委组织部复审，省外高校应届毕业生和服务地在外省的服务基层项目人员将相关证明材料报送省委组织部公务员处复审（地址：合肥市包河区中山路1号省行政中心1号楼东×××室，安徽省委组织部公务员处，电话：0551-6260××××，邮编：230091），服务地在我省的服务基层项目人员将相关证明材料报送服务地省辖市委组织部复审。

通过面试资格复审的报考人员应按规定时间在安徽省人事考试网上缴纳面试考务费用。逾期未缴费的，视为自动放弃面试资格。

（三）面试成绩和考试综合成绩

面试由省选调生主管部门统一组织，采取结构化面试的方法进行，成绩当场向考生公布。面试工作的具体事宜另行确定。

对因招考人数较多、需要安排 2 个以上面试小组的职位，为平衡不同面试小组考官评分的差异，保证公平公正，采取修正系数法计算考生面试最终成绩。具体方法为：考生面试最终成绩＝考生面试原始成绩×修正系数（修正系数＝同职位全部考生面试平均成绩÷同职位本小组考生面试平均成绩）。

面试结束后，按照笔试成绩占 60％、面试成绩占 40％加权计算考试综合成绩。具体方法为：考试综合成绩＝笔试成绩÷2×60％＋面试最终成绩×40％，笔试成绩＝行测成绩＋申论成绩。

六、体检和考察

（一）体检和考察人选确定

省选调生主管部门按照考试综合成绩从高到低的顺序等额确定各职位参加体检和考察的人选（考试综合成绩相同的，一般依次按照笔试成绩、行测成绩从高到低的顺序确定名次）。体检和考察人选缺额的，在同职位面试人员中依次等额递补，递补共不超过两次。

（二）体检和考察组织实施

体检工作按照《人力资源社会保障部 国家卫生计生委 国家公务员局关于修订〈公务员录用体检通用标准（试行）〉及〈公务员录用体检操作手册（试行）〉有关内容的通知》（人社部发〔2016〕140 号）、《关于进一步做好公务员考试录用体检工作的通知》（人社部发〔2012〕65 号）等规定组织实施。

考察工作按照好干部的标准，采取多种形式，全面了解考察对象的政治思想、道德品质、能力素质、遵纪守法、自律意识、学习和工作表现以及需要回避的情况等，对考察对象作进一步的报考资格审查。

七、公示录取和派遣接收

（一）名单公示

省选调生主管部门综合考虑考试成绩、考察情况和体检结果等情况，择优确定拟录用人员。拟录用人员名单在安徽先锋网上进行公示，公示内容包括拟录用人员姓名、性别、准考证号、毕业院校、服务单位等，同时公布举报电话，接受社会监督，公示期为 5 个工作日。

（二）志愿填报和录取

公示期满后，没有问题或反映问题不影响选调的拟录用人员，应按照有关规定和要求在安徽省人事考试网上填报志愿，每人可填报 5 个省辖市志愿，所填志愿均为平行志愿。

省选调生主管部门依据考生志愿，按照分数优先的原则，依次检索确定拟录用人员接收单位。录取时，每个职位按考生综合成绩由高分到低分排序，按考生填报志愿的顺序依次检索，当检索到某省辖市接收计划未满时，考生即被录取为该省辖市选调生，如果该省辖市接收计划满额，录取系统则检索考生填报的下一个志愿，依次录取。拟录用人员五个志愿均未被录取的，省选调生主管部门在未完成该职位接收计划的接收单位中进行志愿征集，不服从志愿征集的取消其录用资格。

接收单位职位志愿填报人数达不到接收计划数的，相应调整该单位职位接收计划数。"高校一"职位调减的接收计划数，调增到"高校二"同类职位上；"高校二"职位调减的接收计划数，调增到"高校三"同类职位上。

（三）派遣和接收

省内高校应届毕业生由所在高校根据派遣方案直接派遣到省辖市委组织部报到；省外高校应届毕业生和服务基层项目人员由省辖市委组织部根据派遣方案出具接收函或调档函，再由所在高校或档案保管机构派遣或介绍到省辖市委组织部报到。派遣时，档案务必通过机要交通或专人送取转递，不得以特快专递、挂号邮寄等方式转递或交选调生本人自带。

各省辖市委组织部按照有关规定和要求，认真履行拟录用人员接收手续，严格审核拟录用人员干部人事档案，确保录用人员证件齐全、手续完备、信息无误、资格有效。

（四）分配、管理和使用

选拔录用后，"高校一"毕业生和"高校二"、"高校三"博士研究生直接分配到县（市、区）直机关，服务基层项目人员（除"高校一"毕业生、博士研究生外）直接分配到乡镇（街道）或开发区工作；其他毕业生分配到乡镇（街道）或开发区后，根据其特点和所学专业，安排到村任职锻炼，担任村党组织书记助理职务，2 年期满考核合格后，返回原分配单位工作。到村任职锻炼的选调生，试用 1 年期满后，按照公务员管理有关规定任职定级。担任村党组织书记助理期间，执行大学生村官管理基本规定，同时享受大学生村官相关政策待遇。

对能力素质好，群众公认度高，适合做基层领导工作，表现优秀的选调生，按照公务员职务晋升有关规定，及时提拔使用。同时，省直机关公开遴选公务员时，划出一定比例面向选调生。市县党政机关补充工作人员，优先从选调生中选用。

中共安徽省委组织部
中共安徽省委教育工委
安徽省人力资源和社会保障厅
安徽省公务员局
2017 年 3 月 21 日

附录 7-6　中央机关及其直属机构 2017 年度考试录用公务员报考指南

第一章　报考政策规定

一、关于报考条件

1. 哪些人员可以报考？

报考人员应符合以下条件：

（1）具有中华人民共和国国籍；

（2）18 周岁以上、35 周岁以下（1980 年 10 月 15 日至 1998 年 10 月 15 日期间出生），2017 年应届硕士研究生和博士研究生（非在职）人员年龄可放宽到 40 周岁以下（1975 年 10 月 15 日以后出生）；

（3）拥护中华人民共和国宪法；

（4）具有良好的品行；

（5）具有正常履行职责的身体条件；

（6）具有符合职位要求的工作能力；

（7）具有大专以上文化程度；

（8）具备中央公务员主管部门规定的拟任职位所要求的其他资格条件。

2. 哪些人员不能报考？

现役军人、在读的非应届毕业生、在职公务员和参照公务员法管理的机关（单位）工作人员，不能报考。

因犯罪受过刑事处罚的人员和被开除公职的人员，在各级公务员招考中被认定有舞弊等严重违反录用纪律行为的人员，公务员和参照公务员法管理的机关（单位）工作人员被辞退未满 5 年的，以及法律法规规定不得录用为公务员的其他情形的人员，不得报考。

此外，报考人员不得报考与招录机关人员有公务员法第六十八条所列情形的职位。

公务员法第六十八条规定："公务员之间有夫妻关系、直系血亲关系、三代以内旁系血亲关系以及近姻亲关系的，不得在同一机关担任双方直接隶属于同一领导人员的职务或者有直接上下级领导关系的职务，也不得在其中一方担任领导职务的机关从事组织、人事、纪检、监察、审计和财务工作。"

3. 2017 年毕业的定向生、委培生是否可以报考？

2017 年毕业的定向生、委培生原则上不得报考。

4. 为什么在职公务员和参照公务员法管理的机关（单位）工作人员不能报考？

近年来，中央机关公开遴选已经逐步制度化、规范化，畅通了基层公务员向上流动的渠道。为此，中央公务员主管部门决定，中央机关公务员录用考试不再面向在职公务员、参照公务员法管理机关（单位）工作人员。

5. 今年对艰苦边远地区基层职位实行了哪些倾斜政策？

为落实党的十八届三中全会关于"完善基层公务员录用制度，在艰苦边远地区适当降低进入门槛"的部署，中共中央组织部、人力资源和社会保障部、国家公务员局 2014 年印发了《关于做好艰苦边远地区基层公务员考试录用工作的意见》（人社部发〔2014〕61 号）。根据意见精神，对地处艰苦边远地区的中央机关直属机构县（区）级以下职位，视情况单独或者综合采取了适当降低学历要求、放宽专业限制、适当调整年龄条件、不限制工作年限和经历、单独划定笔试合格分数线等措施，降低进入门槛，同时，允许从中拿出一定数量的县（区）级以下职位面向本市、县户籍或在本地长期生活、工作的人员招考。

6. 留学回国人员可以报考哪些职位？

留学回国人员可以根据自身情况报考符合条件的职位。其中，2015 年 1 月 1 日至面试前取得国（境）外学位并完成教育部门学历认证的留学回国人员，未落实工作单位的，可以报考限应届毕业生报考职位。

留学回国人员报考的，除需提供《招考公告》和《招考简章》中规定的材料外，还应于面试前向招录机关提供学位和教育部门学历认证材料。学历认证由教育部留学服务中心负责。报考人员可登录教育部留学服务中心网站（http://www.cscse.edu.cn）查询认证的有关要求和程序。

7. 非普通高等学历教育的其他国民教育形式的毕业生是否可以报考？

非普通高等学历教育的其他国民教育形式（自学考试、成人教育、网络教育、夜大、电大等）毕业生取得毕业证后，符合职位要求的资格条件的，均可以报考。

8. 2015 年、2016 年普通高校毕业生可否以应届毕业生的身份报考？

国家统一招生的普通高校毕业生离校时和在择业期内（国家规定择业期为二年）未落实工作单位，其户口、档案、组织关系仍保留在原毕业学校，或保留在各级毕业生就业主管部门（毕业生就业指导服务中心）、各级人才交流服务机构和各级公共就业服务机构的毕业生，可按应届高校毕业生对待。

9. 招录职位表中所要求的学历应如何理解？

招录职位表中所要求的学历为报考人员所获得的最高学历。社会在职人员应以其已经获得的最高学历进行报考，应届高校毕业生以即将获得的最高学历进行报考。如招录职位表中要求限本科学历的，硕士研究生和博士研究生不能以本科学历报考。

10. 什么是"基层工作经历"？

招考职位明确要求有基层工作经历的，报考人员必须具备相应的基层工作经历。基层工作经历，是指具有在县级及以下党政机关、国有企事业单位、村（社区）组织及其他经济组织、社会组织等工作的经历。离校未就业高校毕业生到高校毕业生实习见习基地（该基地为基层单位）参加见习或者到企事业单位参与项目研究的经历，可视为基层工作经历。在军队团和相当于团以下单位工作的经历，退役士兵在军队服现役的经历，可视为基层工作经历。报考中央机关的人员，曾在市（地）直属机关工作的经历，也可视为基层工作经历。应届毕业生在校期间的社会实践经历，不能视为基层工作经历。

11. 具有基层工作经历的应届毕业生，以何种身份报考？

具有基层工作经历的应届毕业生，可按应届毕业生身份报考。如果符合职位规定的基层工作年限，也可以报考要求具有基层工作经历的职位。

12. 基层工作经历起始时间如何界定？

（1）在基层党政机关、事业单位、国有企业工作的人员，基层工作经历时间自报到之日算起。

（2）参加"大学生村官"、"三支一扶"（支教、支农、支医和扶贫）、"大学生志愿服务西部计划"、"农村义务教育阶段学校教师特设岗位计划"等中央和地方基层就业项目人员，基层工作经历时间自报到之日算起。

（3）到基层特定公益岗位（社会管理和公共服务）初次就业的人员，基层工作经历时间从工作协议约定的起始时间算起。

（4）离校未就业高校毕业生到高校毕业生实习见习基地（该基地为基层单位）参加见习或者到企事业单位参与项目研究的，视同具有基层工作经历，自报到之日算起。

（5）在其他经济组织、社会组织等单位工作的人员，基层工作经历时间以劳动合同约定的起始时间算起。

（6）自主创业并办理工商注册手续的人员，其基层工作经历时间自营业执照颁发之日算起。

（7）以灵活就业形式初次就业人员，其基层工作经历时间从登记灵活就业并经审批确认的起始时间算起。

13. 基层工作经历截止时间如何界定？

基层工作经历计算时间截止到 2016 年 10 月。

14. 一般人员报考年龄是如何规定的？

18 周岁以上、35 周岁以下（1980 年 10 月 15 日至 1998 年 10 月 15 日期间出生）的人员，符合报考年龄规定。2017 年应届毕业生硕士研究生、博士研究生（非在职）招考年龄可放宽到 40 周岁以下（1975 年 10 月 15 日以后出生）。

15. 录用人民警察招考年龄是如何规定的？

省级及以上公安机关、监狱、强制隔离戒毒管理机关录用人民警察的报考年龄条件按照现行公务员报考年龄规定执行。

地市及以下公安机关录用人民警察的报考年龄条件为，一般不超过 30 周岁（即 1985 年 10 月 15 日以后出生），2017 年应届硕士、博士研究生（非在职）和报考法医职位的，一般不超过 35 周岁（即 1980 年 10 月 15 日以后出生）。

报考公安特警的人员年龄一般不超过 25 周岁（即 1990 年 10 月 15 日以后出生）。

司法行政部门监狱、强制隔离戒毒所一线干警报考年龄一般不超过 30 周岁（即 1985 年 10 月 15 日以后出生），2017 年应届硕士、博士研究生（非在职）及狱医、心理矫正等特殊职位招考年龄一般不超过 35 周岁（即 1980 年 10 月 15 日以后出生）。

16. 参加"大学生村官"、"农村义务教育阶段学校教师特设岗位计划"、"三支一扶"计划、"大学生志愿服务西部计划"等项目的人员如何认定？

参加上述四个项目的人员报考，要提供相应的证明材料。

参加"大学生村官"项目的，要提供由县级以上组织人事部门出具的证明；

参加"农村义务教育阶段学校教师特设岗位计划"项目的，要提供省级教育部门统一制作，教育部监制的"特岗教师"证书和服务"农村义务教育阶段学校教师特设岗位计划"鉴定表原件和复印件；

参加"三支一扶"计划项目的，要提供各省"三支一扶"工作协调管理办公室出具的高校毕业生"三支一扶"服务证书（此证书由全国"三支一扶"工作协调管理办公室监制）原件和复印件；

参加"大学生志愿服务西部计划"项目的，要提供由共青团中央统一制作的服务证和大学生志愿服务西部计划鉴定表原件和复印件。

以上材料在面试时与其他材料一并交招录机关审核。

17. 大学生村官等服务基层四项目人员在服务期内被借调到县市级机关工作，借调时间是否计入服务年限？

若大学生村官等服务基层四项目人员在服务期内被借调到县市级机关工作，借调（帮助工作）时间不计入服务年限。大学生村官等服务基层四项目人员在岗服务时间累计不满一个服务期的，不享受定向招考优惠政策，不得报考定向职位。

18. 大学生村官等服务基层四项目人员在服务期内就读全日制研究生，或在其他企事业单位工作，应如何处理？

大学生村官等服务基层四项目人员在服务期内就读全日制研究生、在其他企事业单位工作的，就读和工作时间不计入服务期；其在岗工作时间累计不满一个服务期的，不享受定向招考优惠政策，不得报考定向职位。

19. 如果报考人员在报名参加中央机关及其直属机构公务员招考时符合报考条件，但在招考过程中，被地方机关录用为公务员（或参照公务员法管理事业单位工作人员），应如何处理？

报考人员在参加中央机关及其直属机构公务员招考过程中，被地方机关录用为公务员（或参照公务员法管理事业单位工作人员），报考人员应如实报告情况，并中止中央机关及其直属机构招考行为，招录机关不再将其列为面试、体检或考察人选。

20. 报考资格条件中要求的各项资质（资格）的截止时间是如何确定的？

基层工作经历计算时间截止到 2016 年 10 月。

2017 年应届毕业生一般应在 2017 年 7 月底前取得相关学历、学位。

职位要求的其他资格条件（如政治面貌、学历、学位、相关基层工作经验等）应在 2016 年 10 月 15 日前取得。

二、报名时间、方式和基本步骤

1. 报名时间为何时？

报名时间从 2016 年 10 月 15 日 8：00 开始，至 2016 年 10 月 24 日 18：00 结束。

2. 报名方式是什么？

在上述时间内，报考人员可以在网上提交报名信息，进行报名，报名工作主要在网上进行，不设现场报名。报名网址为中央机关及其直属机构 2017 年度考试录用公务员专题网站（以下简称考录专题网站，http：//bm. scs. gov. cn/2017）。也可以通过人力资源和社会保障部网站或国家公务员局网站上的相关链接登录考录专题网站。

3. 报考的基本步骤包括哪些？

报考基本步骤一般包括：

第一，认真阅读《招考公告》、《招考简章》，了解基本的政策和要求，特别是报考条件，选择与自己条件相符的招录机关和职位。

《招考公告》、《招考简章》可通过以下网站查询：

中央机关及其直属机构 2017 年度考试录用公务员专题网站（http：//bm. scs. gov. cn/2017）

人力资源和社会保障部门户网站（http：//www. mohrss. gov. cn）

国家公务员局门户网站（http：//www. scs. gov. cn）

中国政府网（http：//www. gov. cn）

新华网（http：//www. xinhuanet. com）

中国网（http：//www. china. com. cn）

中青在线网（http：//www. cyol. net）

新浪网（http：//www. sina. com. cn）

搜狐网（http：//www. sohu. com）

网易（http：//www. 163. com）

中华网（http：//www. china. com）

中国教育在线（http：//www. eol. cn）

第二，"报考人员注册"。报考人员报考前，登录考录专题网站进行"报考人员注册"。注册前，请报考人员认真阅读题为《诚信报考　从我做起》的致广大考生的一封信，并签署《报考公务员诚信承诺书》。

第三，报考人员填写报名信息并提交上报。报考人员要认真如实填报相关信息，遇有问题及时咨询。

第四，查询资格审查结果。提交报名信息后，报考人员可于报名次日起 2 日内登录考录专题网站查询是否通过资格审查。

第五，查询报名序号。通过资格审查的报考人员，可于 2016 年 10 月 28 日 8：00 之后，登录考录专题网站查询报名序号。

第六，报名确认。通过资格审查的报考人员需要在 2016 年 11 月 2 日 9：00 至 11 月 7 日 16：00 登录所选考试地考试机构网站进行网上报名确认。报名确认主要包括：报考人员承诺遵守考试纪律、上传照片、缴纳考试费用。

未进行报名确认的报考人员，视为自动放弃考试资格。

第七，打印准考证。报考人员需要在 2016 年 11 月 21 日 10：00 至 11 月 27 日 12：00 期间登录所选考试地考试机构网站自行下载并打印准考证。

第八，参加公共科目笔试。考生须携带准考证、与报名时一致的本人有效居民身份证到指定考点参加考试。未带本人有效居民身份证的考生不能参加考试。

第九，查询成绩。2017 年 1 月中旬，考生可以登录考录专题网站查询公共科目笔试成绩和是否进入面试范围。

第十，按规定参加面试、体检和考察等。未按规定的时间参加面试、体检的考生，将视为自动放弃相应的资格。

三、关于报考职位

1. 报考人员可以报考几个职位？

报考人员只能报考一个职位。

2. 什么情况下报考人员可以更改报考职位？

招录机关在对报考人员报考信息进行资格审查之前，报考人员可以更改报考职位。

没有通过招录机关资格审查的报考人员，在 2016 年 10 月 24 日 18:00 以前，可以改报其他职位。

3. 报考某一职位资格审查未通过后，还可以再次报考该职位吗？

报考人员报考某一职位资格审查未通过后，不可再报考同一职位。

4. 资格审查通过后，还可再报考其他职位吗？

通过招录机关资格审查的报考人员，不可再改报其他职位。

四、关于考试考务费用

1. 考试考务费用是多少？

考试考务费用以当地财政、物价部门核定的标准为依据。具体费用标准可以向承担此次考务工作的当地考试机构咨询（各考试机构咨询电话可于 2016 年 11 月 1 日以后通过考录专题网站查询）。

2. 哪些人员可以减免考务费用？

建档立卡贫困家庭人员和城市低保人员，可以直接与当地考试机构联系办理报名确认和减免费用的手续。建档立卡贫困家庭的报考人员凭其家庭所在地的县（市、区）扶贫办（部门）发放的档案卡、手册或出具的贫困证明（原件及复印件）等材料，享受最低生活保障城镇家庭的报考人员凭低保证（原件及复印件）或其家庭所在地的县（市、区）民政部门出具的享受最低生活保障的证明，经各省（自治区、直辖市）负责考务工作的部门审核确认后，办理减免考务费用的手续。

五、关于资格审查

1. 报名期间，资格审查工作由谁负责？

报名期间的资格审查工作由招录机关负责。

2. 资格审查的时间有规定吗？

招录机关应在报考人员报名次日起 2 日内提出资格审查意见。

3. 资格审查的主要依据是什么？

招录机关根据公务员录用相关法律法规和公布的报考资格条件、拟任职位所要求的资格条件对报考申请进行审查，审查意见包括"合格"、"不合格"、"退回补充资料" 3 种情形。

4. 对职位要求的资格条件有疑问的，如何咨询？

对《招考简章》中职位要求的资格条件和其他内容有疑问的，请直接与招录机关联系，招录机关的咨询电话可通过考录专题网站查询。

六、关于填写《报名登记表》和《报名推荐表》

1. 填写《报名登记表》和《报名推荐表》需要注意什么？

填写《报名登记表》和《报名推荐表》，必须真实、全面、准确。主要信息填报不实的，按弄虚作假处理；信息填报不全导致未通过招录机关资格审查的，后果由报考人员自负。所有报考人员均需填写《报名登记表》，《报名推荐表》仅限普通高等院校应届毕业生填写。

2. 《报名登记表》和《报名推荐表》何时提供？

进入面试或专业能力测试的人员，在参加面试或专业能力测试前应提交《报名登记表》，普通高等院校应届毕业生同时应提交《报名推荐表》。面试或专业能力测试将于 2017 年 3 月底前进行，请报考人员提前准备好相关材料。

3. 社会在职人员是否需要填写在校期间的学习成绩？

社会在职人员不必填写在校期间的学习成绩。个别招录机关有专门要求的，从其要求。

七、关于笔试

1. 公共科目笔试科目是如何设置的？

公共科目笔试包括行政职业能力测验和申论两科。

所有考生均参加行政职业能力测验和申论两科考试。考试范围和题型，请参阅《中央机关及其直属机构 2017 年度考试录用公务员公共科目考试大纲》。

2. 什么时间进行公共科目笔试？

公共科目笔试的时间为 2016 年 11 月 27 日。其中，上午 9:00—11:00 进行行政职业能力测验考试，下午 14:00—17:00 进行申论考试。

3. 如何查询公共科目笔试成绩？

2017 年 1 月中旬，考生可凭本人身份证号和准考证号登录考录专题网站，查询公共科目笔试成绩、最低合格分数线和进入面试人员名单。

4. 如何划定公共科目笔试最低合格分数线？

公共科目笔试结束后，中央组织部、人力资源和社会保障部、国家公务员局研究确定最低合格分数线。省级以上职位和地市以下职位合格分数线会有所区别。

西部地区和艰苦边远地区职位、基层职位和特殊专业职位等，在划定最低合格分数线时将予以政策倾斜。

5. 关于 8 个非通用语专业的考试安排情况？

报考中央对外联络部、中央编译局、外交部、文化部、商务部、国家旅游局、国家外国专家局、全国友协、中国贸促会等部门日语、法语、俄语、西班牙语、阿拉伯语、德语、朝鲜语（韩语）、葡萄牙语等 8 个非通用语职位的人员，先参加 2016 年 11 月 26 日下午进行的外语水平测试，然后参加 11 月 27 日进行的公共科目笔试，其外语水平测试成绩与公共科目考试成绩一同公布，并按各占 50% 的比例合成笔试综合成绩。考试地点均在北京。请报考 8 个非通用语职位的报考人员在网上报名时，务必将公共科目笔试考点选择为北京。

6. 关于中国银监会及其派出机构特殊专业职位的考试安排情况？

报考特殊专业职位（银监财经类）、特殊专业职位（银监综合类）、特殊专业职位（银监法律类）、特殊专业职位（银监财会类）、特殊专业职位（银监计算机类）的人员，先参加 2016 年 11 月 26 日下午进行的专业科目考试，然后参加 11 月 27 日进行的公共科目笔试，其专业科目考试成绩与公共科目考试成绩一同公布，并按各占 50% 的比例合成笔试综合成绩。考试地点设在全国各省会城市、自治区首府和直辖市，不在其他城市设置考点。请以上报考人员在网上报名时，选择合适的公共科目笔试考点。

7. 关于中国证监会及其派出机构特殊专业职位的考试安排情况？

特殊专业职位（证监财金类）、特殊专业职位（证监会计类）、特殊专业职位（证监法律类）、特殊专业职位（证监计算机类）的人员，先参加 2016 年 11 月 26 日下午进行的专业科目考试，然后参加 11 月 27 日进行的公共科目笔试，其专业科目考试成绩与公共科目考试成绩一同公布，并按各占 50% 的比例合成笔试综合成绩。考试地点设在全国各省会城市、自治区首府和直辖市，不在其他城市设置考点。请以上报考人员在网上报名时，选择合适的公共科目笔试考点。

8. 关于公安机关人民警察职位的考试安排情况？

报考公安机关人民警察职位的人员，先参加 2016 年 11 月 26 日下午进行的专业科目考试，然后参加 11 月 27 日进行的公共科目笔试，其专业科目考试成绩与公共科目考试成绩一同公布，并按行政职业能力测验、申论、专业科目考试成绩各占 40%、30%、30% 的比例合成笔试综合成绩。考试地点设在全国各省会城市、自治区首府和直辖市，不在其他城市设置考点。请以上报考人员在网上报名时，选择合适的公共科目笔试考点。

八、关于面试和专业能力测试

1. 如何确定参加面试和专业能力测试人员名单？

笔试成绩公布后，中央公务员主管部门将根据《招考简章》确定的面试人员比例，从通过笔试最低合格分数线的考生中，按照成绩从高到低的顺序，确定各职位参加面试和专业能力测试的人员名单。

2. 是否所有职位都要在面试阶段进行专业能力测试？

不是。只有《招考简章》事先公布的需要在面试阶段进行专业能力测试的职位，才进行专业能力测试。

3. 如何查询是否进入面试和专业能力测试？

各职位参加面试和专业能力测试的人员名单将在考录专题网站上统一公布。考生可登录该网站查询是否进入面试和专业能力测试。

4. 什么时间进行专业能力测试？

专业能力测试的时间、地点、考试大纲及要求等内容由招录机关确定。考生可在公共科目笔试成绩公布后，登录考录专题网站或招录机关网站查询。

5. 专业能力测试如何组织实施？

专业能力测试由招录机关负责组织实施。考生可登录招录机关网站查询专业能力测试安排情况。

6. 什么时间进行面试？

面试具体时间由招录机关确定，一般在 2017 年 3 月底前进行。考生可登录考录专题网站或招录机关网站查询招录机关面试公告，也可直接向招录机关电话咨询。

九、如何进行调剂？

招考职位上通过公共科目最低合格分数线的人数达不到面试人员比例时，将通过调剂补充人选，调剂面向社会公开进行。具体办法在公共科目笔试成绩公布后可以在考录专题网站上查询。调剂结束后，进入面试和专业能力测试的人选名单将在考录专题网站上统一公布。进入调剂人选名单的，不得参加其他职位递补。

十、关于体检和考察

1. 如何确定体检和考察的人选？

招录机关按照综合成绩从高到低的顺序确定参加体检和考察的人选。

2. 综合成绩如何计算？

一般职位综合成绩的计算方法为：公共科目笔试、面试成绩各占 50%，进行专业能力测试的，面试成绩和专业能力测试成绩共占 50%，公共科目笔试、面试、专业能力测试成绩均按百分制折算。专业能力测试成绩一般不超过综合成绩的 15%，具体各职位所占分值比重见招考简章。

3. 体检和考察由谁负责？

体检和考察由招录机关负责。

4. 体检依据什么标准进行？

体检按照公务员录用体检标准及操作手册等组织实施。

5. 对体检结果有疑义的，如何提出复检申请？

考生对非当日、非当场复检的体检项目结果有疑问时，可以在接到体检结论通知之日起 7 日内，向体检实施机关提交复检申请，体检实施机关应尽快安排考生复检。体检实施机关对体检结论有疑问的，在接到体检结论通知之日起 7 日内决定是否进行复检。复检只能进行 1 次，体检结果以复检结论为准。《公务员录用体检特殊标准（试行）》中的所有体检项目均不进行复检。

6. 哪些部门执行《公务员录用体检特殊标准（试行）》？

公安机关、国家安全机关、监狱、强制隔离戒毒管理机关的人民警察和人民法院、人民检察院的司法警察职位，以及外交、海关、海事、检验检疫、安监等部门对身体条件有特殊要求的职位录用公务员，应按照《公务员录用体检特殊标准（试行）》的规定检查有关体检项目，该特殊标准未作规定的职位或项目，其公务员录用的体检标准仍按照公务员录用体检通用标准执行。

7. 录用人民警察需要测评体能吗？

公安机关录用人民警察需进行体能测评，按照《公安机关录用人民警察体能测评项目和标准(暂行)》执行。国家安全机关、监狱、强制隔离戒毒管理机关的人民警察和人民法院、人民检察院的司法警察职位招录时需测评体能的，参照《公安机关录用人民警察体能测评项目和标准(暂行)》执行。

8. 在什么机构进行体检？

在京的招录机关，在中央公务员主管部门指定的体检医疗机构进行体检。京外的招录机关，在中央公务员主管部门或当地省级公务员主管部门指定的体检医疗机构进行体检，尚未指定体检机构的，要在市（地）级以上综合性医院进行体检。

9. 考察主要了解哪些内容？

招录机关要按照好干部的标准，根据拟录用职位的要求，采取多种形式，全面了解考察对象的政治思想、道德品质、能力素质、遵纪守法、自律意识、学习和工作表现以及需要回避的情况等内容。

10. 考察时需要对报考人员进行资格复审吗?

录用考察是对考生资格条件认定核实的关键环节，需要对考生进行资格复审。录用考察阶段资格复审，主要是核实考察对象是否符合规定的报考资格条件，提供的报考信息和相关材料是否与真实经历背景相一致，是否具有报考回避的情形等方面的情况。

十一、关于违纪违规考生处理

1. 哪些行为记入公务员录用考试诚信档案?

考生有违纪违规和其他不诚信行为的，记入公务员录用考试诚信档案库，作为公务员录用考察的一项重要参考。

2. 对违纪违规行为，有哪几种处理方式?

在本次招考中，考生有违纪违规行为的，根据《公务员考试录用违纪违规行为处理办法》（人社部发［2016］85 号），按照有关规定分别给予取消报考（考试）资格、考试成绩无效、不予（取消）录用等相应处理。其中，违纪违规情节严重和特别严重的，由中央公务员主管部门进行认定和处理。被认定为严重或特别严重违纪违规的考生，不得确定为拟录用人选。公务员主管部门或公务员考试机构将视情况向考生所在单位（学校）进行通报。

3.《刑法》对于考试作弊有哪些新规定?

《刑法修正案(九)》在第二百八十四条规定:"在法律规定的国家考试中，组织作弊的，处三年以下有期徒刑或者拘役，并处或者单处罚金;情节严重的，处三年以上七年以下有期徒刑，并处罚金""为他人实施前款犯罪提供作弊器材或者其他帮助的，依照前款的规定处罚""为实施考试作弊行为，向他人非法出售或者提供第一款规定的考试的试题、答案的，依照第一款的规定处罚""代替他人或者让他人代替自己参加第一款规定的考试的，处拘役或者管制，并处或者单处罚金"。

考生和其他人员违反《刑法修正案(九)》构成犯罪的，将依法追究刑事责任。

4. 对雷同答卷如何处理?

在阅卷过程中发现报考者之间同一科目作答内容雷同，并经阅卷专家组确认的，由具体组织实施考试的考试机构给予该科目（场次）考试成绩无效的处理。报考者之间同一科目作答内容雷同，并有其他相关证据证明其作弊行为成立的，视具体情况按照《公务员考试录用违纪违规行为处理办法》第七条、第八条的规定处理。

十二、关于考试辅导教材

1. 是否有指定的公务员考试教材和培训班?

中央组织部、人力资源和社会保障部、国家公务员局从未指定任何单位和个人编写过有关公务员考试的教材，也不委托任何单位和个人举办有关公务员考试的培训班。本次考试不指定考试辅导用书，不举办也不委托任何机构举办考试辅导培训班。目前社会上出现的假借公务员考试命题组、考试教材编委会、中央公务员主管部门授权等名义举办的有关公务员考试辅导班、辅导网站或发行的出版物等，均与本次考试无关，敬请广大报考人员提高警惕，切勿上当受骗。

2. 报考人员如何备考?

公务员考试主要测查从事机关工作所应具备的基本能力和基本素质，这些能力和素质主要靠平时学习、工作和生活的长期积累，很难在短期内取得很大提高。考试前，报考人员应仔细阅读《中央机关及其直属机构 2017 年度考试录用公务员公共科目考试大纲》，并结合职位需求和自身条件，有针对性地准备考试。

十三、关于《中央机关及其直属机构 2017 年度考试录用公务员报考指南》的适用范围

《中央机关及其直属机构 2017 年度考试录用公务员报考指南》仅适用于此次 2017 年度中央机关及其直属机构公务员招考。

报名政策咨询电话：010-12370

咨询时间：2016 年 10 月 15 日至 26 日，每日 8:00—20:00

第二章 报考网络技术

一、网上报名应注意哪些事项?

1. 报考人员应仔细阅读《招考公告》和《报考指南》等内容，熟悉公务员招考的相关政策。对需要填写的每一项内容要认真考虑，慎重填报，严肃对待。

2. 由于需要填写的注册及报名信息较为详细，为了确保报名资料提交成功，加快报名速度，建议报考人员在网上报名前，先将需要填写的内容用 Word 或记事本等软件编辑录入。在网上填写报名表时，将已准备好的资料——粘贴到表中即可。

3. 考生报名截止前，退回补充资料的考生，需按招考部门要求修改或补充完所需信息后，再进行一次报考职位操作，如不执行报考职位操作，招考部门将无法审核考生信息。考生报名截止后，审核状态为退回补充资料的考生将无法修改个人信息和报考职位。

4. 为防止他人修改报考人员的个人资料，报考人员注册或登录完毕后，必须退出系统并关闭浏览器。

二、网上报名及查询的具体步骤是什么？

1. 查询招考职位

报考人员应认真了解基本的政策和要求，仔细阅读《招考简章》，结合自身条件，慎重选择适合自己的招考职位。

2. 进行"报考人员注册"

报考人员报名前，必须进行"报考人员注册"，注册时注意按要求填写有关内容，特别是"身份证"、"密码"、"姓名"、"学历"、"报考人员类别"、固定电话或手机号码、"邮箱"等信息的录入一定要准确，一个身份证只能注册一次，切勿重复注册！

3. 进入"报名情况浏览"

报考人员登录后，选择"报名情况浏览"后，可选择"查看部门报名情况"或"查看本人所报考职位情况"，报名情况定时刷新，供选择职位时参考。

4. 进入"填写详细信息"

报考人员登录后，进入报考人员首页，选择"填写详细信息"，请先按照表格和给定的格式填写有关信息。注意：标有"＊"的项目必须填写，报考人员填写的文字内容不要超过限定的字符数，填写完毕检查无误后点击保存即可返回首页。

5. 进入"报考职位"

选择"报考职位"即可进入下一步，输入部门代码或者选择部门名称为查询条件，然后点击"查询"进入下一步。选择报考人员拟报考的职位，选择是否同意调剂，按下"报考此职位"按钮即可完成报名。报考人员如需改报其他职位，只需使用已注册的身份证号和密码登录，进入"报考职位"一栏重新报考其他职位即可。

考试所在地是报考人员选择参加公共科目笔试的地点。

6. 进入"确认报考信息"

报考人员报考完成后，可点击"确认报考信息"检查自己是否报考成功。

7. 职位退订功能

报考人员在报考职位后，未审查之前，可以用退订职位功能退订原有的职位变成未报考状态。如报考人员需在审查之前修改报考信息，系统会根据当前报考人员报考的职位要求对学历、政治面貌、具有基层工作经历的年限、相关基层工作经验这四项信息进行判断，若报考人员修改的结果不符合当前报考职位的要求则提示报考人员先退订职位后再做修改，此功能在报考人员确认报名信息及报考人员报考信息修改页面提供。（注：退订职位功能仅在报考人员报考职位未审查及退回资料时可以使用，若职位已审查通过或未通过均不可退订）

8. 进入"资格审查结果查询"（查询时间：2016 年 10 月 15 日 8：00—26 日 18：00）

报考人员报名次日起 2 日内，登录考录专题网站，选择"资格审查结果查询"，可以看到报考申请审查结果。

9. 进入"注册信息修改"

报考人员登录后，选择"注册信息修改"，按下按钮，进入下一页面，即可更改相应的内容。

10. 报名资料更改

报名资料更改有一定的条件：

更改个人资料——仅限报考人员处于未审查或审查不合格时（更改个人资料含更改考试地点）；

更改报考职位——在"未审查"时可浏览报名情况进行改报；或"资格审查不通过"时改报其他职位；

更改考试地点——修改时间截止到资格审查结束（2016 年 10 月 26 日 18:00）。

考生如对当前资格审核状态（合格或不合格）有疑问，请与招考单位沟通后再在系统中进行操作，在此之前请不要改报职位或退订职位或修改任何个人信息。

11. 个人密码管理

报考人员登录后，选择"个人密码管理"按钮，修改相应的内容之后，点击"确定"按钮。报考人员请牢记密码，忘记密码时，可凭借注册时所填写的密码提示问题或邮箱找回密码。

12. 查询报名序号

报考人员登录后，选择"报名序号查询"，可查询自己的报名序号。此功能待 2016 年 10 月 28 日 8:00 以后方可使用。

13. 下载和打印准考证

报考人员登录所在考区考试机构网站，进入公务员考试首页，选择"准考证下载和打印"按钮，在网上填写报考人员的身份证号和报名序号，即可下载和打印准考证。此功能能在 2016 年 11 月 21 日 10:00 至 27 日 12:00 期间方可使用。

14. 笔试成绩查询

报考人员进入报考人员首页，点击"公共科目笔试成绩查询"，填写身份证号和准考证号，即可查询本人笔试考试成绩。此功能在笔试成绩公布时方可使用。

15. 面试成绩查询

报考人员进入报考人员首页，点击"面试成绩查询"，填写身份证号和准考证号，即可查询本人面试考试成绩。此功能能在面试成绩公布时方可使用。

三、报名之后可否浏览、修改报名信息？

报考人员填写的报名信息在招录机关未审查报考申请之前和资格审查未合格的情况下，可以修改。报考申请审查合格人员不允许修改除考试地点外的其他信息，所以请在报名时务必准确填写报名信息。

四、网页内容总不刷新怎么办？

为保证随时看到最新的网页内容，请在每次使用本系统前，按以下步骤操作：

1. 请点屏幕上方菜单的 [工具]-[Internet 选项]；

2. 在"常规"页"浏览历史记录"栏中点 [设置]；

3. 在"检查网页的较新版本"栏中选"自动"选项；

4. 点 [确定]-[确定]。

五、报名资料提交后，成绩等栏为什么会截取部分内容？

截取部分内容是因为填写内容过长，请适当缩减。

六、下载后的文件如何打开？

报考人员从《招考公告》公布的网站下载文件类型有：

. rar、. zip、*. doc、*. xls。

*. rar 文件用 WinRAR 打开，

*. zip 文件用 WinZIP 打开；

*. doc 文件用 Word 打开，

*. xls 文件用 Excel 打开。

注："*"代表文件名称。

七、关于网上报名信息安全问题应注意哪些情况？

1. 为确保信息安全，避免被他人篡改，请在每次使用本系统前，按以下步骤操作：

（1）请点屏幕上方菜单的 [工具]-[Internet 选项]；

（2）在"内容"页中点 [自动完成]；

（3）在"自动完成设置"窗口中撤销"表单"、"表单的用户和密码"选项；

（4）点［清除表单］-［确定］-［确定］-［确定］；

（5）为了保证您的报名信息安全，每台机器不允许两个或两个以上账户同时进行报名操作。请在登录完成相关操作后，点击"退出系统"按钮。如未按要求退出，当前账户20分钟内将无法在本机登录系统。

2. 要避免多人在同一台打开的机器上报名，如需多人使用同一台机器，则应注意：一人报名完毕并安全退出系统后（或关机重启机器后），第二人方可开始报名。

3. 请尽量不要通过其他网站跳转的方式进入报名网站，防止进入假的"钓鱼"网站，造成个人信息泄露，影响正常报名。请在浏览器地址栏中直接输入如下网站：http://bm.scs.gov.cn/2017，进入考录专题网站。

4. 推荐使用IE浏览器访问考录专题网站，如IE浏览器版本较高（IE10及以上），请选择兼容模式浏览。

报名技术咨询电话：010-12370

咨询时间：2016年10月15日至26日8：00—20：00

第三章 考务安排

一、什么是报名序号？何时可以查询报名序号？

报名序号是报考人员报名确认和上网打印准考证的关键号码，务必牢记。通过资格审查的报考人员可在2016年10月28日8：00后凭本人身份证号和注册密码登录考录专题网站查询自己的报名序号。

二、报名确认的方式、时间和地点是怎样的？

参加公共科目笔试的报考人员，均需进行报名确认。报名确认一般采取网上确认的形式。网上确认时间为2016年11月2日9：00至7日16：00。

各地考试机构网上确认的网址、咨询电话，可在考录专题网站查询。

无法办理网上确认的报考人员，需到考试机构现场确认。

三、如何办理报名确认？

网上确认的基本程序：

1. 报考人员通过报名序号和身份证号登录所在考区网上确认系统；

2. 阅读、熟悉考场规则、相关考试违法违纪违规行为处理的规定，并做出诚信考试的承诺；

3. 报考人员上传本人近期免冠正面电子照片〔蓝底证件照，jpg格式，二寸（35mm×45mm）、20Kb以下、以当地考试机构网上明示的规格要求为准，对不符合规格的数码照片建议用图像处理软件另存为符合要求的照片〕；

4. 上传照片审核通过后，报考人员网上支付考试费用，报名确认结束。

以下报考人员还需要现场办理相关手续：

① 更改姓名中错别字或身份证号中不涉及出生年月的个别错误数字的报考人员；

② 建档立卡贫困家庭和享受最低生活保障城镇家庭报考人员；

③ 其他经当地考试机构确认需现场办理的事项。

这些报考人员应关注确认网站发布的信息或拨打咨询电话，按考试机构指定的时间、地点和要求办理相关手续。

未按期参加报名确认者视为放弃考试资格。

四、报名确认时可不可以更改考试地点？

确有特殊原因可以更改考试地点。报考人员想到哪个省（区、市）参加考试，应关注该省（区、市）报名确认网站发布的信息或电话咨询，获知办理更改及确认手续的时间、地点和要求。报名确认后，报考人员不能再更改考试地点。

五、报考人员可否更改个人信息？

报名确认中，有两类报名信息经当地考试机构同意后可以修改：姓名中的错别字、身份证号中不涉及出生年月的个别错误数字。其他报名信息，未经招录机关同意，不得更改。

报考人员更改报名信息均应填写《报名信息更改申请表》。

报考人员要修改姓名中明显的错别字时，须出示本人有效居民身份证，只有身份证号与报名信息库中身份证号一致时才可以更改。同样，在姓名一致的情况下，当发现信息库中的身份证号与报考人员出示本人有效居民身份证中的身份证号有个别数字出入时，若该数字不涉及出生年月，才可以更改。

六、如何办理减免考试费用手续？

减免考试费用的报考人员，必须携带以下材料，由各省（区、市）负责考务工作的部门审核确认后，办理减免考试考务费用的手续：

1. 建档立卡贫困家庭的报考人员须携带家庭所在地的县（市、区）扶贫办（部门）发放的档案卡、手册或出具的贫困证明（原件及复印件）等材料；

2. 享受最低生活保障城镇家庭的报考人员须携带低保证（原件及复印件）或其家庭所在地的县（市、区）民政部门出具的享受最低生活保障的证明。

办理减免手续的方式和时间由各地考试机构自行确定。

七、如何打印准考证？

完成报名确认后，报考人员应在 2016 年 11 月 21 日 10：00—27 日 12：00 登录所选考试地考试机构网站，通过报名序号和身份证号自行查询、下载并打印准考证，也可通过考录专题网站查询打印网址。打印中如遇问题请与当地考试机构联系解决。

八、笔试时要注意哪些事项？

1. 必须带齐准考证、本人有效居民身份证，方可进入考场。进入考场时要服从工作人员的安排。

2. 监考人员将在考前 20 分钟左右宣读有关的考试注意事项，建议考生提前到达考场。

3. 行政职业能力测验一律用 2B 铅笔在答题卡上填涂作答，申论一律用黑色字迹的钢笔、签字笔作答。报考人员自备橡皮、2B 铅笔、黑色字迹的钢笔、签字笔。

4. 严禁将各种电子、通信、计算、存储或其他有关设备带至座位。

5. 考试开始 30 分钟后，不得入场；考试期间，不得提前退场。

6. 不能将答题卡、试卷、草稿纸等带出考场。

7. 必须遵守考场规则，若有违纪违规行为的，将按违纪违规行为处理办法进行处理。

请报考人员在考试前一天熟悉考场地址和交通路线。

九、考试前遗失了身份证怎么办？

遗失本人有效居民身份证的报考人员，需及时到公安部门补办临时身份证。其他证件不能代替居民身份证。

十、如何查询笔试成绩？

2017 年 1 月中旬，报考人员可通过身份证号和准考证号在考录专题网站上查询自己的笔试成绩。

十一、如何获得笔试成绩单？

本次考试不下发考试成绩单。报考人员确实需要的，可在 2017 年 2 月 28 日前向当地省级考试机构申请，由当地省级考试机构负责出具成绩证明。

考务咨询电话：010-6440××××

考务咨询时间：2016 年 10 月 27 日—11 月 26 日（工作日 8：30—17：00）

附录 7-7　安徽省 2017 年考试录用公务员报考指南

一、关于报考条件

1. 哪些人员可以报考公务员？

凡是符合《中华人民共和国公务员法》第十一条、《安徽省 2017 年考试录用公务员公告》（以下简称《招考公告》）中规定的报考条件者，均可报考。

2. 哪些人员不能报考？

（1）曾因犯罪受过刑事处罚的人员和曾被开除公职的人员；

（2）在各级公务员招考中被认定有舞弊等严重违反录用纪律行为的人员；

（3）公务员和参照公务员法管理单位工作人员被辞退未满 5 年的人员；

（4）公务员和参照公务员法管理单位工作人员已离职（含辞职、取消录用等），截至报名时，在机关工作和离职年限累计未满 5 年的人员；

（5）截至报名时，录用未满 2 年（含试用期）的公务员和参照公务员法管理单位工作人员，以及未满协议服务期的政法干警招录培养体制改革试点生、艰苦边远乡镇面向本市户籍人员招录等未满协议服务期的公务员和参照公务员法管理单位工作人员；

（6）现役军人；

（7）在读的全日制普通高校非应届毕业生。即：在全日制普通高校就读的非 2017 年应届毕业生不能报考，在全日制普通高校脱产就读的非 2017 年应届毕业的专升本人员、研究生也不能以原已取得的学历、学位证书报考；

（8）法律规定不得录用为公务员的其他情形的人员。

此外，报考人员不得报考与招录机关公务员有公务员法第六十八条所列情形的职位。

公务员法第六十八条规定："公务员之间有夫妻关系、直系血亲关系、三代以内旁系血亲关系以及近姻亲关系的，不得在同一机关担任双方直接隶属于同一领导人员的职务或者有直接上下级领导关系的职务，也不得在其中一方担任领导职务的机关从事组织、人事、纪检、监察、审计和财务工作。"公务员录用考试是职位竞争考试，报考人员所报考职位如有公务员法第六十八条所列情形，一旦报考该职位且被录用，则立即形成回避关系，所以不得报考上述职位。

3. 2017 年毕业的定向生、委培生是否可以报考？

2017 年毕业的定向生、委培生，须由定向或委培单位出具同意报考证明，经所在院校同意后方可报考，并在资格复审时提供同意报考证明材料原件。

4. 留学回国人员如何报考？

留学回国人员可以根据自身情况报考符合条件的职位。留学回国人员报考的，除需提供《招考公告》中规定的材料外，还应于资格复审时提供学位和教育部门学历认证材料。学历认证由教育部留学服务中心负责。报考人员可登录教育部留学服务中心网站（http://www.cscse.edu.cn）查询认证的有关要求和程序。

5. 非普通高等学历教育的其他国民教育形式的毕业生是否可以报考？

非普通高等学历教育的其他国民教育形式（自学考试、成人教育、网络教育、夜大、电大等）毕业生，符合职位要求的资格条件的，可以报考。

6. 哪些人员可以报考"应届毕业生"职位？

全日制普通高校 2017 年毕业生可以报考。2017 年年初毕业的春招毕业生，也可以应届毕业生身份报考。2017 年毕业的留学回国人员，也可以报考。

7. 职位表中所要求的学历、学位是否为报考人员所获得的最高学历、学位？

不是。职位中学历、学位的要求均为起点（最低）要求，高学历、学位的人员可以报考低学历、学位职位。

8. 2017 年毕业但尚未取得职位要求的学历（学位）证书的人员可否报考？

可以报考。已修完教学计划规定课程、各科成绩合格、2017 年毕业，但资格复审时尚未取得学历（学位）证书的人员，可凭学校或省、市教育主管部门出具的书面证明和有关证件材料办理资格复审，至 2017 年 9 月 30 日仍不能提供学历（学位）证书原件的，或原件与证明材料不一致的，取消录用资格。两年半学制的全日制研究生，报考应届生职位的，提供证书时间可顺延至翌年 3 月 31 日。

9. 是否可以凭专业（学业）证书、结业证书报考？

不能报考。

10. 是否可以凭党校学历证书报考？

可以报考。中央党校、省委党校学历可比照同等国民教育学历报考。

11. 取得双专科学历、双本科学历、双学士学位的人员能否分别按本科学历、研究生学历、硕士学位人员报考？

不能报考。

12. 机关事业单位公开选拔（聘）、竞争（聘）上岗、职务晋升和调任领导职务的人员以及遴选公务员尚在试用期内的能否报考？

截至 2017 年 9 月 30 日满试用期的，可以报考。报考人员在资格复审时须提供有人事管理权限的主管机关出具的同意报考证明。截至 2017 年 9 月 30 日尚在试用期的，取消录用资格。

13. 公安院校公安专业应届毕业生，能否报考公安机关（含森林公安）面向社会公开招考的人民警察职位？

不能报考。但可以报考非公安机关人民警察职位。

14. 什么是"基层工作经历"？

要求有基层工作经历的，报考人员须具备在县级及以下党政机关、国有企事业单位、村（社区）组织及其他经济组织、社会组织等基层工作的经历。曾在军队团和相当团以下单位工作过的经历，退役士兵在军队服现役经历，可视为基层工作经历。入学前曾在基层单位工作过的经历，可视为基层工作经历。离校未就业高校毕业生到高校毕业生实习见习基地（该基地为基层单位）参加见习或者到企事业单位参与项目研究的经历，可视为基层工作经历。

在省检察院基层派出机构、省市监狱戒毒机构、各市级以下经济开发区、设区的市级局下属各县（市、区）分局工作和以聘用、劳务派遣等方式在各级党政机关工作（不具有公务员或参公管理单位工作人员身份）的经历，可视为基层工作经历。

全日制普通院校毕业生在校期间的社会实践经历，不视为工作经历。

15. 具有基层工作经历的应届毕业生，以何种身份报考？

具有基层工作经历的应届毕业生，可按应届毕业生身份报考。如果符合职位规定的基层工作年限，也可以报考要求具有基层工作经历的职位。

16. 基层工作经历起始时间如何界定？

（1）在基层党政机关、事业单位、国有企业工作的人员，基层工作经历时间自报到之日算起。

（2）参加"选聘高校毕业生到村任职"计划、"三支一扶"计划、"农村义务教育阶段学校教师特设岗位计划"、"大学生志愿服务西部计划"等中央和地方基层就业项目人员，基层工作经历时间自报到之日算起。

（3）到基层特定公益岗位（社会管理和公共服务）初次就业的人员，基层工作经历时间从工作协议约定的起始时间算起。

（4）离校未就业高校毕业生到高校毕业生实习见习基地（该基地为基层单位）参加见习或者到企事业单位参与项目研究的，视同具有基层工作经历，自报到之日算起。

（5）在其他经济组织、社会组织等单位工作的人员，基层工作经历时间以劳动合同约定的起始时间算起。

（6）自主创业并办理工商注册手续的人员，基层工作经历时间自营业执照颁发之日算起。

（7）以灵活就业形式初次就业人员，基层工作经历时间从登记灵活就业并经审批确认的起始时间算起。

17. 基层工作经历截止时间如何界定？提供哪些证明材料？

基层工作经历的截止时间为 2017 年 7 月。因工作单位变化而中断时间的可以累计。

招考职位有基层工作经历等要求的，报考人员在资格复审时需提供相关证明材料：有劳动（聘用）合同的提供合同原件；无劳动（聘用）合同的提供由工作单位出具的书面证明材料（签章）；自主创业的提供营业执照等相关材料。需累计时间的应出具多个单位的相关证明材料。

18. 一般人员报考年龄是如何规定的？

18 周岁以上、35 周岁以下（1981 年 3 月 22 日至 1999 年 3 月 22 日期间出生），应届硕士、博士研究生（非在职）年龄可放宽到 40 周岁（1976 年 3 月 22 日以后出生）。

19. 人民警察招考年龄是如何规定的？

省级及以上公安机关、监狱戒毒机关录用人民警察的报考年龄条件按照现行公务员报考年龄规定执行。

市级及以下公安机关录用人民警察的报考年龄条件为：一般不超过 30 周岁（即 1986 年 3 月 22 日以后出生），2017 年应届硕士、博士研究生（非在职）和报考法医职位的，一般不超过 35 周岁。

司法行政部门监狱、戒毒所一线干警报考年龄一般不超过 30 周岁（即 1986 年 3 月 22 日以后出生），2017 年应届硕士、博士研究生（非在职）及狱医、心理矫正等特殊职位招考年龄一般不超过 35 周岁。

报考公安特警的人员年龄一般不超过 25 周岁（即 1991 年 3 月 22 日以后出生）。

20. 哪些人员可以报考定向招录"服务基层项目"人员职位？人员身份如何认定？

报考定向招录"服务基层项目"人员职位的，须是经我省统一组织选拔、服务期满、考核称职（合格）的"选聘高校毕业生到村任职计划"、"三支一扶计划"、"农村义务教育阶段学校教师特设岗位计划"、"大学生志愿服务西部计划"人员以及中央和外省组织选拔、服务期满、考核称职（合格）的安徽籍"服务基层项目"人员。符合条件的退役大学生士兵也可以报考定向招录"服务基层项目"人员职位。

"选聘高校毕业生到村任职"人员（简称"大学生村官"），提供由省级主管部门出具的服务证书原件和复印件；

"三支一扶"计划人员，提供省级"三支一扶"工作协调管理办公室出具的高校毕业生"三支一扶"服务证书（此证书由全国"三支一扶"工作协调管理办公室监制）原件和复印件；

"农村义务教育阶段学校教师特设岗位计划"项目人员，提供省级教育部门统一制作，教育部监制的"特岗教师"证书和服务"农村义务教育阶段学校教师特设岗位计划"鉴定表原件和复印件；

"大学生志愿服务西部计划"项目人员，提供由共青团中央统一制作的服务证和大学生志愿服务西部计划鉴定表原件和复印件。

2017 年服务期满的"服务基层项目"人员提供证书及相关证明材料的截止时间为 2017 年 9 月 30 日。

安徽籍的认定：高（中）考录取时为安徽户籍或招录公告发布前户籍已迁入安徽省内。

21. 报考定向职位的退役大学生士兵如何认定？

报考定向职位的退役大学生士兵是指由我省兵役机关征集入伍、服役期满、表现良好，入伍前取得全日制普通高等教育专科及以上学历（学位），或者入伍前为全日制普通高等教育在校生（含新生），且在服役期间或退役后于 2017 年及以前取得专科及以上相应学历（学位）的人员。

资格复审时应提供入伍通知书（或入伍批准存根复印件）、退役证件及相关学历（学位）证书。2017 年毕业但尚未取得学历（学位）证书的，按本指南第 8 条政策执行。

22. 服务基层项目人员在服务期内被借调到县级以上机关工作，借调时间是否计入服务年限？

若服务基层项目人员在服务期内被借调到县级以上机关工作，借调（帮助工作）时间不计入服务年限。大学生村官等服务基层项目人员在岗服务时间累计不满一个服务期的，不享受定向招考优惠政策，不得报考定向职位。

23. 服务基层项目人员在服务期内就读全日制研究生，或在其他企事业单位工作，应如何处理？

服务基层项目人员在服务期内就读全日制研究生、在其他企事业单位工作的，就读和工作时间不计入服务期；其在岗工作时间累计不满一个服务期的，不享受定向招考优惠政策，不得报考定向职位。

24. 服务基层项目人员已录用为公务员（参照公务员法管理单位工作人员）的，能否报考定向招录服务基层项目人员职位？

不能报考。

25. 如果报考人员在报名参加我省公务员招考时符合报考条件，但在招考过程中，被其他机关录用为公务员（参照公务员法管理事业单位工作人员），应如何处理？

报考人员应立即如实主动报告情况，并中止我省参考行为，招录机关不再将其列为面试、体检或考察人选。

26. 艰苦边远乡镇面向本市户籍人员招考的职位，对本市户籍如何界定？

高（中）考录取时为本市户籍或招录公告发布前户籍已迁入本市的报考人员。

27. 报考"具有法律职业资格证书"等有相关职（执）业资格要求的职位，对取得证书时限是否有要求？

有要求。招考职位有职（执）业资格或证书要求的，资格复审时，应提供相关证书原件。其中，已通过相关考试，资格复审时尚未取得证书的 2017 年应届高校毕业生，可凭主管部门出具的书面证明材料办理资格复审，2017 年 9 月 30 日仍不能提供证书原件，或原件与证明材料不一致的，取消录用资格。

28. 如何选择符合专业条件的职位报考？

报考有专业要求职位的，可参照教育部《普通高等学校本科专业目录（2012 年）》、《普通高等学校高等职业教育（专科）专业目录（2015 年）》、《授予博士、硕士学位和培养研究生的学科、专业目录》。

考生以专业目录未载明的专业报考的，可以报考设置为××门类、××类和一级学科相关专业的职位，但不能报考设置为"××专业、二级学科"的职位。

29. 考生能否以双学位证书上的第二专业，或辅修专业学位证书上的专业，报考相关专业的职位？

经教育主管部门认可的，可以报考。

30. 取得高级职业资格证书的高级技工学校、技师学院毕业生如何报考？

取得高级职业资格证书的我省高级技工学校、技师学院毕业生（高级工班、预备技师班），可以报考学历要求为大专、专业和经历不限的职位。

资格复审时，应提供高级职业资格证书、毕业证书原件和复印件，以及职位所要求的其他证明材料。

二、关于报名时间、方式和程序

1. 什么时间内可以报名？以什么方式报名？

全省网上报名时间为 2017 年 3 月 22 日 9：00 至 3 月 29 日 24：00。在上述时间内，报考人员可以在网上提交报名信息，进行报名。报名网站为安徽省人事考试网（www.apta.gov.cn）。

2. 报考的基本程序有哪些？

一般包括：

第一，阅读《招考公告》和本报考指南，了解基本的政策和要求，选择与自己条件相符的职位。

《招考公告》可通过以下网站查询：安徽省人力资源和社会保障厅网（www.ah.hrss.gov.cn），安徽先锋网（www.ahxf.gov.cn），安徽省公务员局网（www.ah.hrss.gov.cn/DEF，62），安徽省人事考试网（www.apta.gov.cn）；各市人力资源和社会保障局、公务员局网站（可登录安徽省人力资源和社会保障厅网查询）。

第二，注册。报考人员报考前，登录安徽省人事考试网进行注册。注册前，报考人员必须阅读并同意《诚信承诺书》，否则不能注册。

第三，填写提交报名信息。报考人员要如实填报相关信息，一经资格审查通过则不得修改。同时上传本人电子照片（近期免冠正面证件照，jpg 格式，尺寸为 295×413 像素，大小 20～100Kb），并提供有效通讯方式。

第四，查询资格初审结果。报考人员报名后至 3 月 31 日 16：00 前，可登录安徽省人事考试网查询是否通过资格审查。通过审查的，不能再报考其他职位；尚未审查或未通过审查的，在 3 月 31 日 16：00 之前可以改报其他职位。

第五，缴费确认。通过资格审查的报考人员于 4 月 3 日 16：00 前，登录安徽省人事考试网缴纳笔试费用，于 4 月 18 日至 4 月 20 日自行上网下载并打印准考证。未按时缴费的，视为放弃报名。报考人员通过第三方支付平台（易宝）支付考试费用。如对费用支付问题有疑问，请咨询第三方支付平台（易宝：400-150-0800）。

根据我省财政、物价部门核定的标准，笔试每科 40 元，面试每人 70 元，体能测评每人 55 元。

第六，参加笔试。报考人员携带准考证、有效居民身份证件到指定考点参加考试。有效居民身份证须与报名时的有效居民身份证一致。

第七，查询成绩。成绩公布后，考生可在安徽省人事考试网查询成绩。

3. 填写《报名资格审查表》需要注意什么？

填写《报名资格审查表》时，所填信息必须与本人实际情况、报考资格条件和所报考职位的资格条件要求一致、真实无误。提供虚假报考信息的，一经查实，即按有关规定给予取消相应环节资格等处理。对伪造、变造有关证件、材料、信息，骗取考试资格的，将按有关法律法规给予处理。

进入体能测评或面试的人员，在资格复审时须提交《报名资格审查表》。请报考人员报名确认后及时从网上下载保存，提前做好准备。

4. 哪些人员可以减免考试费用？

农村特困人员和城市低保人员，可以享受减免笔试费用的政策。这部分人员报名后，先进行网上确认和缴费。4月22日至4月25日期间，到报考职位所在市人力资源社会保障局（公务员局）办理减免笔试费用手续（报考省直机关到省人事考试院办理）。

享受最低生活保障城镇家庭人员，应提供家庭所在地的县（市、区）民政部门出具的享受最低生活保障的证明和低保证（复印件）；农村绝对贫困家庭人员，应提供家庭所在地的县（市、区）扶贫机构出具的特困证明和特困家庭基本情况档案卡（复印件）。上述人员还要同时提供能够证明其与家庭所属关系的相关证明材料（如户口簿等）。

5. 身份证丢失或已过有效期的，如何参加笔试？

须在笔试前办理有效证件（身份证或临时身份证）。

三、关于报考职位和资格审查

1. 报考人员可以报考几个职位？

每人限报一个职位，并须使用同一有效居民身份证报名和参加考试。

2. 什么情况下报考人员可以更改报考职位？

在对报考人员报考信息进行资格审查之前，报考人员可以更改报考职位。

没有通过资格审查的报考人员，在3月31日16:00以前，可以改报其他职位。

3. 某一职位资格审查未通过，是否可以再次报考该职位？

完善报考信息后，可以再报考同一职位。

4. 资格审查通过后，是否可以再报考其他职位？

通过资格审查的报考人员，不可再改报其他职位。

5. 资格审查工作由谁负责？

资格审查工作贯穿录用工作全过程，由各市、省直管县公务员主管部门和省直各招录机关负责。

6. 对职位要求的资格条件有疑问的，如何咨询？

对《职位表》中职位要求的资格条件有疑问的，请分别咨询各市、省直管县或省直各招录机关。咨询电话可查询《招考公告》和《职位表》。

7. 资格审查通过并成功缴费后该职位被取消的，是否可以改报其他职位？

可以。取消招录职位缴费成功的报考人员，可于4月6日10:00—16:00改报其他职位（不含被核减的职位）。

四、关于笔试

1. 笔试科目有哪些？

笔试公共科目为《行政职业能力测试》和《申论》两科，所有考生均需参加，其中，报考省、市机关和省以下垂直管理单位职位的人员考《申论》A卷；报考县（市、区）、乡镇（街道）机关职位的人员考《申论》B卷。有专业测试要求职位的考生除参加公共科目考试外，还须分别参加计算机、法律、财会、外语、公安、军事知识等相关《专业知识》科目考试。

2. 笔试的时间和地点？

笔试时间：

4月22日9:00—11:00《行政职业能力测试》

14:00—16:30《申论》

4月23日9:00—11:00《专业知识》

笔试地点：省直考点设在合肥市。各市考点设在设区的市政府所在地（报考广德、宿松县职位的考生，分别在宣城、安庆市考点考试）。

3. 如何划定笔试最低合格分数线？

笔试结束后，由省公务员主管部门研究确定公共科目笔试总成绩和《行政职业能力测试》成绩最低合格分数线。体能测评、面试、体检和考察的入围人选，从同职位合格线以上人员中按规定确定。考生有一科无成绩的，取消进入下一环节资格。

4. 有加试要求的职位什么时候加试？

经省公务员主管部门批准，特殊职位的加试一般在统一笔试后进行，加试时间、内容、方式以及成绩计算方法等事宜于笔试前公布。

五、关于面试、体能测评、体检和考察、录用

1. 如何确定参加面试和体能测评人员名单？

笔试成绩公布后，公务员主管部门将根据《招考公告》公布的计划录用人数与面试人选的确定比例，从达到笔试最低合格分数线的报考人员中，按照成绩从高到低的顺序，确定各职位参加面试和体能测评人员名单。

2. 报考人民警察职位是否需要参加测评体能？

需要。公安机关录用人民警察应进行体能测评，体能测评按照《公安机关录用人民警察体能测评项目和标准（暂行）》执行。监狱、戒毒管理机关的人民警察和人民法院、人民检察院的司法警察职位参照《公安机关录用人民警察体能测评项目和标准（暂行）》进行体能测评。

报考有专业要求职位且具有两年以上工作经历的硕士、博士研究生入围人选，免体能测评。

3. 什么时间进行体能测评和面试？

体能测评和面试时间由省、市公务员主管部门另行确定。入围人员可以关注安徽省人力资源和社会保障厅网、各市指定网站的后续信息。

4. 如何合成考试总成绩？

考试总成绩由笔试成绩与面试成绩按比例合成，合成的比例为 6：4。

5. 如何确定体检和考察的人选？

体检和考察人选按职位招录计划数，在同职位面试人员中依考试总成绩从高分到低分等额确定（考试总成绩相同的，依次按笔试、《行政职业能力测试》、《申论》成绩高低顺序排序）。

6. 体检和考察由谁负责？

体检和考察由各市公务员主管部门和省直各招录机关负责。

7. 体检依据什么标准进行？

体检工作按照《人力资源社会保障部　国家卫生计生委　国家公务员局关于修订〈公务员录用体检通用标准（试行）〉及〈公务员录用体检操作手册（试行）〉有关内容的通知》（人社部发〔2016〕140 号）、《关于进一步做好公务员考试录用体检工作的通知》（人社部发〔2012〕65 号）等规定组织实施。其中，对身体条件有特殊要求的，应当符合《公务员录用体检通用标准（试行）》和《公务员录用体检特殊标准（试行）》（人社部发〔2010〕82 号）的规定。

8. 哪些项目在当日或当场进行复检？

对心率、视力、听力、血压等项目达不到体检合格标准的，应当日复检；对边缘性心脏杂音、病理性心电图、病理性杂音、频发早搏（心电图证实）等项目达不到体检合格标准的，应当场复检。

9. 对体检结果有疑义的，如何提出复检申请？

考生对非当日、非当场复检的体检项目结果有疑问时，可以在接到体检结论通知之日起 7 日内，向体检实施机关提交复检申请，体检实施机关应尽快安排考生复检。体检实施机关对体检结论有疑问的，在接到体检结论通知之日起 7 日内决定是否进行复检。复检只能进行 1 次，体检结果以复检结论为准。

《公务员录用体检特殊标准（试行）》中的所有体检项目均不进行复检。

10. 哪些部门执行公务员录用体检特殊标准（试行）？

公安机关、国家安全机关、监狱、戒毒管理机关的人民警察和人民法院、人民检察院的司法警察职位，以及外交、海关、海事、检验检疫、安监等部门对身体条件有特殊要求的职位录用公务员，应按照《公务员录用体检特殊标准（试行）》的规定检查有关体检项目。该特殊标准未作规定的职位或项目，其公务员录用的体检标准仍按照《公务员录用体检通用标准（试行）》执行。

11. 在什么机构进行体检？

在省级以上公务员主管部门和卫生行政部门指定的体检医疗机构进行体检。

12. 考察主要了解哪些内容？

招录机关要按照好干部的标准，根据拟录用职位的要求，采取多种形式，全面了解考察对象的政治思想、道德品质、能力素质、遵纪守法、自律意识、学习和工作表现以及需要回避的情况等内容。考察要按照《关于进一步从严管理干部档案的通知》要求进行档案审核，重点审核"三龄二历一身份"等内容，凡发现档案涂改、材料和信息涉嫌造假的，要立即查核，未核准前一律暂缓录用程序。

13. 考察时需要对报考人员进行资格复审吗？

录用考察是对考生资格条件认定核实的关键环节，需要对考生进行资格复审。录用考察阶段资格复审，主要是核实考察对象是否符合规定的报考资格条件，提供的报考信息和相关材料是否与真实经历背景相一致，是否具有报考回避的情形等方面的情况。

14. 招考中哪些环节可以递补？

资格复审环节，出现面试入围人选缺额的，在规定时间内等额递补。

体能测评环节，出现面试人选缺额的，按规定时间等额递补，递补只进行一次。

体检和考察环节，出现合格人选缺额的，在同职位面试人员中等额递补，递补共不得超过两次。

进入公示环节后职位出现空缺的，由招录机关提出是否递补的建议，经省、市公务员主管部门审核确定后按规定进行。

录用审批后出现职位空缺的，不再递补。

15. 新录用乡镇公务员最低服务年限如何规定？

为保持乡镇干部队伍的相对稳定，根据《关于加强乡镇干部队伍建设的实施意见》（皖组字［2015］7号）精神，自2015年2月5日起，我省新录用乡镇公务员在乡镇机关最低服务年限为5年（含试用期）。

面向本市户籍人员招考职位的录用人员须与艰苦边远乡镇签订5年不得流出本乡镇的协议。

六、关于报考人员违纪违规处理

1. 对违纪违规行为，有哪几种处理方式？

在本次招考中，考生有违纪违规行为的，根据《公务员考试录用违纪违规行为处理办法》（人社部发［2016］85号），按照有关规定分别给予取消报考（考试）资格、考试成绩无效、不予（取消）录用等相应处理。其中，违纪违规情节严重和特别严重的，由省公务员主管部门进行认定和处理。被认定为严重或特别严重违纪违规的考生，不得确定为拟录用人选。公务员主管部门或公务员考试机构将视情况向考生所在单位（学校）进行通报。

2.《刑法》对于考试作弊有哪些新规定？

《刑法修正案（九）》在第二百八十四条规定："在法律规定的国家考试中，组织作弊的，处三年以下有期徒刑或者拘役，并处或者单处罚金；情节严重的，处三年以上七年以下有期徒刑，并处罚金""为他人实施前款犯罪提供作弊器材或者其他帮助的，依照前款的规定处罚""为实施考试作弊行为，向他人非法出售或者提供第一款规定的考试的试题、答案的，依照第一款的规定处罚""代替他人或者让他人代替自己参加第一款规定的考试的，处拘役或者管制，并处或者单处罚金"。

考生和其他人员违反《刑法修正案（九）》构成犯罪的，将依法追究刑事责任。

七、关于考试辅导教材和信息获取

1. 是否有指定的公务员考试教材和培训班？

本次考试，笔试范围请参阅《安徽省2017年考试录用公务员笔试考试大纲》。不指定任何考试辅导用书。全省各级公务员主管部门和招录机关不举办也不委托任何培训机构举办考试辅导培训班。社会上凡称与本次考试相关的复习教材、培训班、网站、上网卡等，均与中共安徽省委组织部、安徽省人力资源和社会保障厅、安徽省公务员局无关。

郑重提醒广大报考人员提高警惕，谨防上当受骗！

2. 考生如何获取考试各阶段的相关信息？

考生应主动及时关注省公务员主管部门和各市主管部门公告指定的网站。尤其是进入资格复审、体能测评、面试、体检等关键环节的考生，要主动及时关注相关网站公告的信息，认真阅读有关公告内容，避免错失资格。

　　《安徽省 2017 年考试录用公务员报考指南》仅适用于本次公务员招录。未尽事宜，由省公务员主管部门按有关规定研究确定。

安徽省考试录用公务员工作办公室

2017 年 3 月

第三篇

学会创业，建功立业

第八章

适应环境，踏上成功之路

第一节　毕业生就业后社会角色的转换

就业标志着一个新的人生阶段的开始。一个青年学生从学校步入社会，正经历一个社会角色转变的过程，也就是通常所说的探索社会的过程。经过这个过程，青年人将从单纯走向成熟。能够顺利地完成这个转变，并尽可能地缩短这个转变的过程，是适应职业环境的一个关键。因此，每一个即将走上工作岗位的青年学生，必须对这种角色的转变有一个清楚的了解，以便从现在起就开始有针对性地着手准备。

一、学生角色与职业角色的转换

•••••••••••••••••••••••••••••••••••• 案例 16 ••••••••••••••••••••••••••••••••••••

某职业技术学院的毕业生小刘，经过三年的学习，以优异的成绩领取了毕业证书。然而，从小学到大学，在老师和家长的心目中，他可谓是"标准学生"，整日在书海中埋头遨游，却从没考虑过未来，毕业对他来说是一件可怕的事情，他不敢走入社会，不敢面对新的环境，他对老师和家长说："我不想离开学校，还想在学校里继续学习。"

分析：小刘出现了角色转换适应不良现象。高职学生在离开校园步入社会的时候，面临着角色转换的问题，如何转换角色是每个高职毕业生必修的课题之一。

•••

（一）基本概念

1. 角色

角色是指演员扮演的剧中人物，借指一个人在工作中的职位或在社会生活中所起的某种作用。

2. 社会角色

社会角色是指由人们所处的特定社会地位和身份所决定的一整套规范系列和行为模式，是社会对每个特定地位的人的行为的一种期望。

社会角色一般分为四大类，即家庭角色、性别角色、年龄角色和职业角色。人的一生都会在不同时期扮演许多种不同的社会角色，同时集多种社会角色于一身，所扮演的社会角色是在不断变化的。

3. 角色转换

当一个人进入一个新的环境时，其行为、自我形象将随着生活环境和生活内容的变化而变化，这种转变人们通常称之为角色转换。

（二）角色转换的内容

1. 活动方式的变化

学生是以学习书本知识为主要活动的。长期以来，学生角色使得学生处在一种接受外界给予的方式下活动。职业角色则要求人们运用自己的知识和能力，向外界提供自己的劳动。

2. 社会责任的转换

社会责任就是社会角色的角色义务。学生的主要社会责任是学好科学文化知识，掌握社会生活的技能，以便将来为社会做出应有的贡献。其对社会的责任，通常是体现在学习过程中对自己的负责上。学生角色责任履行得如何，主要取决于知识掌握的多少和能力培养的程度。职业角色的社会责任体现在对工作对象的责任中，职业角色履行得如何，则直接影响到个人事业乃至社会的发展。

3. 角色权利的转换

社会赋予角色的权利就是角色依法应享受的权益，即精神和物质报酬。学生角色的权利主要是依法接受教育，接受来自家庭的经济保证和资助。职业角色则是依法行使职权，开展工作，并在履行义务的同时取得报酬。

二、积极适应职业角色

（一）角色转换中的不良心理

1. 依恋心理

高职学生刚刚走上工作岗位，在角色转换中易出现怀旧心态。工作中常常会自觉或不自觉地将自己视为学生角色，以学生角色要求自己和对待工作，并以学生的习惯方式观察事物和分析事物。尤其面对同事、领导等新的较为复杂的人际关系及职业责任的压力时，不禁留恋相对单纯的学生时代。

2. 依赖心理

高职学生在家里时时得到长辈的呵护，在学校处处受到老师的关心和爱护，做任何事情都有人安排和指导。因此，一旦从学校走向社会，工作上全靠领导安排，领导安排什么做什么，对自己的工作性质、工作内容、工作范围、工作责任等没来得及思考，也没有足够的认识，更谈不上创造性地开展工作。

3. 自傲心理

一些高职学生认为自己在学校学习了几年，接受了正规教育，已经学到了很多知识，是人才了，因此到工作岗位后自视清高，看不起同事，看不起基层工作，不愿意做第一线工作，工作起来放不下架子，处事傲慢无理，与同事、领导关系紧张。这实际上是大事做不了、小事不愿做，甚至做不好。这种眼高手低的状态不利于工作的开展和自身的发展。

4. 自卑心理

有些高职学生在角色转换过程中容易出现自卑心理，面对新的工作环境、新的人际关系，不知工作应从何入手，放不开手脚，怕竞争，怕淘汰，怕承担责任，怕造成不良的第一印象，因而，工作缺乏应有的自信和热情，得过且过，不思进取，甚至甘居人后，产生不求有功但求无过的消极心理。

5. 浮躁心理

有些高职学生在角色转换中表现出不踏实、不稳定的特征。一段时间想干这项工作，过一段时间又想干另一项工作，对本职工作坚持不下去，频繁跳槽，缺乏敬业精神，不能深入地了解本职工作的性质、职责范围和工作技巧，就职很长时间后仍不能稳下心来进入新的角色。还有的人幻想一下子成就一番大事业，一旦工作不顺心便溜之大吉，这既给工作单位造成了一定的损失，也影响了自身的成长。

（二）实现角色转换的方法

1. 把握良好心态

著名心理学家、教育家威廉·詹姆斯说过："我们这一代人的最重大发现是，人能改变心态，从而改变人的一生。"

首先要自信。自信是事业成功不可缺少的根基，也是高职毕业生重要的心理素质。用人单位非常注意这一点，并把心理素质的高低作为衡量毕业生综合素质的一个重要标准。高职毕业生只有树立自信心，才能勇敢地走上工作岗位，才会全身心投入到工作中去，干好工作。

其次，高职毕业生要做好吃苦受累、从事基层工作及遭遇挫折的心理准备。为了使刚刚毕业的学生能全面了解工作范围和内容，高职毕业生初次走向工作岗位时，往往被安排到基层工作，做一些不起眼的小事。毕业生应该从小事做起，热爱这份来之不易的工作。

再次，放下架子，虚心学习。事实表明，一个人在学校里学知识毕竟是有限的，大部分知识和能力必须在工作实践中学习和锻炼。尽管高职毕业生在校期间已经学到了一定的知识，但在陌生的职业面前，也是个"小学生"，一切都要从头学起。一些在岗多年、具有丰富的专业知识和实践经验的领导、技术人员、工人师傅都是很好的老师。大学生只有放下架子，虚心学习，才能从他们身上学到许多观察问题、分析问题和解决问题的方法和能力，才能逐渐完善自我，尽快实现角色转换。

2. 安心本职工作

高职毕业生一旦进入工作岗位，就应该脚踏实地，在工作中认真学习，善于观察，勤于思考，勇挑重担。应在工作之余不断充实自己，切不可这山望着那山高，一心想换岗位。

3. 正确对待评价

从跨入单位的大门起，毕业生必然要受到新群体对他的评论，这个评论是在新的环境中以新角色的要求做出的新的评价。要想了解自己的表现是否符合角色的要求，要想对自己的行为做出确切的判定，就要借助于这些评价。因此，必须学会正确地对待他人的评价。正确的态度应当是对待意见认真自省，以实际的表现来改变别人的评价；应善于从他人的评价中更清楚地认识自己，以此来加快角色的适应过程。

第二节 适应工作新环境

一、树立良好的第一印象

（一）基本概念

第一印象是客观事物首次作用于人的感官，在人的头脑中产生的对事物的整体反映，包括事物的外观形状、行为特点、价值评价等。第一印象在交往过程中的作用是十分重要的。

（二）作用

在心理学上，第一印象可分为两种作用：前摄作用，即通常说的"先入为主"；光环作用（晕轮效应），即人们在交往过程中，有时看到一个人的某一特点比较突出，于是就忽视了这个人的其他特点和本质。

（三）树立良好第一印象的方法

就业后，在新工作环境中树立的第一印象十分重要。第一印象好，人们与其交往的热情就高，就容易打开工作局面；第一印象不好，则事倍功半。

1. 衣着整洁，讲究仪表

初到工作岗位，一定要注意衣着、服饰应同自己的身份相符，同工作单位的习惯相一致，应始终保持整洁。根据工作性质和环境的不同，衣着的要求应有所不同。男士应定期理发刮须，不宜蓬头垢面或油头粉面；女士可适当化淡妆，不宜不分场合地浓妆艳抹。

2. 举止得体，自然大方

初到工作岗位，一定要注意举止文明。初次见面要彬彬有礼，应落落大方地进行简要的自我介绍，态度真诚地请教有关工作情况。

3. 遵章守纪，守时守信

遵守时间，讲求信用，这既是工作关系中的纪律要求，又是人际交往中的一种美德。初到工作岗位，应提前上班，稍晚下班，严格遵守单位的规章制度；积极主动地做好自己力所能及的工作；与人交往不失约、不失信。

4. 严守秘密，真诚待人

有些保密性较强的单位，对工作人员的纪律要求较严，应当严守机密，不要随便向外人透露内部情况。在同事相处中，要以诚相见，不卑不亢，既不自惭形秽，也不傲慢无礼，自以为是。

良好的第一印象，有助于大学生初到工作单位站稳脚跟，有助于与单位同事融为一体，有助于工作的起步与发展。建立了良好的第一印象，只是第一步，还需要长期坚持不懈地努力，以自己良好的品质、正直的为人、出色的工作去建立更深层次的长期印象。

小贴士

怎样才能给人留下良好的第一印象？心理学家卡耐基在《怎样赢得朋友怎样影响别人》一书中提出了六条建议：①真诚地对别人感兴趣；②微笑；③多提别人的名字；④做一个耐心的听众，鼓励别人谈他们自己；⑤谈符合别人兴趣的话题；⑥以真诚的方式让别人感到他很重要。

二、建立良好的人际关系

●●●●●●●●●●●●●●●●●●●●●●●●●●●●●● **案例 17** ●●●●●●●●●●●●●●●●●●●●●●●●●●●●●●

小李是某高职学院的毕业生，他认为自己是佼佼者，到单位上班后，自命清高，对同事不屑一顾。单位任务重，需要加班加点，他却要按时来、按时走，一分钟也不愿在单位多待；只做领导布置的工作，多做一点也不情愿。久而久之，同事们都疏远他。一年后他离开了这个单位。

分析：小李不能吃苦，不能做到谦虚谨慎，没有乐于奉献的精神，使他的人际关系紧张、孤立。可见，建立良好的人际关系，努力营造融洽的工作氛围，对于刚步入社会的高职毕业生来说是多么的重要。

提示：工作中应特别注意的几个问题。

① 不在背后说别人的坏话。

② 不在外人面前谈论本单位内部的事情。

③ 用"您"称呼同事。

④ 衣着服饰不可太夸张。

⑤ 不在单位打私人电话。

⑥ 吸烟要注意场合。

⑦ 不能让大家等你一个人。

●●

（一）人际关系概念

人际关系是人们在共同的活动中为寻求满足各种需要而建立起来的彼此之间的心理关系，如同学之间、师生之间、同事之间、上下级之间、同行之间等。

（二）影响工作氛围的因素

1. 时空接近性

距离的接近程度与交往的频率有直接的关系，较小的空间距离有利于建立密切的人际关系。同事之间相距较近，接触机会较多，感情容易交流。

2. 交往频繁性

交往频繁性是指一定时间内人们相互交往的次数。一般情况下，交往多，相互之间的感情交流就多，彼此易理解；反之，相互之间难于理解。只有增加交往频率，以诚相待，才能营造良好的人际关系。

3. 个性相容性

个性相容是指人们在气质、性格、兴趣等方面的相互接纳。个性相近时，容易相互吸引、相互促进；个性相异时，不易相互吸引、相互促进，但只要互相容忍、互相理解，豁达开朗，同样可建立良好的人际关系。

4. 态度相似性

人与人之间的态度相似，对人生的理解一致，容易在感情上产生共鸣，反之不易沟通。具有共同的理想、信念、人生观和价值观的人，彼此易建立良好的人际关系。

5. 需求互补性

人际交往的基础是一种需求，需求得到满足，人的心理就会平衡。志向相同的人，需求是一致的，彼此之间可以互相帮助、互相促进；反之，情感上得不到满足。只要相互配合、相互支持、取长补短，就可建立良好的人际关系。

（三）建立良好人际关系的方法

1. 诚实守信

诚实守信是做人的基本原则。在工作过程中，要待人真诚，与人相处认真，说话办事实事求是，不弄虚作假，欺骗对方。

2. 平等待人

平等是人与人之间建立情感的基础，这里的平等指人格上的平等。一个人在工作中，不能见到上级就点头哈腰，见到下级就趾高气扬；不能对用得着的人就亲近，对暂时用不着的人就疏远，应该一视同仁，平等相待。

3. 尊重他人

尊重是人际交往的重要原则。对一个人的尊重，不应以地位的高低、年龄的大小、财富的多少、社会分工的不同来衡量。高职毕业生来到新的工作单位，应将每个人都视为自己的老师，因为他们的工作经验丰富，业务技能娴熟，且对社会都有一定的贡献。只有尊重别人，自己才能得到别人的尊重。

4. 互惠互利

随着市场经济的确立，新型的人际关系已出现在人们的生活中，即以"人人为我，我为人人"为特点的互利人际关系。要在交往中考虑双方的共同利益，满足共同的心理需要，使彼此都能从交往中得到收获。这里的互利不单指经济、物质上的，还包括精神上的、心理上的互相需要、满足，体现为关心他人、爱护他人、帮助他人。

三、积极适应新环境

∙∙∙∙∙∙∙∙∙∙∙∙∙∙∙∙∙∙∙∙ **案例 18** ∙∙∙∙∙∙∙∙∙∙∙∙∙∙∙∙∙∙∙∙

某大学毕业的小张和某高职学院毕业的小刘被同一家单位录用。在试用期里，他们被安排做同样的工作，两人对工作都非常认真，踏踏实实地做事。小张每天按时上下班，业余时间经常会见朋友，去听歌，上网聊天。小刘每天提前上班，首先将办公室的卫生打扫干净，下班前将文件资料、用物摆放整齐，业余时间经常到书店买书，不断充实自己的业务知识，在业务上有很大的提高，并利用自己的知识在一次谈判中为单位赢得了主动，避免了单位巨大的经济损失。几个月后，领导将小刘调到了另一个重要的岗位上。

分析：学生步入社会后事业的成败不因学校之间的差别所决定。在新的岗位上，正确处理人际关系，虚心学习，不断进取，努力提高自身综合素质，是走向成功的关键。

（一）基本概念

适应是指人对外界环境变化做出与之相符合的一系列反应和调整，包括心理、生理方面与能力方面的反应与调整。

（二）环境适应过程

1. 兴奋期

毕业生在选定职业后，不再为毕业去向担忧，也不再为找不到单位而发愁，同时，对新单位的环境、职业内涵等充满着好奇与憧憬。这个阶段常常表现出心情轻松愉悦，情绪激动，对新单位的各种情况十分关注、好奇。

2. 冲突期

首先表现在理想与现实的冲突。青年人最富于幻想，对未来总有许多美好的构想，而一旦走进社会，发现现实与理想的反差太大，难免在心理上产生强烈的冲突。其次是自我评价与社会对个人评价发生冲突。职业选定初期，自我感觉往往是良好的，容易因为与他人对自己的评价不一致产生心理矛盾。

3. 调整期

冲突的持续会导致自我调整，出现个体与环境的协调。一部分人放弃原来不切合实际的幻想，与大多数人保持同步，寻求自我期待与他人期待的"共鸣点"，最后达到与环境的完全同化。一部分人逃避现实，放弃对理想的追求，在外在协调的表层下面掩盖着一颗怨天尤人、生不逢时的忧郁之心。一部分人则开始冷静思考，试图重新认识自己与社会环境的关系，重新调整自己的成才目标，选择事业的突破口，求得心理平衡。

4. 稳定期

这个时期，工作岗位基本确定，各人所关心事物的圈子开始收缩，注意力集中到各自所从事的具体工作上，已逐渐培养并渐趋稳定对本职工作的兴趣，相当一部分人开始协调周围的人际关系，以求创造一个良好的工作环境。

（三）积极适应新环境

1. 了解本单位及同行业、主管部门的情况

① 了解本单位的物质环境和人际环境，包括地理位置、交通线路、生活设施、气候条件、工作条件、主管领导、同事和搭档性格特点、各个岗位的职责等。同时，还应了解本单位周围其他单位的情况。

② 了解同行业的发展情况，包括行业特点、总体情况、发展趋势，了解本单位在同行业中所处的地位、作用。

③ 了解本单位的主管行政部门情况。协助单位领导主动处理与主管部门的关系，争取他们的理解与支持。

2. 尽快熟悉本岗位的情况

① 明确本岗位业务范围和具体工作内容。

② 尽快掌握本岗位的职业技能。

③ 明确本岗位执行程序和处理问题的程序。

3. 树立主人翁意识

毕业生一旦步入工作岗位，就是单位的一分子，就是本单位的一名主人。因此，新进入

岗位的毕业生应尽快树立主人翁意识，将自己的前途和单位的命运紧紧地联系在一起。如果没有主人翁意识，工作就没主动性，个人的工作能力也得不到锻炼和提高。

4. 调整生活节奏、改变生活方式

毕业生在校时是"宿舍—食堂—教室"三点一线的生活方式，工作以后就有了新的生活方式，工作时间、劳动内容、劳动强度等都发生了变化，必须尽快调整好生活节奏，尽快适应工作环境。注意劳逸结合，合理安排作息时间，处理好工作和休息的关系，做到有张有弛，忙而不乱，有条不紊。

5. 增强独立意识、树立团队精神

工作后，毕业生要注意独立意识的培养。在工作中要能独立工作，并承担一定的社会责任。在生活中要能独立面对一切问题、挫折。除此之外，毕业生还应树立团队意识，从大局出发，加强个人与个人之间、部门与部门之间的团结与合作精神。

6. 立足岗位，艰苦创业

立足岗位、爱岗敬业是做好本职工作的基础，如果毕业生一到单位就时刻想着跳槽，就不可能成就一番事业。就业来之不易，要珍惜目前已得到的这份工作，脚踏实地地工作。除此之外，毕业生要有艰苦创业的精神，创业之路充满着艰辛，要获得成功，必将付出巨大的努力，要有坚强的意志、顽强的毅力、持之以恒的精神，否则将一事无成。

7. 经受挫折，磨炼人生

"自古雄才多磨难。"人生之路难得一帆风顺，要正确对待失败，时刻注意感悟人生。高职院校的毕业生刚步入社会，由于各种因素的影响，可能会遇到挫折，如没有良好的心理素质，可能会一蹶不振。因此，毕业生进入社会之前，要做好充分的思想准备，要正视困难与挫折的磨炼，一个没有经过困难洗礼的人，是不可能有勇往直前的勇气和毅力的，也不可能明白人生的真谛。

第三节　毕业生就业后的再择业

案例 19

现任国内某化妆品公司华南地区执行董事的小王这样看待就业："成功并不是一朝一夕的事情，这需要坚持与努力，敢于挑战自己，敢于从基层做起。"小王谈起了他的工作经历。毕业时，看着浩浩荡荡的求职大军，自己确实很迷茫，不少好的岗位都被"名校生优先"的牌匾挤掉了。眨眼又过了一个月，工作还没着落，他心里真的蒙了。最后，在亲戚朋友的劝导下，跟一家化妆品公司签了约，做了一名初级营销员。平时，诸多烦琐的事情都要干，感觉与打杂没什么区别，每月工资也就 2000 元左右。但他还是坚持了下去，并以实力赢得了上级的认可。从营销员到策划助理，从策划助理提升为办公室主任，到今天晋升为公司华南地区执行董事。

分析：只要有不懈奋斗的精神、认真诚恳的工作态度、吃苦耐劳的品质，就会得到企业的青睐。因此，一方面，企业不应该对不同高校的学生划分等级；另一方面，毕业生也没必要因学校的名气大小而自视过高或者产生自卑心理。是金子就肯定会发光，相信并为之努力，事实可以证明一切。

一、"先就业，再择业"是社会发展的需要

（一）基本概念

择业观念是指作为择业主体的大学毕业生对择业目的、意义、方式、空间等方面的根本看法和态度。

它包括择业动机、择业目标、职业定向、职业选择范围及方式等。

（二）当今社会就业现状及原因

择业观念的定位直接影响着就业的成败。现行的市场经济体制、高教发展状况在一定程度上带来了就业难的问题。

1. 经济结构的调整引发了供求关系的嬗变

随着我国计划经济体制向社会主义市场经济体制的转变，大学生的就业机制也由国家统招统分转向自主择业，市场成为配置毕业生资源的重要手段。长期以来，政府机关和国有企事业单位一直是接收大学毕业生的主渠道。但随着政府机构和事业单位大幅度精简，不可能再大量吸收大学生。与此同时，不少国有企业由于种种原因，其本身负载冗员，负担沉重，甚至每年还需向社会分流相当数量的富余人员。尤其是近年来，许多用人单位在需求已经基本得到满足、人才结构趋于合理、干部梯队已基本形成的情况下，进人更慎重，要求也更高。他们在招聘毕业生时，不仅要看学生的动手能力和综合素质，挑专业和学历层次，而且要挑学校，甚至挑性别。这就客观上使一些"名不见经传"学校的毕业生及长线专业、女大学生、学历层次低的综合素质较差者过剩，从而出现了就业难的现象。

2. 高校招生规模的扩大增添了就业负载

从 1998 年开始高等教育持续扩招，我国的高等教育经过近二十年的高速发展，2016 年全国普通高校毕业生已达到 765 万人，人才的存量资源已经大大增加。按照联合国教科文的标准，中国高等教育已经迈进了大众化阶段，这就使得大学生这种人力资源逐渐地由"卖方市场"过渡到了"买方市场"。

在这种形势下，高职毕业生必须树立"先就业，再择业"的观念，即珍惜第一份工作，先自食其力，站稳脚跟，积累经验，然后再进行择业，选择更有前途、更适合自己的工作岗位。

二、大学生再择业的基本原则

1. 决断要慎重

一些人常以"树挪死，人挪活"作为自己跳槽的理论依据。须知，"树没有挪死，人没有挪活"的现象也并不少见。因此，当你决定跳槽时，一定要慎重考虑。要多想想自己为什么要跳槽，设想一下跳槽后会带来什么结果。一般来说，一个人在工作岗位上干了几年，由"外行"变成"轻车熟路"；而跳槽之后，一切都要从头做起，要花费一年半载熟悉人事环境和工作之后，才能真正发挥你的才能。而有这样的时间和精力，在原单位很可能已经取得了可观的工作成绩。所以，任何事情都具有多面性，利弊共存。决定跳槽时，首先要考虑为此付出的"代价"。

2. 重新剖析认识自己

事业的成功，要求你所从事的工作与自身的能力、兴趣、个性、风格和价值观念相协

调。如果不了解自己属于何种素质、何种类型的人才，就不会做出正确的选择，不仅工作干不出色，而且还会不自觉地浪费自己可贵的天赋。这一点，一定要从第一次择业的失败中得到启示。所以，跳槽时必须客观地剖析自己，以扬长避短，结合自身条件，做出合乎实际的选择。

3. 选准下一个"立足点"

正确认识自己的同时，还应对下一个职业的社会需求和发展前景做出评估，尽量选择那些有发展前景的职业。

三、大学生就业与再择业的技巧

1. 面对现实，主动择业

由"统招统分"到"自主择业"，是社会变革的产物，是由计划经济向市场经济过渡的必然结果，大学生应从积极的意义来看待和理解这种变革。对就业制度改革中出现的问题，也要抱正确的态度，应认识到这是体制转轨时期的必然现象。各项改革措施不可能一步到位，而必然要经历一个艰难的、甚至是痛苦的过程。应当把这一变革看作是一个难得的历史机遇，充分发挥择业的主动性。

传统计划经济体制下的就业制度，就业双方不允许有个人意愿，主体性旁落。而在市场经济体制下，大学生就业方式的核心内容就是"自主择业"、"公平竞争"、"双向选择"。这种就业观最突出的价值理念是自主性和权益性，即就业双方的自主选择，该选择既是其权力也是其利益所在。因此，当代大学生应改变过去等、靠、要的被动就业观念，主动出击，寻找适合自己发展的一片天地。

2. 摆正个人与社会的关系，顺应社会的需求

社会不是个人的简单相加，而是无数个人的有机统一，每个人都是社会系统中的一个要素，只有要素与要素之间协调互动，才能确保系统的稳定，实现系统功能的最大化。同时，每一个人也只有作为社会系统的一部分，才能维持其自身的存在，实现其自身价值。因此，社会的发展需要每个大学生积极地参与，而每个大学生也只有把自己的理想、观念、行动融入社会，才能与社会的需求相调适，才能找到自己合适的位置。

目前，尽管传统的就业渠道变窄了，但各种非公有制经济对大学生的需求正在迅速增加；大企业已经人才济济了，但中小企业还求才若渴；大城市已经人满为患了，但广大的乡镇与农村还大有用武之地。目前，不少学生总是盯着那些发达开放地区、热门职业，似乎只有那里才是自己的光明前途所在。其实相对落后的地区和暂时冷门的职业或许蕴藏着更大的潜力和生机，可以为初次就业者充分发挥才能和专业提供更广阔的天地。发达的大城市往往因为建设成熟而不能提供更多的岗位，毕业生的能力未必能得到很好的施展；而西部处于起步阶段，国家在西部投资了大量资金和技术，提供了大量就业空缺，也为大学生制造了机遇。因此，大学生要改变只能当干部，只能去国有企业、国家机关和事业单位的观念，树立全方位、多渠道的新的就业观。总之，个人的选择要适应社会的需要，而不是相反。

3. 树立流动就业的观念，开展终身学习

市场经济体制下，将不再有终身职业。由于现代人力资源呈现流动性、市场化、多元化等特点，劳动者将根据个人爱好、兴趣、能力等轮换职业，实现自己的择业理想，体现个人价值。大学生初次就业要从自身条件出发，不应期望值过高，向用人单位提出过高的要求，应在就业中完善自我，在自我完善的基础上再次就业。同时，可以把自己的人事档案交由县以上政府人事部门所属人才交流机构代管，然后到乡镇企业、个体私营企业等非公有制单位

或到户籍所在地以外地区就业。倘若抱定非专业对口不去，非机关、国营单位不干的陈旧观念不放，恐怕会有不少学生无业可就，即使能够勉强就业，也会陷入"毕业就失业，上岗即下岗"的境况。因此，当代大学生要适应流动性就业要求，树立终身学习的观念，不断地提高自己的知识水平、技术能力和适应能力，以适应社会发展的要求。

4. 完善自身素质，提高工作能力

目前，就业市场的激烈竞争，实际上是能力与素质的较量，大学生要把握就业的主动权，就必须注重自身能力的培养与素质的全面提高。在现代就业体制下，用人单位在进人方面有了更大的自主权，条件要求也更加苛刻：除要求具有良好的专业知识技能外，还要求具有良好的思想道德素质，具有较强的工作能力、创新能力和敬业精神，特别青睐有专长的复合型人才。那种"记忆型"、"知识型"、"书生型"的大学生已不适应现代社会的要求，学生干部、党员、三好学生、外语好、有计算机特长、获奖过级证书多、作品多且表达能力强的毕业生，往往成为用人单位争夺的目标。因此，大学生在校学习期间，要树立明确的学习目的，变被动学习为主动学习，全面提高自己的综合素质。在学好基础知识的同时，还应在自己的专长上下工夫，如可以选择一至两门专业课，精钻细研，熟练掌握，从而形成自己的一技之长，更好地应对社会的选择。

5. 积极参加社会实践活动，缩短社会化过程

社会化过程是每个正常人的必由之路，但是该过程的长短则因人而异。大学生在选择职业，走向社会之时，其适应能力各有所异：有的很快就能投入工作，正确处理各种人际关系；有的则深感人际关系难处，悲观失望，并被社会所淘汰。所以，大学生必须有意识地提高自己的社会工作能力。如积极参与班务管理工作、参加社团活动、开展社会实践等，这不仅可以提高工作能力、管理能力，而且可以学会正确地协调各种人际关系，从而为毕业后进入社会打下良好的基础。

总之，作为新世纪的大学生，面对新的机遇和挑战，只有从我做起，更新观念，准确定位，全面地提高自身素质，才能在社会中找到适合自身的位置。

思考与实践

1. 学生角色和职业角色有何区别？怎样实现转换？
2. 结合自己的经历，谈谈如何建立良好的人际关系？
3. 结合实习经历，谈谈怎样适应新环境？
4. 调查显示，"先就业，再择业"的态度已成为多数毕业生的首选。企业却认为："不要抱着先就业再择业的短期行为想法，高流动率使得用人单位望而却步；同时加强专业知识和技能学习提高。"

针对这两种声音，结合自身，你如何理解"先就业再择业"？

第九章

敢为人先，勇于创业

创业是指创设新的职业，创办新的企业。在就业竞争日益激烈的今天，自主创业已经成为许多大学生实现自我价值的选择。对于高职学生而言，创业也同样是很好的追求和选择。

第一节　创业准备

现在，市场竞争十分激烈，对创业者的挑战越来越大。创业者必须做好充分的准备，做到"知己知彼"，方能"百战不殆"。创业准备包括心理准备、知识准备和能力准备等方面。

一、消除创业之路的自我障碍

（一）摆脱你心中的蛛网

大家可能都见过蜘蛛网，昆虫一旦被蜘蛛网捉住以后，就不能解放自己。然而人却可以通过自己的努力去控制一样东西，这就是心态。人能够避免心理上的蜘蛛网，也能够清除这些蜘蛛网。那么，在创业的道路上，在每个人的心里都自己给自己编织了什么样的蜘蛛网呢？

这种蜘蛛网就是消极的情感、陈旧的观念、颓废的情绪和非理智的心态，甚至会表现为更为严重的不良习惯。我们往往会身陷其中，缠绕难解，不能自拔：

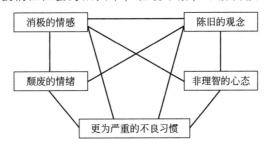

在这个自己编织的蜘蛛网中，影响大学生创业的障碍主要有以下几方面。

1. 人格障碍及排除

人格障碍主要来自依赖性、自卑感和畏缩。

依赖性人格主要来自于传统观念、传统习俗和传统的教育体制及社会体制。长期以来，在我国传统的家庭里，父母对子女包揽太多，从吃穿住用行，到就业、成家、买房子，甚至结婚、带小孩，都由父母操办，导致青年人缺乏独立生活的能力，久而久之，便养成了子女的依赖心理。在学校里，由于"应试"教育，造成重智育、重知识、重考试、轻能力培养，什么问题不懂就去问老师，缺乏独立思维能力的培养。走向社会后，在计划经济条件下国家对青年学生的就业采取统一分配就业的政策，就业依赖政府。进了单位后，工资待遇、住房、医疗保健等依赖单位。依赖便成了形成独立性心理品质的障碍。排除依赖心理，就要在生活上学会自理，能够自己计划做事，自己的事自己做。要学会自我管理、自我教育，尤其是在就业上敢于走自主创业之路。

自卑感人格主要来自青年学生过低估价自己，怀疑自己的能力，不能正确对待自己。自卑的人一方面担心自己不被重用，另一方面又担心自己挑不起重担，常有紧张和不安的心理压力，宁愿把自己说得低些，以免承担责任。自卑的人总是强调各种原因，如缺乏资金、缺少他人的帮助、技术不过硬、经验不足、信息不灵、身体不行等，总认为自己不是创业的"料子"，宁愿安分守己，也不愿开拓进取。自卑的人还表现在对前途丧失信心，总认为社会的不公平性阻碍自己的创业发展。自卑实际上是一种心理疾病，是创业的大障碍。

若要消除这一障碍，必须改变对自己的看法，正确评价自己。第一，要看到自己的长处和优势，只要自己有年龄优势，有文化知识和专业技能的优势，利用这些优势可以尝试做一件自己未曾做过的事，并努力把它做好、做成功。只要肯花时间和精力，就会精通某一些方面的本领和技巧，从而对自己充满信心。第二，要对前途充满信心，必须看到社会的不公平性随着法制健全而逐步减少。第三，不公平性对每个人而言又是平等的，都在同一个社会、同一个时代生存发展，所处的基本条件一样，人家能创业，我也能创业，从而消除自卑，超越自我。第四，可采取积极的心理补偿，如知道自己在某些方面有缺陷，但不背思想包袱，以最大的决心和最顽强的毅力去克服这些缺陷，"失之东隅，收之桑榆"。

畏缩人格主要来自胆小怕事，害怕失败而不敢去做，这是与敢为性相反的心理品质。畏缩人格主要表现在遇事胆小，处处小心谨慎。他们不敢涉足大风大浪，回避激烈的竞争，不愿意接触新思想、新体制，惧怕新生事物。创业者必须努力克服懦夫心理，积极投身到社会变革中，做勇敢的探索者和开拓者，成为时代的强者。

2. 情绪障碍及排除

情绪障碍主要表现为情绪忧郁和过度焦虑。

情绪忧郁是一种病态心理，表现为情绪低落，终日忧愁，精神不振，体力衰退，未老先衰。创业者在创业过程中难免遇到挫折，遇到挫折就灰心丧气、悲观失望、消极等待，这只能摧残自己的意志，阻抑自己的活动，削弱自己的能力，损害自己的身心健康。

过度焦虑是另一种情绪障碍，它会引起心理紧张，使人长期处于不安、甚至自责的心理状态。过度焦虑会使人的适应能力下降，影响正常水平的发挥。比如，过分地担心考试过不了关，担心技能比赛得不了好成绩，把这种焦虑带进考场或赛场，往往发挥不出正常水平。对于创业而言，忧郁和过度焦虑的情绪都会阻碍创业活动的顺利进行，因此，在创业过程中要努力排除情绪障碍。

排除情绪障碍，首先要保持乐观态度，心中时刻充满光明和希望，学会挖掘事物的光明面和积极面，使自己在任何艰难困苦的条件下都不消极悲观。巴尔扎克曾说过"苦难对于天才是一块垫脚石，对能干的人是一笔财富，对弱者却是一个万丈深渊"。其次，要走出个人小圈子，经常与四周的环境保持良好接触，敢于与不熟悉的人和事打交道。多从事自己喜爱的活动，多与知心朋友交谈，听取别人的建议，多参加一些有益的社会活动，使自己尽快从焦虑情境中解脱出来。也可通过音乐来调解情绪。忧郁的人，可选用节奏明快、旋律流畅且音色优美的乐曲，像《喜洋洋》《步步高》《金蛇狂舞》《采茶扑蝶》《莫愁啊莫愁》等。情绪不安、焦虑烦闷的人，可用节奏徐缓、旋律清逸的古琴、小提琴协奏曲调节情绪，如《烛影摇曲》《平湖秋月》《雨打芭蕉》《春江花月夜》等曲段。

3. 行为障碍及排除

行为障碍主要表现在创业活动中违背事物发展的客观规律而急于求成。急于求成往往是个人过分看重行为结果与切身利益的直接关系，忽视行为过程以及间接要素的作用。实际上，行为过程中所经历的体验或经验教训，往往比行为结果更有价值。行为障碍还表现为见异思迁，就是又想搞这行，又想搞那行；或者从事某一项创业，刚开始还未见效，就又想转行，结果搞来搞去没有一项成功。因而，创业活动中必须克服行为障碍。

克服行为障碍，一是正确对待事物发展的客观规律，弄清某一创业目的的发展过程，与之相关的诸要素的相互关系，制定实施计划，并逐步实施；二是增强自制力，严格控制自己的急躁情绪，时刻提醒自己把某项事业干到底，干出成效；三是培养恒心和持久力，创业过程中时刻想到创新、创造、创业都是前人或本人未从事过的事业，需要大量的时间和精力，不是一两天就能做好的。只有坚持才会有胜利。

4. 挫折障碍及排除

挫折障碍是创业者在创业过程中遇到阻挠、失意甚至失败而产生的心理压力。挫折障碍对心理影响表现在有些人遇挫后，心情烦躁、沮丧、一蹶不振；有的则表现为攻击、粗暴或回避等反应；有的人消极悲观，丧失信心，甚至害怕创业。挫折障碍影响创业的进程，动摇创业的决心，关系到创业的成败。因此，创业过程中应当尽量减少人为挫折。

挫折障碍的排除：一是冷静分析原因，认真总结经验，吸取教训。二是振作精神，增强努力。创业不可能一帆风顺，总会遇到这样那样的问题，出现问题不必埋怨，更不能暴跳如雷、指责别人，而应该积极想办法，寻找对策，重振旗鼓。三是正确看待损失。创业中遇到重大挫折，会造成一定的财物损失。这时要积极想办法，采取相应的措施，使损失降到最低限度，尽量挽回损失。无法挽回的损失当作教训，并铭记在心，引以为戒。

创业之路最大的敌人——"惰性"会使你平平庸庸、碌碌无为！

请注意：在激烈的就业竞争面前，绝不可依赖他人，依赖命运，幻想"天上掉馅饼"，哪会有这样的好事！

要紧的是先摆脱心中无形的蜘蛛网。

（二）走出创业的认识误区

对于初出茅庐的大学生来讲，在创业问题上存在着许多误区，要想创业成功，必须走出这些认识上的误区。这些误区主要包括以下方面。

（1）创业者需要良好的教育背景

总的来说，曾经接受过良好教育的人，做起生意来会容易一些，这是不用怀疑的。能不能创造工作成果的关键在于创业者是否继续保持学习的心态和学习的能力，而不是那一张文凭。当今成功的企业家能成功，都是靠自己的双手创造出来的。

（2）创业者必须比别人聪明

聪明人固然反应快些，但创业却未必比智力中等、竭尽所能者强。同时，生意上大量的决策，往往不是靠聪明脑袋想出来的点子来决定，而是依靠缜密的调查分析才得出的。

（3）创业者须有充足的资本

商业圈里"资金缺乏"是普遍现象，但资金不足并不是创业的绝对障碍。可以从不需要大量资金的小生意做起，或是把创业计划缩小，再不然还可以把它拆作几个分块。有一分钱就做一分钱的安排，有一万元就做一万元的打算，总之要先行动起来。

（4）创业者应有足够好的构思

有构思当然不错，真正好的构想，常常是在不够好的构想上经历市场不断完善而成的，是在经营过程中不断调整的。

（5）创业必须不择手段

不择手段固然能取得短期效益，但是时间一长就会被人拆穿，掉进自己挖的陷阱中，这样无疑是自己害自己，导致自己没有立足之地。创业的目标是获得经济效益的同时也要有社会效益，做一个让人尊敬的企业家。

（6）创业的目标是一夜暴富

创业是一个艰辛的历程，初创阶段所面对的困难往往令创业者的个人和家庭生活都受到影响，财政上承受着巨大压力；万一创业失败还要承担失败所带来的一系列后遗症。创业者运用自己有限的资源去改变现状和命运，需要的是一个过程而不是一夜暴富。

（7）创业者都是赌徒

事实上创业者必须比任何人都具备风险意识，他们愿意冒险，但冒的风险是经过严谨计算并可以有效控制的。

（8）钱是创业者唯一追求的目标

钱不是存在的唯一目标，单纯追求利润（尤其是短期利润）的企业是难以长久的。企业也要去完成创业者的社会公民责任。

（9）追求短期成功的快钱

创业之路就像走一条漆黑的隧道，没看到曙光前都将会是一片黑暗。看到光明前的心理承受能力和实现理想的执著，是决定成败的重要因素。创业不是一帆风顺的，必须在创业前积累足够的资源，以撑到成功的那一天。

（10）把生意当作商业秘密不愿意与别人交流

很多创业者不愿意与别人交流自己的创业思路，怕被别人模仿。事实上，创业也是"三个臭皮匠顶个诸葛亮"，多与同行交流就能得到更多的信息；多与朋友谈经历，就会得到更多的建议和意见。

这些认识上的误区，实际上是一种理念上的陷阱，把自己不能创业、不能致富归咎于诸多客观因素，从而束缚了自己的手脚；即使迈开了创业的第一步，一旦遇到困难和挫折又退缩不前，为自己找到放弃的理由。因此，对于高职学生来讲，走出这些认识的误区很重要。

二、培养创业能力

（一）培养开拓进取的能力

永不满足，不断突破自我、敢于迎接挑战，是创业者最基本的也是最核心的人格素质。强烈的进取心，既是创业能力、经营能力形成的基础，也是现代企业家综合素质构成的基本要素。远大空调有限公司总裁张跃曾说："我把多年来的经历和感悟归纳起来，得出一个结论，就是企业家素质应该包含以下内容：一高、二强、三多、四稳。一高是境界高；二强指欲望强、耐力强；三多是多才、多艺、多兴趣；四稳是原则稳固、方向稳当、作风稳健、情绪稳定。"具有极强的生存意识，胸怀必胜的信念，敢拼敢搏，奋勇向前，从而创造出自己所期望的价值，是创业者最为可贵的品质与能力。

（二）培养组织管理能力

对于一个创业者来说，组织管理能力是不可缺少的重要能力之一。创办和经营企业是一项系统性很强的工作，不能顾此失彼，同时又不能事必躬亲，忽视伙伴和同事的作用。组织能力是指领导者为了组织的利益和实现组织制定的目标，运用一定方法和技巧，把来自不同地区、不同系统、不同职业、不同文化背景以及民族、性别、年龄等均不相同的人组织在一个团结向上的集体之中，使大家朝着一个共同目标去努力、去奋斗。

组织能力包括合理选择下属的能力、黏合能力、架构能力、沟通能力、协调能力、激励下属的能力、授权能力、应变能力和合理分配资源（人力、财力、物力）的能力等。组织能力包括三个层次：个人能力、项目（团队）能力、组织能力。组织能力是公司竞争力的综合体现，其包括核心流程能力、战略管理能力、组织文化能力。

任何组织都必须建立基于能力的管理，不断增强个人、团队、组织的能力，通过实现组织目标的能力管理，形成公司独特的核心竞争优势，从众多竞争者中脱颖而出。管理能力是每一个创业者必备的重要能力，要在工作中不断地培养自己的组织管理能力。管理能力与组织能力有密不可分的联系，管理能力主要包括激励的能力、控制情绪的能力、幽默的能力、演讲的能力、倾听的能力等。

创业者不仅要善于激励团队，还要善于自我激励。要让团队充分地发挥自己的才能，就要把员工的"要我去做"变成"我要去做"，实现这种转变的最佳方法就是对员工进行激励。优秀的创业者都有很好的演讲能力，特别是那些著名的创业者、企业家，无一例外是演讲的高手。演讲的作用在于让他人明白自己的观点，并鼓动他人认同这些观点。从这点出发，任何一名创业者都应该学会利用演讲表达自己。管理不仅是对自身的管理约束，更是对创业团队的管理，管理能力高对形成一个良好的创业团队非常重要。因此在学校期间就应该注重培养自己的组织管理能力，为创业做好充分的准备。

（三）培养人际交往能力

人际交往的核心部分一是合作，二是沟通。培养交往能力首先要有积极的心态，理解他人，关心他人。在日常交往活动中，要主动与他人交往，不要消极回避，要敢于接触，尤其是要敢于面对与自己不同的人，而且还要不怕出身、相貌、经历，不要因来自边远的地区、相貌不好看或者经历不如别人而封闭自己；其次要从小做起，注意社交礼仪，不断积累经验；再次要善于去做，大胆走出校门，消除恐惧，加强交往方面的知识积累，在实际的交往生活中去体会、把握人际交往中的各种方法和技巧。另外，要认识到在与别人的交往时，打动人的是真诚，真诚才能换来与别人的合作和沟通，真诚永远是人类最珍贵的感情之一。在人际交往中应遵守以下原则。

（1）平等的原则 在人际交往中，首先要坚持平等的原则，无论是因公务还是私交，都没有高低贵贱之分，要以朋友的身份进行交往，才能深交。切忌因工作时间短、经验不足、经济条件差而自卑；也不要因为自己是大学毕业生，年轻、美貌而趾高气扬。这些心态都会影响人际关系的顺利发展。

（2）相容的原则 主要是心理相容，即人与人之间的融洽关系，与人相处时的宽容、包含、忍让。主动与人交往，广交朋友，交好朋友，不但交与自己相似的人，还要交与自己性格相反的人，求同存异、互学互补，处理好竞争与相容的关系，更好地完善自己。

（3）互利的原则 指交往双方的互惠互利。人际交往是一种双向行为，故有"来而不往非礼也"之说，只有单方获得好处的人际交往是不能长久的。所以要双方都受益，不仅是物质的，还有精神的，交往双方都要讲付出和奉献。

（4）信用的原则　交往离不开信用。信用指一个人诚实不欺、信守诺言。古人有"一言既出，驷马难追"的格言，现在有以诚实为本的原则。不要轻易许诺，一旦许诺就要设法实现，以免失信于人。

朋友之间应该"言必信，行必果"，不卑不亢，不仰视讨好位尊者，不藐视位卑者，这样才能取得别人的信赖。

（四）培养挫折承受能力

创业者有各种不同的品味、个性及道德水平，只有一点是相同的，就是他们从不放弃。因为创业是需要承受极大压力的——首先要公司能生存，然后还要能成长。一个新事业需要耗费企业家很多的时间与情感，因此极强的挫折承受能力也就成了企业家的重要素质。它能促使创业者在方向目标确定之后，朝着既定目标一步一步走下去，纵有千难万险，迂回曲折，也不轻易改变初衷，半途而废。大学生在日常生活中应该注意培养自己的抗挫折能力，才能承受创业的巨大压力和艰辛。

●●●●●●●●●●●●●●●●●●●●●●●●● **案例 20** ●●●●●●●●●●●●●●●●●●●●●●●●●

史玉柱，1984 年毕业于浙江大学，1989 年深圳大学研究生毕业，当年即下海创业并推出一套桌面中文电脑软件，4 个月的营业收入就超过 100 万元。1991 年，巨人公司成立。由于巨人公司领导层不成熟，决策上出现了系列重大失误——盲目搞多元化，搞房产、保健品，投资软件业，又经营了服装。筹建巨人大厦，38 层的设计方案出台，后来加高为 70 层，号称当时中国第一高楼，所需资金超过 10 亿元，导致公司出现严重的财务危机。1997 年年初，媒体披露了巨人集团资产已被法院查封、集团拖欠员工三个月工资、一副总裁和七名分公司经理携款携物失踪，以及其保健品开发付出上亿元学费等事实，巨人集团迅速瓦解。

在这种四面楚歌的形势下，史玉柱背负着巨额债务，也顶着巨大压力。但他并没有消沉，而是悄悄地四处奔走，寻找东山再起之策。1998 年，史玉柱带领自己的核心团队分别在上海和珠海注册公司，扮演幕后老板，进行"第二次创业"。2000 年，公司推出脑白金，在猛烈的广告营销战下销售额超过了 10 亿元。史玉柱当选 2001 中国经济十大风云人物。

点评：创业通常伴随着极大的风险，而史玉柱毕业时放弃安逸的工作，走上创业之路，就显示了创业者的才识胆略。在公司经营出现重大失误时，他也能够顶住压力，汲取教训，重新再来，最终修成正果。

●●

（五）培养发现和把握商机的能力

能够满足一种需要或是能够增加满足的需要，都可能是商机，它只会在某一个特定的阶段出现，稍纵即逝。把握商机需要独具慧眼，即看到事物表象之下潜在的需求或市场。

某大学生帮朋友买书时，王府井书店科技图书的热销给他留下深刻的印象。经过简单的市场调查，他发现科技书店在家乡是个空白，于是开始自己创业。书店开起来之后并不像他想的那样火暴，他再次来到王府井书店进行详细的调查，回去后调整了经营思路。通过农民来买书和政府组织的送书下乡活动，他发现农村市场的广阔。现在他的科技书店办得红红火火。这是个很典型的把握商机个案：买书的时候观察，其实就是在做市场调查；再后来送书下乡，换句话就是市场测试；看农民买什么书，是进行市场细分。这是一个完整的市场调研、市场分析、市场策划的过程。企业本身是一个生命体，它不断地需要培养、成长，不是抓住一个机会就能使一个企业不断地繁荣，而是不断地在经营过程中发现一些新的商机，才能给这个企业不断地带来新的增长。

创意也能带来商机。创意就是跟需求有关的想法。真正的创意已经不单是一个对产品本身的创意，而是渗透在满足需求的各个环节，包括产品的产生、行销及产品的完善。创意其实是一种敏锐的感知力和判断力。

创意怎样产生？最直接的方式是缺点列举法和联想法。例如，北航科技园的一个创业者，就是因为发现买了车以后，每次泊车都要人工开启车位，很不方便，他想我能不能搞一个遥控呢？就这个想法，他后来注册成立了一个企业。

把握商机贵在争分夺秒。拿破仑有句名言："我的军队之所以打胜仗，就是因为比敌人早到 5 分钟"。打仗是这样，商战也如此。

（六）培养自信心

自信，是一种认识和态度，是通过人的风格来表现的。一位著名的心理学家说：成功男人的风格反映在外表，优雅来自内心，它是你的自信及对自己的满意，它通过你的外表、举止微笑展示出来。

心理学家发现：外向的气质和自信是吸引和保持朋友的重要原因。自信，不全是通过语言表达，通过神志、语气、姿势、仪态等，由内向外散发魅力。这是发自内心的对自己和对生活的信任。

自信与自傲的区别：前者，积极乐观；后者，主观，极端夸大自我，将失败推给制度和人际关系。

如何培养自信？

自信的人，首先是忠诚于自己的信念。这种信念融入你的举手投足，都是在辅助你的语言所要表达的信息，以使人相信你的能力和人格。其次，自信的人，善于和别人交往，以尊重他人为一种真诚表达。最后，自信需要培养。

养成自信的方法如下：

① 相信生命垂青于自信者。

② 勇于面对自己的恐惧，并承受恐惧。

③ 只允许那些积极的想法在脑海中存在。

④ 列出自己的优势，并相信这是你的财富。

⑤ 只穿让你自信的衣服。

⑥ 敢于说"不"。

⑦ 坦然地接受别人的赞扬。

⑧ 眼睛能与别人直视。

⑨ 保持头部直立，走路和坐姿都不要让自己松懈。

⑩ 用坚定、热情、果断的语气说话。

⑪ 不要自我贬低，不要说不利于自己和他人能力的话，不要过分地谦虚。

⑫ 不要狂妄自吹，不要贬低他人，不要抱怨生活中的一切。

（七）培养理财能力

没有接受过理财教育的学生，很多人只知道花钱，缺乏正确的消费观念和创造财富的能力。立志创业的大学生，则必须自觉学习理财知识，努力培养理财能力。

三、学习创业的相关知识

决定创业是个人职业生涯中的一个重要转折点。创业者，除了应具有扎实的专业知识和技能之外，还应掌握一定的管理、营销、财务、法律等方面知识。

（一）管理知识

一个初创的企业要想早日走上正轨并做大做强，都要过"组织架构设计"这道关。

组织架构设计中最根本的问题就是决策权限的分配。简单地说，就是要解决"谁说了算"的问题。这个问题解决不好，将会给企业的运作带来严重影响。大学生初创的企业有不少是由几个要好的同学、朋友共同创办的，还有的带有家族企业色彩，这里就有一个"听谁的、怎么听"的问题。决策权限分配更准确地说是解决"什么事情谁说了算"的问题。只是简单地规定"听谁的"，无法应付日益复杂的经营管理问题，也解决不了创业团队中的意见分歧。没有一个有效的决策权限分配系统，上级不能有效地管理下级，这类企业在规模尚小时问题还不大，达到一定规模后效率则变得极其低下，甚至会危及企业的生存。因此，粗线条的东西必须逐渐细化。"什么事情谁说了算"需要详细分解，有必要用书面的正式文件明确地规定下来，操作起来就很有力度。经验表明，制订《分权手册》是个不错的选择。

根据管理学原理，组织架构设计主要包括三个关键方面：决策机制、激励机制、评估机制。三者相互联系，互为依存。决策机制需要有相应的激励机制和评估机制加以配合，以有效鼓励拥有决策权的人做出有利于企业的决策，有利于监督和评估决策质量和决策效果；反过来，有了激励机制，也要给他们相应的参与决策、管理和监督的权利，以便员工按权限采取行动，并有相应的业绩评估体系来为自己的行动作参考。决策权限分配、员工激励机制和业绩评估体系，三者相互协调，是理想的组织架构设计。

在信息时代，竞争力的关键是知识，而不是实物资产或资源。

——莫兰

（二）营销知识

营销管理是指分析、规划、执行和控制各种方案，以便与目标市场的顾客建立和保持互惠交易以实现组织的目标。营销管理的实质是要制定一套开发客户、提供服务，到收款及售后服务的企业运作流程。例如，如何选择成本最低、成效最高的行销方法；如何找到可靠且成本低廉的供货商；如何提供成本最低却又能符合需求的产品与服务；怎样的收款流程最流畅，以及如何降低呆账率化解风险等。创业者可先试着找出同业中谁最赚钱，仔细观察其运作方式，然后根据自己企业的情况去调整这套运作模式，建立属于自己的营运制度。

在许多经营管理书籍中，都会提到企业的优势、弱势、机会、威胁的分析，这套方法其实也有助于创业者分析自己公司的经营环境。例如，除了了解该行业相关的法律法规之外，对于潜在客户、竞争对手、对方的切入角度或竞争手法、产业的服务或产品价格、一般毛利率等，创业者应想办法理出个头绪，然后才能制定出奇制胜的行销策略。为拟定行销策略，创业者也须了解自己公司的市场定位、同业者常用的销售方式及各种可供选择和借鉴的行销方式。运用行销方式的巧妙各有不同，创业者应随时思考各种行销方式，找出拓展商机的可能性。要打胜仗，要靠良好的纪律，以及创新的战略战术，创业也是如此。

（三）财务知识

企业正式运作后，要了解公司是否上轨道，"让财务报表说话"是最好的。企业的财务报表就像是汽车上的仪表一样，它能够提供企业是否安全运行的基本信息。它是一只晴雨表，可以真实反映企业的经营状况和财务状况；它是一个指南针，可为企业改善经营管理、科学决策、确定发展目标提供可靠的依据。总之，财务工作贯穿于企业经营的方方面面。当然老板不必成为会计，但必须了解会计；老板不必亲自从事财务工作，但必须成为财务管理的重要决策人物。我国新《会计法》规定，一旦企业的财务工作出现了问题，首先应该追究企业法定代表人或是经理人的责任，创业者和企业老板不能以不懂会计业务为由推脱责任。如果老板不懂财务，就很难发现财务报告所反映的或企业存在的严重问题，长年累月，这些问题给企业造成的损失将是难以弥补的。

四、培养适合创业的人格品质

（一）自信独立

不管周围的人怎么说，只要自己下了决心，无论遇到什么困难，也坚持干下去，坚信自己一定能成功。不管客观条件如何，不管经过多少磨难，始终把成功的可能性建立在自己身上，沿着自己的理想，发挥无限的生命力和创造力。

（二）富有挑战精神

乐于接受挑战，但并不盲目冒险；喜欢发挥自己最大的主观能动性，从克服困难中获得无穷乐趣。

（三）富有责任感

对于失败或出现的问题，不推卸责任，不把责任转嫁他人，即使是部下的原因，也主动承担自己在管理方面的责任。先从自己身上找原因，这才是真正的创业者，才能赢得周围的人由衷的尊敬和信赖。

（四）善于团结协作

如果创业者和员工之间没有信赖，创业就很难成功。如果任何事情都优先考虑自己，那么相互信赖关系肯定建立不起来；如果公司的领导者和管理者只把员工看成干活挣钱、养家糊口的求生者，那么他绝不会得到员工的信赖。创业者应能以人为本，主动考虑能为雇员、为社会做些什么，形成热爱人、热爱人类社会的思维模式，因为所有的可能性都会从这种思维模式中诞生出来。

（五）敢于承担风险的坚强意志

大学生创业要有承担风险的勇气，做好应对各种困难的思想准备。因为大学生创业除了在资金、社会经验等方面有着先天不足外，还常常会因缺乏基本的理财技能、推销意识和沟通技巧而陷入困境。市场时时刻刻都有风险，却永远也不会有人来及时提醒风险在哪里。因此，风险意识显得特别重要，没有坚强的心理品质和风险意识，创业的路不会走得长远。

第二节　创业实践

　　虽然创业市场商机无限，但对资金、能力、经验都有限的大学生创业者来说，并非"遍地黄金"。在这种情况下，大学生创业只有根据自身特点，找准落脚点，才能闯出一片真正适合自己的新天地。

一、选准创业项目

（一）做好市场调查

　　市场调查的内容：通过收集有关资料和数据并加以研究和分析，为市场预测提供可靠的依据。初步确定了创业项目之后，即使资金筹措到位也不能急着去办理工商税务登记等事宜，要有目的、有计划地做好市场调查，即研究那些非创业者本身能控制的可变因素。开业之前的筹备工作是非常艰难的，创业者对此必须做好充分的思想准备。

　　市场调查的方法：注意大众传播媒介中的信息；信息推测；查阅有关的政府统计资料，咨询有关法律、法规与政策；利用行业渠道获得信息；抽样访问自己的顾客；考察产品或服务在市场的需求情况。

　　调查结果的分析及结论：对创业项目的各种问题调研之后，对是否能进行这个项目做出结论。但是，下结论之前不能对开业后的经营业绩估计得过高，而对可能出现的困难则要做好充分的估计。只有这样，在遇到挫折的时候才会拿出更好的应对措施渡过难关。

（二）选定项目的原则

1. 做自己喜欢做的事

　　做自己喜欢做的事情，会投入更大的热情，也就更容易取得成功。同样，在创业项目的选择上，创业者也一定要考虑以下问题：我喜欢干事业吗？我喜欢这个项目吗？这个项目是否需要特别许可经营？我有这个经营资格吗？

2. 做自己熟悉的事情

　　要想创业成功，必须选自己熟悉的事情来做，尽量涉及自己熟悉的专业。俗话说"隔行如隔山"，毕业生在自主创业时首先要考虑自己所学的专业和自己的知识结构，做到知己知彼，这样可避免很多的弯路。比如具备某种商品知识、制造技术和从业经验，懂得某种服务行业的服务知识、服务要求和相关技术，还要具备相应的经营管理能力和经验，懂得供应商的供货方式，特别是十分清楚顾客群的情况。做生意光靠热情远远不够，创业初期，创业者对项目的喜爱程度很重要，事业能否做下去，很大程度上取决创业者对项目的熟悉程度。对于初次创业的大学生来说，创业之初会遇到很多困难，如资金不足、没有顾客、对市场环境了解不够等。如果从事自己不熟悉的行业，那么开业后亏本甚至倒闭的可能性会很大，除非创业者有资本并能雇到一个十分可靠且胜任的经理。

3. 选择市场对路的产品和朝阳行业

　　市场是最终的检验官，产品没有销路，企业就面临着亏损和倒闭。选择市场方向，对你的决策将起到关键的作用。涉及的是朝阳产业还是夕阳产业，这对一个公司、企业有着战略的意义。因为朝阳产业将对今后企业的发展扩大提供良好的环境和外界发展空间。

4. 量力而行多种形式

毕业生刚步入社会，人力、财力及社会各种关系都有限，切不可贪大求全，脱离实际，要有从小做起的准备，一方面资金有一个积累的过程，另一方面也可以积累经验。另外要注意克服从众心理，应在"人弃我取"上多想些办法。

（三）项目的可行性分析

可行性分析应从以下几个方面着手。

① 创业初期或者开业后企业需要增加经营项目时，应认真进行项目可行性分析，才能降低创业风险。

② 市场分析。分析创业项目的市场定位、动能，市场竞争对手和竞争优势，商圈及顾客群体，目的市场生命期及销售潜力。

③ 财务评估。包括经营项目在开发期及正常年份的毛利和净利的对比，销售盈亏平衡点的估测，投资构成的估测，投资回收期及内部收益率的估测，流动资金周转速度的估测，资产及负债比的发展趋势估测，资金筹措方法等。

④ 人力资源分析。应该研究高层管理者的经营能力，确定招聘适合本项目开发的人才和劳动力群体，除学历、经历、技能的需要因素外，职业道德的潜在因素的考察应列为首位。

⑤ 客观地评估项目的敏感因素。对项目未来发展最为敏感的四大因素是销售价格的变化，销售数量变化，因成本增减引起的变化，因投资或资金筹措引起的变化。其中最为敏感的是销售价格的变化，它会严重影响投资收益率的增减乃至整个项目的成败。

可行性研究分析的方法很多，归纳起来也就是三个方面：资料收集，包括市场资料、工商资料、网络信息；实地考察和调查；翔实的数据测算。

大学生创业项目的选择如下。

方向一：高科技领域

身处高新科技前沿阵地的大学生，在这一领域创业有近水楼台先得月的优势，"易得方舟"、"视美乐"等大学生创业企业的成功，就是得益于创业者的技术优势。但并非所有大学生都适合在高科技领域创业，一般技术功底深厚、学科成绩优秀的大学生才有成功的把握。有意在这一领域创业的大学生，可积极参加各类创业大赛，获得脱颖而出的机会，同时吸引风险投资。

推荐商机：软件开发、网页制作、网络服务、手机游戏开发等。

方向二：智力服务领域

智力是大学生创业的资本，在智力服务领域创业，大学生游刃有余。例如，家教领域就非常适合大学生创业。一方面，这是大学生勤工俭学的传统渠道，积累了丰富的经验；另一方面，大学生能够充分利用高校教育资源，更容易赚到"第一桶金"。此类智力服务创业项目成本较低，一张桌子、一部电话就可开业。

方向三：连锁加盟领域

统计数据显示，在相同的经营领域，个人创业的成功率低于 20％，而加盟创业的成功率则高达 80％。对创业资源十分有限的大学生来说，借助连锁加盟的品牌、技术、营销、设备优势，可以较少的投资、较低的门槛实现自主创业。但连锁加盟并非"零风险"，在市场鱼龙混杂的现状下，大学生涉世不深，在选择加盟项目时更应注意规避风险。一般来说，大学生创业者资金实力较弱，适合选择启动资金不多、人手配备要求不高的加盟项目，从小本经营开始为宜；此外，最好选择运营时间在 5 年以上、拥有 10 家以上加盟店的成熟品牌。

推荐商机：快餐业、家政服务、校园小型超市、数码速印站等。

方向四：开店

大学生开店，一方面可充分利用高校的学生顾客资源；另一方面，由于熟悉同龄人的消费习惯，因此入门较为容易。正由于走"学生路线"，因此要靠价廉物美来吸引顾客。此外，由于大学生资金有限，不可能选择热闹地段的店面，因此推广工作尤为重要，需要经常在校园里张贴广告或和社团联办活动，才能广为人知。

推荐商机：校内或周边的餐厅、咖啡屋、美发屋、文具店、书店等。

二、筹资

"巧妇难为无米之炊。"新办企业必须有自己的资本金，才可开展自己的经营活动。那么，小企业如何筹集开业所需的本钱呢？筹集资金时，应遵循什么原则？这些都是在准备阶段必须考虑的问题。

（一）筹资原则

1. 规模适度原则

筹资要根据自己创业的需要，适度筹资，减少成本支出，以免造成资金的浪费。

2. 结构合理原则

合理确定自筹、借贷、银行贷款和风险投资的比例，注意确定还贷时间，以避免财务风险的增加、股权收益水平的降低。

3. 成本节约原则

筹措资金是为了企业很好发展，达到赢利目的。赢利途径一是扩大生产，二是节约成本。因此，在筹措资金时，就应该有节约成本意识。

4. 时机得当原则

资金成本会因为时机不同而不同。比如贷款利息是按照时间计算，我们就要以最佳时机贷最合理组合的款，使成本最低。

5. 依法筹措原则

接受国家法规及政策指导，合法筹资。

（二）筹资方式

中小企业因规模小、经营风险大、企业存在不稳定性等因素，与大企业相比，在资金筹措能力上有明显的差距。小企业利用股票和公司债券筹资要受到国家现行制度的种种限制，商业银行贷款利息高、条件要求苛刻。一般来说，小企业资金来源窄，筹措范围小，筹资类型少，筹资能力弱。所以，开办资金往往依赖于非正式市场，以企业业主的自有资金和借款吸收资金为主。其主要筹集方式如下。

1. "滚雪球式"自我积累

"滚雪球"就是用很少的钱贷到更多的钱的一种筹资方法。

案例 21

1986 年，陈金义向亲朋好友借了 1 万元办蜂蜜加工厂，资金远远不够，于是他靠自己的两条腿跑市场，找蜂源，终于积累到 3 万元。然后，他用这 3 万元作抵押，从银行贷到 6 万元。再将这笔款到另外一家银行作抵押，贷到了 12 万元。就用这种滚雪球的方式，陈金义凑够了资金，办起了蜂蜜口服液加工厂，最终成功地创办了自己的企业。

2. 争取免费创业场所

创业离不开理想的场所，创业之初的很大一笔投资就是用来支付房租的。因此，只要你能转换一下脑筋，想办法获得一处免费的创业场所，就相当于得到了一笔可观的创业资金。现在有些地区和大专院校专门为有志创业的大学生开辟创业中心或孵化中心（如浙江工贸职业技术学院大学生创业中心），免费提供办公场地和创业指导，帮助大学生起步创业。创业大学生应及时把握这个千载难逢的机遇。此外，社会上也有许多这种机会，如园艺系毕业的小钱在一家专业不对口的公司里干得并不开心，所以他很想辞职开一家花店。开花店最大的投资就是店面房租，大约需要 2 万多元，但是，工作还不到 1 年的小钱哪来这 2 万多元呢？后来他在报纸上看到南京一家花鸟市场的招商广告，广告上承诺第一批进场设摊者均可享受免收半年租金的优惠。这真是天大的喜讯，小钱毫不犹豫地申请了一个摊位，像模像样地办起了一家观赏植物批零兼营店。

3. 加盟大公司的连锁经营

俗话说，背靠大树好乘凉。有许多大公司为了扩大市场份额，纷纷选择连锁经营的方式来扩充自己，需要广泛吸收个体业主加盟经营。为此，常常会推出一系列优惠待遇给加盟商。这些优惠待遇或是免收费用，或是赠送设备等，虽然不是直接的资金扶持，但对于刚刚创业的大学生来说，等于得到了一笔大资金。

4. 向银行贷款

为鼓励大学生创业，最近国家出台了一些大学生创业的优惠政策，我们要善于利用这些有利政策，为创业筹集资金。

5. 寻求政府资金资助

但是政府的资金来源是有限的，只能满足很少一部分项目的需要。

近年来，为支持大学生创业，国家各级政府出台了许多优惠政策，涉及融资、开业、税收、创业培训、创业指导等诸多方面。对打算创业的大学生来说，了解这些政策，才能走好创业的第一步。根据国家和上海市政府的有关规定，上海地区应届大学毕业生创业可享受免费风险评估、免费政策培训、无偿贷款担保及部分税费减免四项优惠政策，具体包括：高校毕业生（含大学专科、大学本科、研究生）从事个体经营的，自批准经营日起，1 年内免交个体户登记注册费、个体户管理费、经济合同示范文本工本费等。此外，如果成立非正规企业，只需到所在区县街道进行登记，即可免税 3 年。自主创业的大学生，向银行申请开业贷款担保额度最高 7 万元，并享受贷款贴息。

上海市还设立了专门针对应届大学毕业生的创业教育培训中心，免费为大学生提供项目风险评估和指导，帮助大学生更好地把握市场机会。

6. 融资的方式

融资的方式比较多，主要有以下几种：一是风险融资，即将自己创办的企业以出卖股权的方式获得风险投资；二是采取预售的方式从顾客那里融资，具体就是，通过预售产品或服务，实际发货之前提前收取发货押金，这样，这笔押金就可以用来购买后期发货需要的各种材料；三是采取赊销和信用代销的方式从销售商那里融资，就是和自己经营的产品的销售商联络，谈妥信用最高限额。有了弹性的付款方式之后，你就能在未付现金之前保留存货，或者为下一轮产品生产购买新原料。

三、选择经营场所

（一）选择经营场所的原则

确定自己的创业项目以后，必须正确选择经营场所。如果经营地点没选好，即使你装修再豪华、服务再周到、产品再好，都可能无人问津，创业也难于成功。选择经营场所必须遵循以下原则。

1. 经营场所与经营项目相匹配的原则

每一个经营项目都有独特的经营方式，生产型的创业项目要考虑原材料、市场、交通等多种因素。经营场所的选择应该与这些因素相匹配，按照以成本最低化、利润最大化的原则选址。而商业项目根据经营的内容不一样，也有不同的选址要求。我们在选择经营场所时必须考虑项目与经营场所一致。

2. 量力而行的原则

经营场所的选择当然是人流量大、交通便利经营环境好为佳。但是，大学生创业往往资金不充裕，在经营场所的选择上，要考虑自己创业的承受力，不能将全部资金都花在经营场所上。因为一旦开业，就需要大量的流动资金，如果为了盘一个好门面，花去自己的大部分资金，你的经营就会难以为继，创业就会遇到风险。

3. 交通便利的原则

一般来说，不管你从事商业还是工业或服务业，都应该选择交通比较便利、人流量比较大的地方经营，否则，会出现前面所说的状况。

4. 服从城镇建设规划要求的原则

5. 节约用地的原则

6. 注意环保的原则

（二）不同项目的经营场所的选择

1. 餐饮行业的经营场所的选择

想做餐饮这一行，必须要懂得怎样选择营业场所。

（1）车站附近。来往的乘客是顾客群，其中有上班职工，也有学生。待客的方式要分不同对象而有所不同，尤其要慎重定价。另外，假日的顾客与平常不一样，必须要有所区别。顾客在此地段最大的目的是等车，因此快餐店最适宜。

（2）公司商号集中区。该地段以上班职工为最主要的顾客，其光临的目的不外乎洽谈生意或聊天。如何应付午餐时大批涌入的顾客，假日及周末生意清淡时如何提高营业周转效率，是选择该地段应考虑的重点。

（3）学生街。学生是此地的主要顾客，一天中没有明显的高峰与清淡时段，季节性的差异却相当大。学生利用餐饮店的动机，除了聊天、消遣之外，还有同学聚会或看书等，所以必须注意桌椅移动的便利，并准备书报杂志。餐饮店及快餐店均适宜于此地段。

（4）商业闹区。此地段是约会、聊天、逛街、休息的场所，是开店最适当的地点，也是大量投资的地段。该地段无论对什么类型的店都很适合，条件是该店要有自己的特色，并且针对某些特定对象经营。由于周末及假日顾客较多，因此必须灵活地运用小时工。

（5）住宅区。此地段的顾客以附近居民为主，待客重点是如何体现亲切温暖感及提供新鲜美味的餐饮。若是具有附近居民交谊中心的功能，如设置布告栏，主办交游、比赛等趣味性活动，则成功的可能性更大。

（6）市郊路段。近年来有些餐饮业者在地价便宜的地点盖起特殊餐饮店，以其独特的风格而获得消费者的喜爱。此外，由于快餐店在重要的交通要道附近开设据点，也成为了市郊餐饮市场的新浪潮。随着有车人士的日益增多，市郊地段也逐渐得到重视。在该地段餐饮店必须设有停车场，并且有醒目的广告招牌。如果是专供便宜聚餐的大型餐厅，提供有特色的餐饮将是此地段的营业重点。

2. 时尚饰品店的经营场所的选择

① 在选择铺位时，最好选择年轻人集中的区域。一些地段好和人流量较大的地方，有地铁经过或公交网络发达地区的临街铺或商场铺都是不错的选择。置业市场分析人士认为，投资潮流饰品店除了考虑地段和交通因素以外，还要看周边是否有传统或大型的商圈做依托，是否拥有功能齐全的大型商业设施，为年轻人提供吃喝玩乐的一站式服务。

② 商铺自身的配套和位置也非常重要，一定要有完善的照明设施、一流的通风系统和消防系统。如果商铺的照明不足，在一定程度上会减弱消费者的购买欲望。选铺时还要尽量选择一些道路畅顺、位置比较显眼、较容易留住人的铺位。

③ 现在年青一代喜欢三五成群结伴逛街购物，特别是在校学生，更会利用节假日外出寻找时尚潮流的事物。经营潮流饰品店与其他商铺不同，要有自己的特色，年轻人比较喜欢新奇、潮流的东西，装修最好要别出心裁一些。若将商铺打扮得光亮、奇特、另类，则更能吸引年轻人的目光。

④ 第一次接触潮流饰品生意的人，千万不要贪便宜选择一些位置不好的铺位，宁可选择租金贵一些，但位置比较旺、人流比较多的铺位。

3. 一般连锁经营场所的选择

① 交通便利的地区，或者在几个主要车站的附近，可以在步行不超过 20 分钟的路程内的街道设店，行人多的一边开店为好。

② 接近人们聚集的场所。如剧院、电影院、公园等娱乐场所附近，或者大工厂、机关附近，一方面可吸引出入行人经过，另一方面易于使顾客记住该店铺的地点，来过的客人向别人宣传介绍，会比较容易指引人光顾。

③ 选择靠近人流有增加潜力的地方。企业、居民区和市政的发展，会给店铺增添更多的顾客而使其经营上更具发展潜力。

④ 同类店铺聚集区域。大量事实证明，对那些经营耐用品的店铺来说，若能集中在某一个地段或街区，则更能招徕顾客。

⑤ 要选择较少横街或障碍物的一边。许多时候，行人过马路，因为集中精神去躲避车辆或其他来往行人，便容易忽略一边的店铺。

⑥ 与其选择现在被商家看好的店铺经营位置，不如选择不远的将来会由冷变热的未被人看好的街道。

⑦ 有时与其定好店铺经营方向再去寻找经营场所，不如先找一个地点适中、价格低廉的营业场所，再根据当地环境情况确定经营方向。

四、招聘员工

（一）员工配置的要求

创业之初必须建立一个合理的团队。一个组织团队里，所有成员在服从共同的组织理念的前提下，个体特质应保持一定差异，例如：性别不单一，年龄多层次，智能多元化，气质、性格多类型，各自具有一定的正当爱好或特长等。所有员工的能力与其岗位责任相匹配，兴趣尽可能与其工作内容相吻合，使组织成为年龄衔接、知识配套、智能互补、能级合理、心理相容、长短相济、目标一致、团结协作的群体。

（二）员工管理的基本原则

员工管理的第一条法则是：只要招聘到合适的人，管理便成功了一半。

招聘绝不只是企业人力资源主管的简单任务，应是企业管理层共同关注、集体参与的一项核心工作。在创业初期，在进行员工招聘时，最重视的不应该是员工的知识，而是他们的人品和态度——为人是否诚实、是否善于与人合作、看待事物的心态是积极还是消极等。尽管了解一个人不是通过一两次面试便可办到的，但"见瓶水之冰，而知天下之寒、鱼鳖之藏"。通过独特而严谨的面试流程、精心设计的面试环节，还是可以大体感知到某位应聘者与创业者的价值观是否相容。

员工管理的第二条法则是：根据员工个人的兴趣和追求，帮助他们实现职业梦想。

除了薪酬、福利以外，员工最关心的当然是个人成长空间的开拓和能力的升级。管理者必须营造出某种合适的氛围，让所有员工了解到，他们可以从同事身上学到很多东西，与强者在一起只会让自己更强，以此来帮助他们充满激情地投入工作——而不是停在那里，对他们的际遇自怨自艾。与此同时，管理者还应耐心地考察员工的专长，进而明确其兴趣和追求的趋向，鼓励他们追随梦想、释放潜力。从事任何一份工作，兴趣都会是员工持续进步的动力，追求都会是照亮那条通往最终目标之路的灯光。

员工管理的第三条法则是：为员工设立能力不断提升的"梯级"。

任何一个企业刚建立时，很难招聘到"来之能战"、"战之能胜"的优秀人才。因为新创企业往往资历浅，知名度低，而且资金也相对不足，很难招到技术、经验、能力、品格都优秀的员工。怎么办？亚洲微软为我们提供了有益的借鉴。他们在招聘职员时，发现很难从众多的求职者中遴选出富于软件开发流程管理经验的人才，但很多求职者在软件开发方面所表现出的才华与热情都让企业印象深刻。不过，由于中国软件产业尚未孵化出有能力研发大型软件项目的企业，以至于从业者大多对相关的流程和管理不够熟悉。有鉴于此，他们一边从国内高校招募有潜质的人才，一边从美国请到了一批经验丰富的高手，请他们引领着那些无比刻苦但却经验不足的新手，使之逐渐熟悉自己的业务领域。新员工的学习能力很强，很快地，又成为下一批员工的楷模和榜样。梯级的自然形成总能让员工找到能力上升的空间。

员工管理的第四条法则是：构建出独一无二的企业文化。

任何一个企业，要想长远发展，必须构建有特色的企业文化，并以自己的企业文化凝聚人心，鼓舞斗志，留住人才。

员工管理的第五条法则是：当某位员工选择离开公司、追寻更远大的理想，我们所能做的是理解、接受和祝福。

五、个体工商户办理营业执照

（一）办理营业执照的应该具备的条件

① 年满 16 周岁。

② 有开展经营活动的固定场所和必要的设备。

③ 必须拥有与其经营规模相适应的自有资金。

④ 必须有明确的符合国家规定的生产经营范围。

（二）开业登记程序

个体工商户开业登记——从事工商业经营前，应向当地工商行政管理部门申请办理开业手续，即办理营业执照。

程序——申请、受理、审查、审批和发照。

1. 申请

申请书应写明姓名、性别、年龄、户籍所在地的家庭住址、申请经营的行业或项目。

2. 受理

准备好申请书、身份证、单位或街道证明、场所证明（租房合同）、字号名称、职业资格证、经营委托书、登记审查费等到工商行政管理所领取登记表。填写登记表后，连同上面的材料一同交工商行政管理所。

3. 审查

工商行政管理所根据申请书和开业申请登记表进行审查。

审查内容：从业资格、资金、设备、场地、经营范围、经营方式、字号与名称等是否符合规定。

查证内容：证件的真实性、有效性；查验营业用房证明；查证人认为有必要，还会到经营场地实地调查，查看场所与经营范围是否相适应。上述手续完备后，才进入下一阶段。

4. 审批

由区（县）级工商行政管理机关对所报的全部申请登记材料进行复审，并在受理开业申请之日起 30 日内做出审查决定。复审认为符合从业条件的，由承办人在登记表上签署意见，经局长审定，加盖局长章和公章，予以核准。复审认为不符合从业条件的，会通知申请人。

5. 发照

区（县）级工商行政管理机关复审认定合格的，批准其具有经营资格，并据此发给《个体工商户营业执照》。

（三）个体工商户可以从事的行业

个体工商户可以从事的行业比较多，主要是适宜个体经营的行业。

想下海，面对八个行业，您何去何从？

商业	工业、手工业	建筑业
交通运输业	服务业	其他行业
饮食业	修理业	

（四）个体工商户的经营组织形式

由于申请者的个人条件和经营条件及经营行业与项目的不同，个体工商户的经营组织形式会有所不同，主要有四种形式：

① 合伙经营；

② 个人经营；

③ 雇工经营（或请帮手、带学徒）；

④ 家庭经营。

（五）个体工商户的经营方式

个体工商户的经营方式，是指经营者采取什么方式从事工商业的生产或经营。当前，国家允许个体工商业的经营方式比较多，主要的经营方式有：来料加工；代购代销；自产自销；批零兼营；批发；零售；咨询服务；货运服务；修理服务；代客装卸；代客储运；培训服务；客运服务等。

（六）相关登记

1. 重新登记
个体工商户改变经营者时，须申请登记。

2. 变更登记
个体工商户主要登记事项改变时，应依法向工商行政管理部门申办变更登记手续。

主要登记事项是指字号名称、经营者住所、组织形式、经营范围、经营方式、经营场所。变更登记后，须重新换发营业执照。

3. 停业登记
工商行政管理机关为个体工商户办理停业手续。

4. 歇业登记
停止经营，不从事生产经营活动必须办的手续。

歇业的三种情况：自动歇业；被吊销营业执照而歇业；自行停业超过六个月。

停业的两种原因：一是由于本身经营中的原因，需要停业，如房屋修缮、对从业人员进行技术培训或安装设备等；二是个体工商户违反了有关法律、法规，被有关行政管理机关责令停业整顿。

需要停业时，要提前 10 天报工商行政管理所。

5. 税务登记
在领取营业执照一个月内，还要到所在地（区、县）的国税与地税主管部门进行登记。

（七）办理个体工商户营业执照的费用

工商行政管理部门在登记和管理过程中，按规定需向个体工商户收取一定的费用。

1. 注册登记费项目
开业登记费（以后每四年重新登记、换发营业执照一次）；变更登记费；补发（或换）发营业执照费；营业执照副本成本费。

2. 管理费
从事购销活动的，按营业额的 0.5%～1.5%收取；从事劳务活动的，按收益额的 1%～2%收取。

六、办理私营企业的营业执照

私营企业的营业执照分为《独资企业营业执照》（没有法人资格）、《合伙制企业营业执照》（没有法人资格）、《企业法人营业执照》（具有法人资格）三种。

（一）私营企业登记的条件

1. 开办私营企业的人员

① 农村村民。

② 城镇待业青年。

③ 个体工商户经营者。

④ 辞职、退职人员。

⑤ 国家法律、法规和政策允许的其他人员。

2. 企业名称

国家对私营企业名称的规定如下：只准使用一个名称；名称不得违反有关规定；实行分级管理。

3. 注册资金

对有限责任公司的注册资金做了明确规定，最低限额如下：以生产经营性为主的公司，50 万元；以批发为主的公司，50 万元；以商业零售为主的公司，30 万元；科技开发、咨询服务性公司，10 万元。

4. 固定的经营场所和必要的设施

5. 符合国家法律、法规和政策规定的经营范围

6. 有必要的符合国家规定的财务制度和企业管理机构

（二）私营企业登记的主要事项

包括：企业名称；企业负责人；经营地址；经营范围；企业种类；经营方式；资金数额；雇工人数。

以上事项，一经登记主管机关核准，即具有法律效力，不得擅自改变，否则就是违章违法行为。如果确需改变，必须向原登记主管机关申请办理变更登记。

（三）制定公司章程

公司章程，是公司最重要的法律文件，规定了公司的宗旨、业务范围、资本数额、组织原则和经营管理方法等。

有限责任公司的章程应该记载以下内容：①公司的名称和住所；②公司的经营范围；③股东的名称（姓名）、住所及权利和义务；④公司的注册资本及各股东的出资额、出资方式、出资缴纳期限以及股东转让出资的方式；⑤公司利润分配和亏损分担的方法；⑥公司的组织机构、职权及其议事规则；⑦公司终止的事由及清算办法；⑧公司章程订立日期和修订程序；⑨全体股东认为应当明确的其他事项。

（四）私营企业开业登记

1. 开业登记的事项

私营企业开业登记，是指私营企业申请者经过一段时间的筹备后，依照国家法律、法规的规定，向登记主管机关申请在某一行业从事生产经营活动，办理正式营业的登记。申请开办的私营企业，必须持有关证件，在所在地县、市、区工商行政管理机关办理登记，经核准发给营业执照后，才能营业。有限责任公司投资者超过 30 人的，应当经地、市以上工商行政管理机关批准。

2. 开业登记程序

① 申请。

② 受理。

③ 审查。

④ 核准登记。指登记主管机关的核定和批准。主管机关审查、核实后，做出核准登记或不予核准登记的决定。一般由承办人签署意见后，经职能部门负责人审批，再报局长批核。批核后及时通知申请人。

⑤ 发照。

⑥ 公告。

根据规定，私营企业办理开业登记，除需如实填报工商行政管理机关印制的有关表格外，还应当向工商行政管理机关提交下列文件、证明：

① 公司董事人签署的设立登记申请书；

② 全体股东指定或者共同委托代理人的证明；

③ 公司章程；

④ 具有法人资格的验资机构出具的验资证明；

⑤ 股东的法人资格证明或者自然人身份证明；

⑥ 载明公司董事、监事、经理的姓名、住所的文件以及有关委派、选举或者聘用的证明；

⑦ 公司法定代表人任职文件和身份证明；

⑧ 企业名称预先核准登记书；

⑨ 公司住所证明；

⑩ 法律、法规规定设立有限责任公司必须报经审批的，还应当提交有关的审批文件。

（五）私营企业登记费用

① 具备法人资格的私营企业的开业登记费用，按注册资本的千分之一收取；注册资本超过 1000 万元人民币的，其超过部分按千分之零点五收取；注册资本超过 1 亿元人民币的，其超过部分不再收费。开业收费最低额为人民币 50 元。

② 不具备法人资格的私营企业，开业登记费为人民币 300 元。

③ 具备企业法人条件的私营企业增加注册资本，其增加部分与原注册资本之和未超过 1000 万元人民币的，增加部分按千分之一收取登记费；超过 1000 万元人民币的，其超过部分按千分之零点五收取登记费；超过 1 亿元人民币的，其超过部分不再收取登记费。收取增加注册资本登记费后，不再收取变更登记费。

④ 私营企业变更登记，应缴纳变更登记费 100 元人民币。

⑤ 私营企业因遗失、损坏营业执照等证明，需要重新发照或者换发执照者，每人收取人民币 50 元，需要领取企业法人营业执照副本的，每个副本应缴纳工本费 10 元人民币。

（六）相关登记

1. 注销登记

私营企业注销登记，是指已经核准登记的私营企业由于各种原因终止营业，向登记主管机关办理撤销注册号，交回营业执照和印章的手续。

私营企业发生下列情况之一的，应当办理注销登记：

① 歇业；

② 因分立、合并而终止营业；

③ 自行停业 1 年以上和领取营业执照 6 个月未开业；

④ 因行政处分而被工商行政管理机关吊销营业执照或人民法院裁决终止营业；

⑤ 因其他原因终止营业。

办理注销登记，要提交下列文件、证明：

① 负责人签署的注销登记申请书；

② 私营企业负责人签署的决定，合伙企业应当提交合伙人签署的章程，有限责任公司应当提交董事会的决议书。

私营企业停业期间，应交回营业执照及营业用章等。私营企业停业期满，应当到工商行政管理机关办理复业手续，领回营业执照及营业用章后，始得营业。

2. 变更登记

私营企业改变企业名称、企业负责人、经营地址、经营范围、经营方式、企业种类，以及改变合伙人或投资者等主要登记事项之一的，都要到登记主管机关办理变更登记。

发生下列情况之一的，也应当办理变更登记：

① 设立或撤销分支机构；

② 修改合伙协议或者公司章程，涉及主要登记事项；

③ 因分立、合并而保留的企业；

④ 分支机构变化涉及企业的主要登记事项的；

⑤ 实有资金增加或者减少超过注册资金的 20％；

⑥ 注册资金减少超过 20％。

申请变更登记时，应当向工商行政管理机关提交下列文件、证明：

① 企业负责人签署的变更登记申请书（合伙企业还应提交合伙人签署的章程，有限责任公司由法定代表人签署变更登记申请书）；

② 其他有关文件、证明。

3. 税务登记

开办者领取营业执照一个月内，必须到所在地（区、县）的国税地税主管部门进行登记。

（七）例外说明——个人独资企业营业执照的办理

上述私营企业营业执照的办理是指《独资企业营业执照》、《合伙企业营业执照》、《企业法人营业执照》的办理，现在又增加了《个人独资企业营业执照》的办理。

个人独资企业是按照我国 1999 年 8 月 30 日九届全国人大常委会第十一次会议通过、2000 年 1 月 1 日起施行的《个人独资企业法》创办的、财产为投资人个人所有，企业的投资者以个人财产对企业债务承担无限责任的经营实体。

个人独资企业是单个自然人投资，投资人申报的出资额没有"最低注册资金"的限制，只要有合法的企业名称，有固定的经营场所和必要的生产经营条件，有必要的从业人员即可。

思考与实践

根据本章介绍的内容，请同学们分成小组对自己所在的城市进行商机调查，并在调查的基础上，拟订一份创业计划书。然后以小组为单位充分讨论该计划书并修订，使之具有一定的实用价值。有兴趣和条件的话，可以按照该计划书进行创业尝试。

参 考 文 献

［1］ 周济. 统一思想，狠抓落实，全力做好高校毕业生就业工作 ［J］. 中国高等教育，2004 (6).

［2］ 张尧学. 坚持就业导向推进高职教育健康发展 ［J］. 中国高等教育，2003 (13～14).

［3］ 评论员. 解决高职教育定位问题拖不得了 ［J］. 中国高等教育，2004 (2).

［4］ 李新宇，武军. 高职教育的定位 ［J］. 内蒙古师范大学学报 (教育科学版)，2004 (5).

［5］ 翟向阳. 论高职教育突出高技能人才培养的目标定位 ［J］. 职教论坛，2005 (6).

［6］ 韩玉强. 就业力——大学生就业指导的核心 ［J］. 中国大学生就业，2005 (16).

［7］ 朱琳. 关于高职高专学生就业竞争力的 SWOT 分析 ［J］. 浙江水利水电专科学校学报，2005 (12).

［8］ 罗天虎. 创业学教程 ［M］. 西安：西北工业大学出版社，2004.

［9］ 杨涌滨. 论当代大学生创业能力及其培养 ［J］. 河南社会科学，2003 (4).

［10］ 蒲卫辉. 大学生的职业设计与影响职业选择因素分析 ［A］. 河西学院学报，2003 (4).

［11］ 戴光辉. 高职高专院校毕业生就业工作运行机制探索 ［J］. 镇江高专学报，2005 (3).

［12］ 蓝艳. 加强高职生就业心理素质教育提升就业能力 ［J］. 镇江高专学报，2005 (4).

［13］ 吴建强. 对高职院校开展创业教育的思考 ［J］. 河北职业技术学院学报，2006 (1).

［14］ 徐铭. 高职高专学生就业能力提升影响因素及其对策 ［J］. 镇江高专学报，2006.

［15］ 陈书凯. 踏入社会的第一本书. 北京：当代中国出版社，2003.

［16］ 童天. 职业生涯发展规划. 北京：中国大百科全书出版社，2006.

［17］ 何向荣. 纵横职场——高等职业教育就业与创业指导. 北京：高等教育出版社，2005.

［18］ 李时椿. 创新与创业管理. 南京：南京大学出版社，2006.

［19］ 董文强，谭初春. 大学生就业指导. 西安：西北工业大学出版社，2004.

［20］ 王晋. 大学生就业指导高职高专版 (新世纪高职高专实用规划教材). 北京：清华大学出版社，2006.

［21］ 邱小林，刘雪梅，陆瑞新等. 大学生就业与创业指导. 大连：大连理工大学出版，2007.

［22］ 周长茂，金万成. 大学生就业指导与创新创业教育. 北京：化学工业出版社，2016.